한국경제,
혼돈의 성찰

한국경제, 혼돈의 성찰

저성장, 불안의 시대를 헤쳐 나갈
한반도 미래 전략

정갑영 외 공저

21세기북스

"한국이 직면하게 될 미래의 위험과 기회,

새로운 대응 방안을 모색하다."

한국경제의 새로운 전환을 모색하며

우리 경제는 지금 심각한 구조적 위험에 직면해 있다. 한국경제의 지속적인 성장을 뒷받침해 온 국내외 여건들이 급속히 악화되고 있기 때문이다. 실제로 성장률은 2019년 1분기에 마이너스를 기록하며 역성장을 나타냈고, 투자와 고용, 수출 등 주요 경제지표에 빨간 경고등이 켜져 우리 경제의 장기 침체에 대한 우려가 점증하고 있다. 정부는 경기순환 과정에서 나타나는 일시적 현상이라고 발표하며 과도한 우려를 잠재우려 하지만, 우리 경제의 구조적 위험은 곳곳에서 나타나고 있다. 소득 주도 성장의 일환으로 추진된 최저임금의 대폭 인상과 비정규직 해소, 주 52시간 근무의 강제화 등은 근로 조건을 개선하는 긍정적인 효과에도 불구하고 노동시장을 더욱 경직되게 만들고 있다.

기업과 시장에 대한 규제는 갈수록 강화되고, 공공 부문은 더욱 비대화되고 있다. 민간의 자율과 창의를 제고하는 경쟁보다 정부 주도의 경직된 규제와 획일적인 형평 추구가 더 보편화되고 있다. 그 결과 기업의 고용 창출이 부진하고, 취약계층의 일자리는 크게 감소하여, 정책 목표와 소득분배는 더욱 악화되는 현상을 초래하고 있다. 많은 노동 친화적 정책에도 불구하고 오히려 근로자들의 불만은 수그러들지 않고 있다. 노동시장의 경직성과 각종 규제 등으로 기업의 투자 의욕도 찾아보기 힘드니, 지속적인 성장의 기반이 되는 기업의 생태계가 크게 훼손되고 있는 것이다.

사회적으로는 형평과 분배의 욕구가 크게 확산되고, 정치권의 포퓰리즘이 합세하여 모든 부문에서 평준화와 시혜적 복지가 일반화되고 있다. 게다가 노령화와 저출산으로 인구구조가 급변하고 있어 성장 잠재력은 크게 위축되는 반면 연금과 건강보험 등 각종 복지 재원의 고갈 위험도 커지고 있다. 국민소득이 3만 달러를 넘어섰다고 하지만 벌써 각종 선진국병이 엄습하고 있는 셈이다.

한편으로는 4차 산업혁명과 보호무역, 북한의 핵 위협, AI와 SNS의 글로벌화 등 메가트렌드^{megatrends}를 수용할 수 있는 새로운 정책 패러다임이 절박한 실정이다. 이러한 때일수록 기술혁명의 충격을 흡수할 수 있는 제도적 역량과 사회문화적 환경, 정치권의 선도적 리더십이 절실하다. 특히 메가트렌드가 급변하는 시대에는 전문가의 과학적 지식과 담론이 모든 분야에서 새로운 문화와 패러다임을 주도해야 한다.

이런 취지에서 학술연구단체 FROM^{Future, Risk, Opportunity and Movements}

은 지난 2년 동안 경제학과 미디어, 정치, 과학 등 학제적인 토론을 중심으로 100여 명의 전문가들이 한국이 직면하게 될 미래의 위험과 기회를 분석하여 새로운 대응 방안을 모색하는 정책을 지속적으로 제시해 왔다.

이 책은 그동안 이뤄진 논의를 중심으로 혼돈에 빠진 한국경제의 문제가 무엇인가를 성찰하고, 선진국으로 도약하기 위해 필요한 새로운 정책의 전환에 대한 지식인들의 충정 어린 목소리를 담은 것이다. 해당 분야의 최고 전문가로서 왕성한 학술 활동을 하고 있는 16명의 저명한 학자들이 순수한 일념으로 한국의 미래를 위한 정책 제언에 기꺼이 참여해 주어 감사할 따름이다. 또한 이 책의 출판을 기꺼이 맡아주신 21세기북스의 김영곤 사장님께 감사드린다.

2019년 5월

대표저자 정갑영

차례

1장 위기를 기회로 바꾸는 도전이 필요하다
경제, 산업, 노동, 금융

2장 안정과 번영을 위한 글로벌 복합 거버넌스를 만들자
지역, 국가, 글로벌 경쟁체제

"지속가능한 성장을 이루기 위해서는

어떤 조건이 필요할까?"

선진국을 향한 새로운 전환

⋮ 우리 경제, 어디로 가고 있나? ⋮

　최근 우리나라는 실물경제가 쉽게 회복되지 않고, 청년 실업은 심각한 지경에 이르렀을 뿐만 아니라 자영업을 비롯한 영세 업종이 전례 없는 침체에 빠져들고 있다. 한국경제에 대한 우려의 목소리가 커지고 있는 가운데 일자리를 찾는 젊은이부터 자영업자와 중소기업은 물론 세계 일류 제품을 만드는 대기업조차 미래에 대한 불안감이 역력하다. 정부가 역점을 두고 추진하는 소득 주도 성장 정책도 큰 성과를 보이지 못하고, 오히려 소외계층에 대한 소득분배가 더욱 악화되는 결과를 초래하고 있다. 그렇다고 근로자들의 불만이 줄어든 것도 아니다. 각종 노동 친화적인 정책에도 불구하고, 오히려 정책에 대한 불신이 높아저 광화문은 여전히 소란스럽기만 하다.

미래에 대한 비전도 결코 밝지만은 않다. 노령화와 저출산으로 인구 구조가 역遊피라미드 형태로 변모하고 있어, 성장 잠재력이 크게 위축되고 연금과 건강보험 등 각종 복지재원의 고갈 위험도 커지고 있다. 경제활동 인구는 감소하는데, 사회가 부양해야 할 노령 인구는 급속히 증가하고 있으니 미래 경제의 구조적 위험이 커질 수밖에 없다. 이제 겨우 국민소득 3만 달러에 진입했는데, 경제는 벌써 조로早老 상태에 접어들어 각종 선진국병이 엄습하고 있는 것이다.

한편으로는 4차 산업혁명에 따른 기술지진techquake이 경제, 사회, 교육 등 모든 영역에 엄청난 파장을 몰고 와 자동차, 조선, 반도체 등 주력 산업마저 큰 위협에 직면해 있다. 디지털 전환digital transformation이 급속하게 확산되면서 인공지능AI, 로봇, 핀테크와 금융혁신, 정밀의료와 에너지 혁명 등 파괴적 기술혁신이 모든 영역에서 새로운 패러다임을 요구하고 있기 때문이다. 설상가상으로 수출 주도 성장을 뒷받침해왔던 자유무역의 규범도 각국의 자국 우선주의에 밀려 크게 흔들리고 있다.

이러한 메가트렌드megatrend의 변화에도 불구하고 한국 사회는 여전히 전통적 패러다임에 고착되어 경직적인 제도와 규제를 답습하며, 기술혁명이 주도하는 변화를 외면하고 있다. 독일의 인더스트리 4.0Industry 4.0, 일본의 재팬 소사이어티 5.0Japan Society 5.0 등 세계 각국은 4차 산업혁명을 선도하기 위한 전략 마련에 부심하고 있는데, 한국은 갈라파고스 섬처럼 시대 변화에서 유리되어 있다. 눈앞에 다가오는 역사적 운명을 인지하지 못하고, 낡은 제도와 정책, 기득권에 포획되어 앙시앙 레짐ancien regime(구체제)에 집착하고 있는 것이다. 어떻게 하면 신기술과 신사업 등 4차 산업혁명을 선도하는 혁신을 이룰 수 있을까?

현재 모든 부문에서 디지털 전환과 아날로그 방식의 갈등과 충돌이 나타나고 있다. 혁신의 충격을 흡수하고 연착륙하기 위해서는 우선 메가트렌드를 수용할 수 있는 제도를 확대하고, 이해 갈등을 조정할 수 있는 사회문화적 환경을 구축해야 한다. 정치권의 선도적 리더십도 필요하며, 모든 정책의 결정 과정에서 전문가의 지식과 과학적 합리성이 존중되어야 한다. 그러나 안타깝게도 우리나라에서는 이러한 리더십과 제도를 찾아보기 힘들다. 오히려 전문가의 합리적인 담론이 정치적 이념에 압도되어 과학적 논리보다 사회 정서나 포퓰리즘에 휘둘리는 경우가 많다. 형평성이 모든 정책의 최고 가치로 자리 잡고 있으며, 정부가 시장에 직접 개입하여 민간 부문의 자율성을 침해하는 경우도 비일비재하다. 국가 발전의 원동력이 되어야 할 대학과 연구기관 등 집단 지성의 역할이 그 어느 때보다 크게 위축되어 있다.

한국이 이러한 위기를 극복하고 지속적인 발전을 이루려면 무엇을 준비해야 할까? 무엇보다 사회 모든 영역에서 시대적 변화를 수용할 수 있는 패러다임의 대전환이 필요하다. 4차 산업혁명을 바탕으로 초超부가가치 산업을 개발하고, 미래의 성장 기반을 확고히 구축해야 한다. 그래야만 세계적인 경쟁력을 유지하고, 선진화된 복지와 후생으로 노령화 시대를 대비할 수 있다. 물론 이러한 도전이 결코 순탄할 수는 없다. 경제뿐만 아니라 정치, 사회, 문화, 환경 등 모든 부문에서 현상을 인지하는 것부터 미래의 대응 전략을 세우는 과정이 절실하다.

⁝ 성장 정책의 명암明暗 ⁝

1964년 100달러에 불과했던 1인당 국민소득이 지금은 3만 달러를 돌파했다. 한국경제의 성과는 어떤 기준으로 평가해도 다른 나라와 견줄 수 없는 것도 사실이다. 그러나 최근 한국경제의 잠재적 역량이 크게 저하되고 있다. 모든 자원을 최대한 활용했을 때 달성 가능한 경제성장률을 말하는 잠재성장률도 3% 미만으로 추락했고, 실질성장률은 더 말할 것도 없다.

경제 규모가 커지면 일반적으로 저성장이 나타나기도 하지만, 청년의 일자리조차 해결하지 못하는 성장률은 적절한 수준이라고 볼 수는 없다. 한편에서는 성장보다 과거 고도성장의 부작용으로 왜곡된 경제구조를 개선하고, 분배와 형평을 개선해 양극화를 해소하는 것이 더 중요하다는 주장도 있다.

이것 역시 한국경제의 발전 과정을 보면 공감할 수 있는 부분이다. 한국경제는 희소한 자본을 대기업에 집중 투자하는 정부 주도형 시장경제를 바탕으로 발전해 왔다. 그 결과 대기업과 중소기업, 수출산업과 전통산업, 부자와 소외계층 등 다양한 부문에서 불균형과 양극화를 초래했다. 게다가 일부 대기업은 여전히 가족 중심의 폐쇄적인 지배구조를 유지하면서 소유 집중과 시장 지배력, '갑'의 횡포 등으로 사회적 지탄을 받는다.

당연히 정부가 직접 시장에 개입하여 불균형을 시정해야 한다는 대중의 목소리가 힘을 얻고 있다. 이런 연유로 일부에서는 '시장'이나 '자본주의', '성장' 등의 용어마저 실패한 경제체제의 상징처럼 금기시하는 경향이 나타나고 있다. 그렇다면 성장 정책을 더 이상 추구해서는 안 되는 것일까?

경제가 건강하게 발전하려면 궁극적으로 다음 몇 가지 가치를 구현해야 한다. 첫째 경제적 자유가 있어야 하고, 둘째 물질적 풍요와 후생welfare이 뒷받침되어야 하며, 셋째 경제적 평등과 정의, 형평이 보장되어야 하고, 넷째 소득과 고용을 지속적으로 늘릴 수 있도록 성장과 혁신을 실현해야 한다. 주관적인 판단이나 이념에 따라 무엇이 더 중요한가 하는 경중輕重은 있겠지만, 어느 하나 간과할 수 없는 궁극적 가치ultimate value다. 이 모든 가치를 동시에 달성하기란 현실적으로 불가능하다. 만병통치의 명약名藥이 없듯이 어떤 정책도 모든 조건을 충족할 수는 없다.

예를 들어 형평과 정의, 분배를 역설하는 정책을 가정해 보자. 형평과 정의가 지켜지지 않으면 사회적 안정이 무너져 성장 자체가 의미 없게 된다. 그러나 현실적으로 '적정한 수준의 형평'을 유지하기

란 결코 쉬운 과제가 아니다. 우선 '적정한 목표치'에 대한 객관적인 준거準據를 설정하기가 힘들다. '사회적으로 용인할 수 있는 수준'이 합리적이지만, 그 수준에 대한 해석은 주관적인 가치에 따라 달라지기 때문이다.

완전한 평등을 달성하는 것이 궁극적인 목표라고 한다면, 모든 사람의 소득을 평준화하는 정책을 실시해야 한다. 그러나 능력이나 성실성, 근무 환경, 교육 정도, 기술, 자본 장비량 등 모든 여건을 배제하고 평준화하는 것이 과연 바람직할까? 그렇게 되면 경제의 효율성이 크게 저하될 수밖에 없다. 열심히 일할 만한 인센티브가 없기 때문이다. 능력에 따라 일하고, 필요에 따라 분배한다는 사회주의의 실험이 실패했던 원인이 바로 여기에 있다. 형평을 위해 정부가 개입하는 것 역시 경제적 자유를 제약하고 효율성을 떨어뜨려 성장과 혁신을 저해하며, 궁극적으로 지속적인 복지와 후생을 담보하기 어렵다.

성장과 혁신, 자유에 큰 비중을 둔 정책이 부작용이 없는 것은 아니다. 개인의 소비와 투자, 직업 선택, 사유재산 등에 대한 자유를 보장하는 것은 당연하다. 그러나 자유로운 경쟁은 때로 중소기업의 어려움을 가중시키고, 독과점의 폐해를 초래할 수 있다. 성장을 위해 효율만 추구하는 것 역시 규모의 경제를 갖춘 대기업의 지배력을 확장하는 결과를 가져올 수 있다.

따라서 모든 궁극적 가치를 균형 있게 추구하는 정책이 가장 바람직하다. 경제적 자유는 시장 기능을 활성화할 수 있는 수준으로 유지하고, 성장을 통해 소득과 후생을 늘리고, 사회보장제도와 분배 정책을 통해 사회적으로 용인할 수 있는 수준의 안정적인 평등을 실현해야 한다. 또한 공정거래와 사법제도의 중립성을 바탕으로 법치의 기반 위에서 경제적 정의와 공정성을 보장해야 한다. 물론 경제적 자유의 근간은 국가안보와 법·제도에서 비롯된다.

모든 가치를 동시에 개선할 수 있음에도 불구하고 현재 상태에 안주하는 것을 '파레토 비효율'이라고 한다. 이러한 경우에는 효율과 형평을 동시에 증진하는 정책을 찾는 것이 당연하다. 그러나 2개의 가치가 상충되어 하나를 포기할 수밖에 없는 상태에서는 전문성과 합리성에 바탕을 둔 정책이 중요하다.

⦂ 획일적 평등주의의 역설 ⦂

한국은 사회적 동질성이 매우 높은 나라다. 모든 국민이 같은 언어를 쓰고, 동일한 역사와 문화를 공유하고 있다. 실제로 인구 5천만 명이 넘는 국가 중에서 한국처럼 동질적인 사회문화적 특성을 가진 나라를 찾아보기 힘들다. 게다가 50여 년 전에는 최빈국으로 국민 모두 가난했던 경험까지 공유하고 있다. 이런 연유로 '나보다 앞서가는 남'을 쉽게 받아들이지 않는 정서가 팽배해 있다.

실제로 소득 불균형을 나타내는 통계치를 국제적으로 비교해 보면 상대적으로 양호한 상태인데도 국민들이 받아들이는 정서는 그렇지 않다. 불균형을 용인하는 사회적 잣대가 엄격하기 때문에 조금만 분배가 악화돼도 불만이 쌓이고 분기탱천憤氣撐天하는 경우가 많다. 그에 따라 형평을 제고하는 정책이 모든 부문에서 널리 도입되었고, 때로는 정치적 포퓰리즘과 결합되어 경제논리와는 상반된 정책 수단이 동원되었다.

예를 들어 최저임금을 급격히 인상하고 모든 업종과 지역에 일률적으로 적용한다면 누가 가장 큰 피해를 입겠는가? 최저임금을 받기도 힘든 계층부터 일자리를 잃고, 평균 임금이 낮은 지역과 업종부터 실업이 증가한다. 또한 경영 환경이 열악한 자영업과 영세기업, 낙후된 업종부터 큰 타격을 입는다. 정부가 의도한 목표와는 정반대 현상이 나타나는 것이다. 미국과 일본은 물론 인도와 같은 개발도상국도 지역과 산업, 연령 등 여러 특성에 따라 최저임금을 다양한 기준으로 운용하고 있다.

최근 정부는 소득 주도 성장 전략에 따라 최저임금을 대폭 인상하고, 비정규직 해소, 근로시간 단축 등 한계 계층을 보호하고 불균형을 개선하기 위한 많은 수단을 동원했다. 하지만 상위 20%와 하위 20%의 소득 배율이 5.5배를 넘어 불평등 지수가 사상 최악으로 치솟고 있다. 불평등을 해소하는 과정에서 나타나는 일시적인 현상으로 해석하기에는 논리적 근거가 너무 취약하다.

평등은 인권을 존중하고 개인의 자유와 권리를 보장하기 위한 가장 필수적인 요소이므로 어느 사회든 가장 우선적으로 추구해야 할 궁극적인 가치임에 틀림없다. 그러나 불평등을 개선하기 위한 정책이 지나치게 획일적 평등주의에 빠지면 처음 목표와는 반대로 오히려 소외계층의 후생이 더욱 악화될 수 있다. 최저임금과 기업 지배구조, 대학과 유아 교육 등 많은 분야에서 정부의 획일적인 규제가 이런 부작용을 빚고 있다.

분배 개선이나 계층 간 양극화를 해소하는 가장 바람직한 방향은 획일적인 규제나 일시적인 소득의 보정이 아니라, 빈곤의 세습을 방지하고 신분 상승의 기회를 확대하는 것이다. 실제로 임금이 조금 오르거나 세금을 적게 내고 정부의 시혜적인 보조금을 더 받는다고 해서 양극화가 해소되는 것은 아니다. 오히려 소외계층이 전문성 높은 고등교육을 받을 수 있도록 지원하여 신분 상승의 기회를 대폭 확대하는 것이 가장 중요하다.

민간의 자율성과 창의성을 유도하는 것도 사회적 평등만큼이나 중요한 가치다. 획일적 평등주의는 끔찍한 연상이지만 그리스신화의 '프로크루스테스의 침대'를 떠올리게 한다. 프로크루스테스는 아테네 외곽의 언덕에서 길 가는 나그네를 붙잡아 동일한 크기의 침대에 눕혀놓고 그 사람의 키가 침대보다 길면 튀어나온 만큼 잘라내고, 짧으면 그만큼 늘여서 죽였다고 한다.

선진국으로 전환, 교육에서부터

양극화를 해소하고 분배를 근본적으로 개선하기 위해서는 가난의 대물림이 없어야 한다. 이를 위해서는 소외계층의 자녀가 명문 대학에 진학해서 신분 상승할 수 있는 기회를 확대해야 한다. 흔히 말하는 '개천에서 용'이 탄생할 수 있는 교육제도를 만드는 것이다. 한국에서는 그동안 이런 취지를 반영하여 사교육비를 줄이고 균등한 교육 기회를 제공하자는 명분으로 평준화 정책을 추진해 왔다.

그러나 평준화 정책에도 불구하고 저소득층의 명문 대학 접근성은 갈수록 떨어지고 있다. 오히려 유치원이나 초등학교부터 소외계층이 선택할 수 있는 교육 기회가 극히 제한적이다. 더구나 피폐된 공교육만으로는 명문 대학에 진학하기 어려운 것이 현실이다. 반면 고소득층은 수단과 방법을 가리지 않고 '스카이 캐슬'에 안주하고 있다. 평준화 정책은 지나친 사교육비를 줄여서 저소득층에게도 균등한 기회를 제공한다는 명분으로 도입되었지만, 오히려 공교육의 몰락을 초래해 '개천에서 용'이 나오기가 더욱 어렵게 되었다.

우선 경쟁력 있는 대학을 육성하고 소외계층의 입학 기회를 확대하면 대학을 통해 신분 상승의 기회도 늘어나고 사회발전의 역동성도 확장된다. 아무리 어려운 계층의 청소년도 좋은 교육을 통해 명문 대학을 졸업하고, 사회적 신분을 상승시킬 수 있는 가능성과 확신을 심어 줄 수 있다. 이렇게 되면 한계 계층이 빈곤 세습의 굴레를 벗어나게 된다. 또한 경쟁력 있는 대학에서 전문적인 교육을 습득하면 당연히 국가의 생산성도 높아지고 동시에 중산층도 확대될 것이다. 대학 교육을 통한 고급 전문가 양성이 4차 산업혁명의 도전을 극복하는 지름길이기도 하다.

따라서 대학을 자율화하고 소외계층에 대한 배려를 의무화하는 정책을 도입하여 평준화의 폐해와 사회적 위화감을 동시에 해소해야 한다. 그러나 한국은 지금 10여 년째 지속된 등록금 동결과 획일적인 규제로 결국 모든 대학이 하향 평준화의 길을 가고 있다. 세계 10위권의 경제 규모를 감안한다면 세계적인 명문 대학이 적어도 10개는 있어야 한국의 경제적 리더십이 지속적으로 유지될 수 있다. 수준 낮은 고등교육은 개인에게는 물론 국가 생산성에도 크게 기여하지 못한다. 현재와 같이 대학에 대한 획일적 규제는 고등교육의 경쟁력 저하를 불러와 필요한 전문 인력을 제대로 양성하지 못할 뿐만 아니라 국민경제의 생산성도 떨어진다. 국민경제의 지속적인 성장이 제한되면 개천에서 용이 나오는 기회도 줄어들고 양극화 해소에도 기여하지 못할 것이다.

세계적으로 고학력자와 저학력자의 격차는 갈수록 더욱 벌어지고 있다. 고등교육이 첨단산업의 진입 장벽을 높이고 계층 간 소득 격차를 크게 벌려놓고 있다. 지금은 부富의 원천이 지식과 정보, 새로운 혁신에서 비롯되기 때문이다. 따라서 소외계층이 전문성 높은 고등교육을 받을 수 있는 기회를 확대해야 양극화도 해소되고, 사회발전의 역동성을 높일 수 있다. 소외계층의 신분 상승 기회를 확대하는 방안으로 지방 명문 고등학교의 부활을 포함하여 교육의 평준화 정책도 새로운 전환을 모색해야 한다.

⫶ 지속가능한 성장의 조건 ⫶

성장과 분배는 결코 '제로섬 게임zero-sum game'이 아니다. 성장은 결국 소득 수준을 높여서 후생을 증대하는 것인데, 성장이 없으면 분배의 몫도 사라지기 때문이다. 성장이 없다면 부자의 몫을 가난한 계층에 나눠 주는 '제로섬 게임'도 한계가 있기 마련이다. 그러나 성장의 열매가 적절히 분산되지 않고 특수 계층에만 집중될 경우 분배의 문제가 제기된다.

성장은 고용을 창출해서 소득을 늘리고 후생을 증진하는 역할을 한다. 모든 경제주체는 현재의 생활수준보다 더 풍요로운 내일을 소망하는데, 이것 역시 성장 없이는 불가능한 일이다. 또한 경제가 침체되면 근로소득에 의존하는 소외계층의 후생이 더욱 줄어들어 소득분배가 악화된다. 부유 계층은 경기가 침체해도 자산소득과 여타의 수입을 얻을 수 있지만, 저소득층은 근로소득에만 매달리기 때문이다. 이런 이유로 어느 나라든 경제 정책의 가장 중요한 목표가 바로 '지속가능한 성장'이다.

물론 단기간에 경제성장률을 높이는 것은 결코 어려운 일이 아니다.

통화 공급을 늘리거나 재정 지출을 급격히 확대하면 성장률은 높아지게 마련이다. 그러나 이것은 지속가능한 정책이 아니다. 일시적인 경기부양은 인플레이션을 불러올 수 있고, 부문별로 격차를 심화하거나 거품이 일어나는 경우도 많다. 더구나 재정 적자의 부작용과 수입 증대로 인한 경상수지의 적자를 가져올 수도 있다. 따라서 지속적으로 안정적인 성장을 할 수 있는 기반을 만드는 것이 중요하다.

지속가능한 성장을 이루기 위해서는 어떤 조건이 필요할까? 우선 인적 자본이나 물적 자본과 같은 생산요소의 투입량과 생산성에 따라 성장이 좌우된다. 특히 절대적인 인구 규모도 필요하지만 교육과 훈련, 경험 등으로 습득한 지식과 기술이 결합된 인적 자본의 질적 수준이 중요하다. 전문적인 교육과 근로자의 가치관, 문화 등은 인적 자본 형성에 중요한 영향을 미친다. 최근에는 물적 자본보다 오히려 지식과 정보, 미디어, 과학기술의 중요성이 더 크게 부각되고 있다. 연구개발R&D과 혁신을 통한 기술과 지식의 보편화 역시 생산성을 제고하는 관건이다. 이 밖에도 경제 성장의 잠재력에 영향을 미치는 구조적 요인은 매우 다양하다.

그러나 가장 중요한 것은 국가의 잠재적 역량을 효율적으로 극대화할 수 있는 정책이다. 세계 각국의 역사적 경험을 분석한 많은 연구 결과들을 보면 지속적인 성장을 달성한 경제는 다음과 같은 공통적인 특성이 있다고 한다. ① 시장 친화적이고, ② 개방경제를 지향하며, ③ 장기간에 걸쳐 합리적이고 일관성 있고, ④ 경제적 자유와 재산권 보호, 정치제도의 안정성이 유지되는 정책이 뒷받침되어 있다는 것이다.

실제로 시장 친화적인 정책을 실시하지 않고 장기적인 성장을 이룩한 나라를 찾아볼 수 없다. 북한과 쿠바를 보면 쉽게 이해할 수 있다. 재산권의 핵심은 사유재산제인데, 노력한 대가로 받은 보상이 제도적으로 보호되지 않는다면 어느 누구도 열심히 일하지 않는다. 그럼에도 불구하고 실제로 정치적 이념이나 포퓰리즘 등으로 재산권이나 민간의 자율을 엄격하게 제약하는 반反시장 정책이 도입된 사례가 많다.

⋮ 민간의 자율과 창의가 주도하는 사회로 ⋮

정치권력이 강해지면 경제도 시장보다 국가가 관리해야 더 효율적으로 운용될 수 있다는 유혹에 빠질 수 있다. 실제로 1920년대 사회주의 학자들은 노동 투입량을 기초로 국가가 시장보다 훨씬 더 효율적으로 자원을 배분하고, 형평과 정의 등 사회적 가치도 달성할 수 있다는 주장을 펼쳤다. 이것이 바로 세기적인 '계산 논쟁calculation debate'으로 시장사회주의가 출범한 단초가 됐다. 제2차세계대전 이후 영국에서조차 국가 관리경제가 직업과 소득을 보장하고 평등사회를 구현하며 의회 승인을 거쳐 민주적 사회주의로 발전할 수 있다는 주장이 널리 퍼졌다.

영국의 경제학자 프리드리히 A. 하이에크의 역사적 고전 『노예로의 길The Road to Serfdom』이 출판된 것도 이즈음이었다. 이 책에서 정부가 민간 부문을 통제하는 관리경제는 소수 정책결정자에 의해 독재화되고, 국민은 자유와 번영은커녕 모든 것을 정부에 매달려야 하는 노예 신세를 면하지 못할 것이라고 경고했다. 그런 정부는 이념적인 가치를 추구한다는 명목으로 작은 혜택을 보장하면서 경제적 자유를 점진적으로 박탈하고, 국민은 결국 직업과 소득, 연금 등 모든 것을 정부의 '공짜 점심'에 의존하는 노예로 전락하게 된다는 것이다.

정책결정자가 신의 능력을 갖고 있다면 과부족過不足이 없는 환상적인 균형이 가능할지 모른다. 그러나 불행히도 하이에크의 경고는 그대로 적중했다. 국가의 '계산 능력'을 믿고 시도했던 사회주의경제의 실패는 수많은 사람을 노예화하지 않았는가. 중국도 결국 덩샤오핑이 하이에크를 초청해 1978년 경제개혁을 한 이후 시장의 자유와 경쟁을 수용함으로써 인민들을 배부르게 할 수 있었다.

반대로 지나친 정부 개입으로 인기영합적인 정책을 도입하여 실패를 자초한 사례는 남미와 그리스 등 수많은 나라에서 찾아볼 수 있다. 지금까지의 역사적 경험은 자유로운 경쟁을 확대하여 민간 부문의 자율과 창의성을 제고하고 정부 개입은 선별적으로 이뤄져야만 경제가 발전할 수 있다는 것을 보여준다. 고용도, 혁신도, 새로운 발전도 결국 민간이 주도적으로 이끌어나가야 한다.

물론 시장의 한계는 존재한다. 민간 부문에 맡긴다면 적정한 균형을 달성하지 못하는 시장의 실패가 나타날 수 있다. 이미 역사적 경험을 통해 잘 알려진 사실이다. 정부는 시장의 실패가 나타나는 영역에만 제한적으로 개입하는 것이 바람직하다. 전문성이 발휘되어야 할 경제와 과학 분야까지 정치적 이념이 우선하면 많은 사회적 비용을 지불하게 된다.

그런데 언제부터인가 연구기관이나 학회, 민간 연구소 등의 전문가들에게 정책에 대한 의견을 수렴하는 과정은 사라지고, 정당 대변인의 상반된 논평과 시민단체의 비전문적인 주장이 난무하고 있다. 이렇게 되면 전문적인 지식보다 인기영합적인 극단extremity이 주도하는 정책이 등장하기 마련이다.

근로시간이 주 52시간을 초과하면 노사가 어떤 조건으로 합의해도 형사 처벌을 받게 되는 법규도 얼마나 극단적인 선택인가. 현실적으로 경제가 정치로부터 완전히 독립될 수는 없다. 그러나 교과서에 나오는 초보적인 부작용도 감안하지 않는 비전문적 정책이 여과 없이 도입된다면 나라 경제는 어디로 가겠는가. 경제는 시장과 민간이 주도해야 하고, 정부는 시장의 실패를 보정하는 역할을 해야 한다.

호주의 규칙과 아일랜드의 경험

미국과 일본, 영국 등 주요 선진국들은 대부분 중위권 소득의 정체로 근로자의 불만이 많다. 더구나 공적 부채는 천정부지로 뛰는데 인구 고령화로 연금과 의료보험 재정은 고갈되는 '선진국병'으로 고심하고 있다. 그들은 소득을 늘리고 공적 부채를 줄이면서 선진국다운 복지를 유지하기 위한 묘책에 부심하고 있다. 그런데 놀랍게도 호주가 모든 현안을 가장 성공적으로 해결하고 있어서 '호주의 규칙Aussie Rules'이 큰 관심을 모으고 있다.

1991년 이후 27년간 호주 경제는 연속 성장을 기록하며, 성장률은 독일보다 3배 높고 중위권 소득은 미국보다 4배나 증가했다. 호주는 1997년과 2008년의 글로벌 위기에도 큰 타격을 받지 않았다. 국가부채는 국내총생산GDP의 42%로 영국의 절반에 불과하며, 일본(240%)과 미국(108%)은 물론 경제협력개발기구OECD 회원국 평균인 73%와 비교해도 놀랄 만큼 건전하다.

노령화와 인구 감소는 이주민 비율이 29%에 달하는 적극적인 이민 정책으로 해결하며, 단순직뿐만 아니라 숙련된 전문직을 받아들여 경제의 첨단화를 위한 동력으로 활용하고 있다. 물론 호주의 특수성으로 인한 예외적 현상으로 치부할 수도 있지만, 다양성을 적극 수용하려는 개방적인 문화에서 가능한 일이다.

호주는 연금과 건강보험의 재정도 놀랄 만큼 건전하다. 1990년대 초 노동당의 폴 키팅 총리가 개혁을 단행하여 중산층의 부담을 높이고, 정부와 민간이 공동 분담하는 체제로 전환했다. 소외계층과 필수적인 서비스는 정부가 책임지고, 나머지는 민간 부문의 적극 참여를 통해 공적 부담을 정부와 시장이 공유한다. 정부 주도의 시혜적인 복지는 지양하고 민간과 시장 기능을 도입한 것이다. 그 결과 GDP에 대한 공적연금 부담 비율이 4% 수준으로 선진국의 절반에도 미치지 않는다. 철광석 등 자연자원 의존도가 높아 '바나나 공화국'으로 전락할 수도 있었던 호주가 키팅의 10여 년에 걸친 일관된 개혁으로 모두 부러워하는 선진국으로 정착했다.

국민소득이 7만 달러가 넘는 고소득 국가인 아일랜드의 경험도 타산지석他山之石이 될 수 있다. 한때는 주식主食인 감자의 흉년으로 인구의 25%가 줄어들었던 아일랜드가 자원과 기술의 한계를 극복하고 새로운 성장의 패러다임을 탄생시킨 비결은 무엇인가? 법인세를 낮추고 각종 규제를 철폐하여 정보통신과 의생명, 금융 등 최첨단 산업을 적극적으로 유치한 결과다. 이것은 아일랜드뿐이 아니다. 세계 각국이 투자 기업에 대한 규제 완화의 혜택을 극대화하는 투자 유치 경쟁을 하고 있다. 기업은 국가 간 규제의 상대적 차이에서 발생하는 규제 차익regulation arbitrage을 좇아 전 세계를 이동한다.

지금은 정부가 직접 자금을 투입하거나 고용을 확대해서 경제 성장을 이끄는 시대가 아니다. 21세기 패러다임은 국내외 인력과 자본이 자국에 투자할 수 있는 생태계를 조성하는 것이다. 그런 여건이 충족되지 못하면 국내 기업도 모국을 외면할 수밖에 없다. 실제로 신기술을 실험할 수 있는 플랫폼이나 공간을 제공하기 위해 규제 완화 경쟁을 벌이는 지역이 얼마나 많은가. 일부에서는 국제적인 조세 회피라고 비난하지만 미국을 비롯해 주요국의 법인세 인하 경쟁 자체가 본질적으로는 규제 차익을 추구하는 전략이다.

⋮ 중산층이 탄탄한 나라, 선진국 전환의 모멘텀 ⋮

한국경제가 성장과 분배를 균형 있게 달성하며 중산층이 중심이 되는 선진국으로 발전하기 위해서는 어떤 전략과 조건이 필요할까? 선진국에 버금가는 높은 삶의 질을 담보하고, 개인이 자신의 잠재력과 창의성을 발휘할 수 있는 일자리를 제공하며, 지속가능한 성장 체제에서 경제적 자유를 만끽할 수 있는 길을 모색해야 한다. 특히 인구구조의 변화와 국제질서의 재편, 4차 산업혁명과 같은 메가트렌드를 극복해 경기 침체에서 벗어나 중산층 중심의 선진국으로 도약하는 방안을 찾아야 한다.

무엇보다 모든 전략의 대전제는 튼튼한 안보다. 평소에는 간과하기 쉽지만 국가안보가 보장되지 않는다면 다른 모든 가치는 의미가 없다. 한반도의 지형이 급격하게 변화하는 상황에서 자유로운 시장경제체제를 보장할 수 있는 전략이 가장 중요하다. 삶의 질이 높고 개인의 사회적 이동성 social mobility이 활발해 경제적으로 건강한 선진국으로 발전하기 위해서는 교육과 보건, 복지, 환경 부문에서도 종전과는 다른 새로운 패러다임이 필요하다. 경제와 과학기술 부문에서도 지속적인 혁신이 이루어져 고용과 소득을 창출하고 삶의 질을 향상하는 생태계가 조성되어야 한다.

한 나라가 지속적으로 성장하여 높은 삶의 질을 구가하는 선진 사회로 가기 위해서는 어떤 조건이 필요할까? 최근 조엘 모키어 Joel Mokyr는 현대 경제의 지적 기원을 분석한 『성장의 문화 A Culture of Growth: The Origins of the Modern Economy』에서 과학적 합리성과 혁신을 중시하고 축적된 집단지식을 생산적 방향으로 활용하는 사회문화를 제시한다. 글로벌 표준을 중시하는 학자도 많다. 개발도상국은 선진국이 이미 경험했던 시행착오를 타산지석으로 삼아 정책 실패에 따른 사회적 비용을 회피할 수 있다. 개발도상국은 기술이나 자본 등 경제 발전에 불리한 여건을 많이 갖고 있지만, 동시에 선진국의 실패를 되풀이하지 않는 '후진성의 우위 advantages of the backwardness'를 보유하고 있다. 그럼에도 불구하고 이미 많은 국가들이 시행착오를 거쳐서 정립한 규범을 무시하고 실패를 되풀이한다면 그 우위마저 제대로 활용하지 못한다.

모든 정책이 정치적 이념에서 완전히 자유로울 수는 없다. 그러나 이미 입증된 역사적 경험이나 과학적 진리, 기술적 전문성을 간과하는 후진성을 탈피해야 한다. 이것 역시 법치 존중이나 신뢰 구축을 통한 사회적 자본과 더불어 우리 사회가 개선해 나가야 할 또 하나의 관행이다. 이제 정치와 경제, 사회, 과학기술 등 모든 영역에서 혁신을 중시하고, 합리성과 글로벌 표준을 수용하며, 선진국 수준에 맞는 관습과 가치관, 행동양식 등 개인과 집단의 문화를 '새롭게 전환'new transformation해야 한다.

정갑영 연세대학교 명예특임교수, 17대 총장

Korean

Economics

1장

위기를 기회로 바꾸는 도전이 필요하다

경제, 산업, 노동, 금융

글로벌 경제 위기와
한국경제의 도전

⠶ 커져가는 경제 불확실성과 리스크 ⠶

한국경제는 국가 차원은 물론 기업과 개인 차원에서 과거 40여 년간 한 번도 겪어보지 못한 불확실한 미래에 맞서야 하는 상황이다. 선진국을 중심으로 장기간 지속된 저성장·저투자·저금리 상황과 폭넓은 세계화로 나타난 전 세계적인 과잉 부채, 예상보다 빠른 저출산 및 고령화는 인류가 한 번도 겪어보지 못한 현상으로 경제 사회적 불확실성이 확대되고 있다. 상상을 초월할 정도로 빠르게 발전하고 있는 과학기술 역시 경제 발전의 한 축인 기술의 불확실성을 확대하고 있다. 최근 들어 사회 각계에서 한국의 경제와 미래에 대한 우려의 목소리가 높아지고 있는 것은 이런 경제 사회적 불확실성에 대한 대비가 미흡하기 때문이다.

 글로벌 금융위기를 수습하는 과정에서 미국을 중심으로 선진국의 중앙은행들은 양적완화를 통해 최악의 경제 상황을 막았다. 중국은 경제체력을 넘어서는 과도한 경기부양으로 글로벌 금융위기 이후 세계 경제가 침체에 빠진 상황에서도 9%대의 고성장을 지켜나갔다. 세계 경제가 위기에 빠지는 것은 막을 수 있었지만 초저금리와 양적완화로 풀린 통화는 부동산과 주식 등 자산 가격의 거품을 초래했다. 특히 미국의 연방준비제도이사회[FED]가 기준금리를 0%로 인하하고, 세 차례에 걸친 양적완화 정책[quantitative easing]으로 대규모 유동성을 공급한 결과 대차대조표상의 자산이 2008년 9월(0.9조 달러) 대비 5배(4.5조 달러)까지 확대되었다. 그리고 늘어난 글로벌 유동성의 상당 부분은 신흥국으로 유입되었다.

 선진국 경제가 부진한 상황에서 글로벌 GDP의 63%를 지탱하는 신흥국은 유입된 유동성을 바탕으로 세계경제 성장의 엔진 역할을 이어받을 수 있었다. 저금리인 선진국 시장에서 자금을 차입해 고금리인 신흥국 시장에서 기업이나 주식, 부동산을 매입하면서 경기가 활황인 듯 보였다. 그러나 경기가 회복된 미국을 비롯한 선진국이 양적완화 정책을 거둬들이면서 늘어난 유동성이 한국을 비롯한 신흥국들의 금융 리스크를 부추기는 부메랑이 되었다. 미국이 금리를 인상하자 터키 등 일부 신흥국의 금융시장은 맥없이 무너지면서 불안정이 고조된 것이다.

만연해 가는 위기설

글로벌 금융위기 이후 10여 년이 지난 2018년 1월 중국의 주가 폭락을 시작으로 자산 가격 거품이 꺼지는 징조가 나타나기 시작했고, 각국의 부동산 시장 및 국제금융 시장의 변동성이 커지면서 위기설이 만연했다. 더욱이 비정상적인 방법까지 동원한 통화 정책과 과감한 재정 정책으로 글로벌 금융위기는 해결했지만 각 경제주체들이 부실해지는 결과를 초래했다. OECD 국가는 국내총생산 대비 국가부채가 100%를 넘어섰고, 신흥국도 가계부채와 기업부채가 늘었으며, 특히 중국의 기업부채 증가 폭은 매우 위험한 수준이다.

한국경제 역시 최근 증폭된 국제금융 시장의 변동과 신흥국 및 선진국에서 번갈아 터져 나오는 금융위기설에서 자유롭지 못하다. 글로벌 불균형으로 명명되는 미국과 중국 간의 구조적인 경상수지 불균형, 영국의 유럽연합EU 탈퇴를 둘러싼 유럽 사회의 극심한 혼란, 각국 정부에서 나타나는 포퓰리즘도 해결의 실마리가 보이지 않고 있다. 특히 미국 트럼프 행정부 출범 이후 통상 문제로 인한 갈등이 증폭되고 있지만 1985년 경상수지 불균형을 풀기 위해 미국이 일본과 독일에게 외환시장에 개입해서 달러화 강세를 시정하도록 했던 플라자합의Plaza Agreement와 같은 국가적 차원의 압력이 동맹국이 아닌 중국에는 통하지 않을 것이다. 새로운 강대국이 부상하면 기존의 강대국이 이를 두려워하여 전쟁이 발발하게 된다는 이른바 투키디데스의 함정Tuchididdes Trap을 보여주는 전형적인 사례인 아테네와 스파르타의 전쟁처럼 우발적인 사건들을 전쟁으로 몰아넣는 신흥 세력과 지배 세력 사이의 역학관계에 사로잡힐 가능성마저 있다.

⋮ 회색 코뿔소 위험에 당면한 한국경제 ⋮

한 번도 경험하지 못한 고령화 사회로의 진입, 과잉 부채, 산업 패러다임의 변화, 양극화 확대 등 세계경제는 역사적 위기와 시스템의 위기가 결합된 글로벌 복합 위기 속으로 빠져들고 있다. 국가는 물론 기업과 개인의 삶이 글로벌 거시적 복합 위기에 전례 없이 심각하게 노출되었다. 이런 가운데 한국경제는 대규모의 경제적 충격이 없는데도 경기 회복이 장기간 지연됨에 따라 경제주체들의 피로감이 점증하고 역동성이 고갈되고 있다. 그럼에도 불구하고 경제지표를 해석하고 판단하는 데 합치된 의견이 제시되지 못하고 정책의 방향과 강도에 대해 엇갈린 견해를 내놓는 일이 빈번하게 일어나고 있다.

한마디로 한국경제는 '회색 코뿔소grey rhino 위험' 상태에 있다. 이것은 세계정책연구소World Policy Institute 대표이사 미셸 부커Michele Wucker가 2013년 1월 다보스포럼에서 언급한 개념이다. 아프리카 너른 풀밭에 있는 회색 코뿔소처럼 멀리서도 잘 보이고 움직일 때의 진동도 커서 코뿔소가 달려오면 충분히 대처할 수 있는데도 아무런 대처도 하지 못하고 있는 상황인 것이다. 고위험성의 문제들을 지속적으로 접하다 보니 위험에 무뎌지기도 하고, 예상 가능한 위험으로 쉽게 간과하는 경향이 나타나고 있는 것이다.

김희삼(2009) 교수가 '한국의 세대 간 경제적 이동성 분석'이란 보고서에서 언급한 바에 의하면 한국은 1990년대까지 소득 불평등이 심하지 않은 편이었다. 이 시기에 중·고등교육을 받은 아들 세대(2009년 현재 평균 40세)의 소득에 대한 아버지 소득의 영향력도 상당히 낮게 측정됐다. 한국은 적어도 남미나 영미보다는 북유럽에 가까운 소득분배로 비교적 양호하고 경제적 대물림도 심하지 않은 나라였다. 그러나 2000년대 들어서면서 소득 불평등이 높아지기 시작했다. 가계금융복지조사에 의한 가처분소득 지니계수는 2017년 기준 0.355로 소득분배 정도가 OECD 국가 중 하위권이다. 외환위기 이후 악화되어 온 것이다. 사회계층 간 이동성 역시 어려워졌다. 또한 한국의 상대적 빈곤율(통계청 가계동향조사 기준)은 2017년 14.4%로 OECD 평균인 11.4%보다 높다. 외환위기 이후 자신이 최하위층에 있다고 생각하는 가구는 12%대에서 20%대로 늘어난 반면 중간층이라고 생각하는 가구는 60%에서 53%로 감소했다.

: 예상보다 빠른 잠재성장률의 하락 :

한국경제는 1970~1980년대 9%대 고성장기에서 1990년대는 6% 대, 2000년대는 4%대, 2010년 들어서는 2~3%대로 지속적으로 하락하고 있다. 하락 추세가 당위적인 것인지 정책적 실패인지는 분명하지 않지만 그보다 더 심각한 것은 잠재성장률이 예상보다 빠르게 하락하고 있다는 것이다.

맥킨지의 글로벌 연구소에서 펴낸 보고서(Mannyika 외, 2015)에 의하면 세계 인구의 63%와 전 세계 GDP의 80%를 점유하고 있는 G19국과 나이지리아를 합친 20개 국가를 대상으로 과거 315년간의 세계경제성장률 추이를 살펴본 결과 1700년부터 1900년까지 200년간 연평균 1.0% 성장했고, 1900년대 들어 50년간 1.3% 성장했다. 1950년부터 2014년까지는 과거 반세기의 3배에 달하는 3.8%나 성장했다. 성장회계growth account에 의거하여 살펴보면 1950년 이후 2014년까지 평균 성장률의 절반인 1.7%p는 단순 인구 증가로 노동력이 증가했기 때문이며, 생산성 증가에 의한 성장은 1.8%p였다. 과거 64년간의 수준으로 생산성이 향상된다고 해도 향후 반세기 동안 GDP 증가율은 과거 64년의 GDP 증가율의 40%에 불과할 것이며, 1인당 GDP 증가율은 19% 정도 감소할 것으로 전망하고 있다.

한진희 교수 등(2006)의 연구에 의하면 한국의 잠재성장률이 1980년대에는 70%가 생산요소 투입에 의한 것이었지만, 2040년 이후에는 거의 100% 총요소생산성에 의해 창출될 것으로 보고 있다. 이후 한국은행이나 KDI 등 여러 기관에서 발표한 잠재성장률 전망치가 시간이 갈수록 빠르게 하락하고 있다는 것은 한국경제가 혁신에 의한 생산성 향상에 성공하지 못하고 있다는 것을 보여준다.

최근에는 향후 경기에 대한 비관적인 견해가 주를 이루면서 장기 불황이 시작될 수 있음을 경고하고 있다. 경기 회복이 장기간 지연되고 있지만 성장을 견인하는 부문이 없다 보니 소득이 환류되지 못하고 소비와 투자 심리의 악화로 수요 충격demand shock이 발생하고 있다. 이러한 '소득 환류의 단절' 현상은 기업 실적 부진이 가계소득 부진으로 이어지고, 다시 시장 수요 위축과 기업 실적 악화로 이어지는 일련의 악순환 과정에서 비롯된 것으로 제조업 부문에서 두드러지게 나타나고 있다. 2011년 이후 제조업 재고증가율이 출하증가율을 상회하면서 제조업의 공장 가동률이 70%대 초반 수준에 머무르고 있다. 불황이 장기화되면서 민간 부문의 자생력이 크게 약화되고, 취약해진 민간 부문을 견인하기 위해 정부는 매년 추가 경정예산까지 편성해 가면서 경기를 부양하는 악순환이 반복되고 있다.

⋮ 성장과 분배의 선순환 구조 만들기 ⋮

한국경제의 미래를 위해 중요한 과제는 성장과 분배의 선순환 체제를 만드는 것이다. 효율성과 형평성을 동시에 달성하기가 쉬운 일은 아니지만 경제 시스템의 선순환 구조는 반드시 만들어가야 한다. 우선 과거의 낙후된 산업구조를 바꾸고 노동 시스템을 개선하면서 4차 산업혁명의 기회를 살려서 양질의 일자리를 창출하는 것이 중요하다. 그렇게 해야 저소득층의 상향 이동 기회가 늘어 소득분배도 개선되고 중산층도 늘어나며 소비도 증가해 성장을 촉진하는 선순환 체제가 이루어진다. 무엇보다 불황 탈출에 성공하기 위해서는 경기를 선도하는 주력산업 육성을 통해 경제의 역동성을 복원해야 한다.

경제추격연구소(서울대 이근 외, 2018)가 이끄는 '2019년 경제전망'에 의하면 최근 장기 저성장 탈출이 쉽지 않은 이유는 경제를 주도하는 부문이 없고, 한국의 기업들이 새로운 먹거리를 찾기보다 현재 사업의 확장에 주력하면서 성장잠재력이 약화되었기 때문이다. 대내외 경제 및 산업 지형에 대규모의 변화가 생기고 산업계의 불확실성이 높아지는 상황에서 산업 기반의 붕괴로 이어지지 않도록 구조조정 속도를 조절하고 고부가가치 분야 및 신산업으로 신속하게 산업구조를 전환해야 한다.

민관의 공조를 통한 수출 증대와 서비스업 육성을 가속화해 대내외 시장 수요 확보에 주력하는 것도 중요하다. 구매력이 높은 미국 시장에 대한 수요 분석을 강화하고, 한중 FTA를 최대한 활용해야 하며, 인도, 베트남, 이란 등의 신흥시장 진출 지원 등을 통해 해외 수요를 확보해야 한다. 지지부진하기만 한 서비스업 육성 정책을 추진해 나가기 위해서는 현재와 같이 여러 부처에서 분절적으로 정책을 추진하기보다 산업의 관점에서 대응할 수 있는 컨트롤 타워가 필요하다.

불황이 장기화됨에 따라 고용 불안과 사회 취약계층의 생활고를 해결하기 위해 기존 사회보장정책을 다시 점검하고 부정 수급 등의 공공자금 누수를 차단하여 사회안전망의 실효성을 높여야 한다. 공공부문 지출의 효율성 제고와 더불어 민간의 소비와 투자 진작을 유도할 수 있는 미시적인 정책도 병행되어야 한다. 기업 투자에 대한 신속한 규제 완화를 통해 경제성장력과 고용 창출의 원천인 투자가 활성화되도록 노력해야 한다.

역설적이게도 한국경제는 성장과 분배의 선순환 체계를 구축해 나갈 수 있는 여건이 마련되어 있다. 제조업 생산성의 절반도 안 되는 서비스 산업의 낙후성과 이중 구조의 노동 시스템을 개선하고 새로운 기술혁명 부문이 주도해 나가면서 괜찮은 일자리decent job를 창출해야 중산층이 늘어나고 소득분배가 개선되며 소비가 늘어 지속적인 성장이 가능하다.

과거 선진국을 보면 민간 대출이 과도한 경우 경기 침체의 폭이 커지고 장기화되었다. 글로벌 금융위기 이후 많은 국가들은 금융 안전의 중요성을 인식해 민간 대출을 제어하는 거시건전성 관리 정책을 강화해 왔다. 반면 수많은 경고와 정부 대책에도 불구하고 한국의 가계부채는 2배 이상 늘어났다. 이는 금융 불안의 위험을 줄이기 위해 과도한 대출을 제약할 때 발생하는 생산, 고용 등 실물경기 부진 현상을 정치적으로 견디지 못하고 단기적인 성과를 중시하는 경기부양책을 사용해 왔기 때문이다. 확장적 통화 정책과 재정 정책이 없었다면 불황의 강도는 지금보다 더 심각했을 수도 있다. 하지만 재정지출 확대 정책은 중장기적으로 재정건전성이 크게 훼손되지 않는 범위 내에서 이루어져야 한다는 사실을 명심해야 한다.

⋮ 경제 시스템의 대전환이 필요하다 ⋮

서비스 산업의 규제 시스템 개선

한국경제의 활로를 열어줄 중요한 미래 과제로 오랫동안 주목해 왔는데도 개선되지 못하고 있는 것이 서비스 산업의 규제 시스템 개선이다. 글로벌 경쟁은 점점 더 치열한데 높은 가계부채, 서비스 부문의 생산성 침체 및 부진한 중소기업 부문이 국내 수요를 제약하는 요인이 되어왔다. 1990년부터 2010년까지 한국의 생산성 증가율이 연평균 5%로 OECD 국가 중 가장 빨랐지만, 2011년 이후 OECD 평균에 근접한 0.8%로 하락한 것은 주로 서비스업 부문의 저생산성에 기인한다. 수출 주도의 개발로 인해 자본, 재능 및 기타 자원이 서비스업 부문에서 제조업 부문으로 이동한 결과라는 것이다.(R. Jones and J. Lee, 2016) 2014년 서비스업 부문에서 노동 투입 시간당 생산량이 한국은 제조업 부문의 45%에 불과한 반면, OECD 국가는 제조업 부문의 90% 수준이었다.

한국 서비스업 부문의 R&D 투자는 2014년 기준 전체 비즈니스 R&D 투자의 8%에 불과한데 이는 OECD 국가들이 3분의 1 이상을 서비스업 R&D에 투자하고 있는 것과 극명하게 비교된다.

주지하다시피 일자리의 80%를 공급하는 중소기업이 대부분 서비스업 부문이다. 대기업들은 노동 절약적인 기술에 대한 투자를 확대했지만 중소기업은 이를 따라가지 못하는 악순환이 지속되었다. 한국의 상품시장 규제 지표를 보면 2013년 OECD 국가 중에서 네 번째로 엄격하고, 서비스업 부문 규제 수는 제조업 부문보다 4배 더 많다.(R. Jones and J. Lee, 2016) 한국에서 기업가 정신에 대한 장애물은 2013년 기준 OECD 국가 중 일곱 번째로 높다. 규제에 의한 높은 진입 장벽은 생산성을 촉진하기 위해 필요한 창조적 파괴를 방해한다. 두말할 필요 없이 서비스 산업 규제 시스템의 개선은 절체절명의 과제이다.

고생산성 금융 시스템 개혁

자본을 생산성이 높은 산업에 투입하는 금융 본연의 역할을 되찾아주는 고생산성 금융 시스템 개혁이 필요하다. 불행하게도 4차 산업혁명의 앞날은 매우 불투명하고 위험도 크다. 은행 중심의 관치금융에 의해 2차 산업혁명을 잘 대처한 성공의 경험이 오히려 금융의 미래에 걸림돌이 되고 있다. 외환위기 이후 자본시장을 개방하고 자본시장 중심의 금융체제로 전환했지만 효과적이지 못했던 것도 같은 이유다.

외환위기 이후 경상수지 흑자 상태가 20년간 누적되었고, 저금리 상태가 지속되면서 리스크 자본이 증가한 상황이다. 리스크 자본이 4차 산업혁명 관련 신사업 및 신기술 분야로 유입되어야 하는데 산업 규제가 지나치게 강하다 보니 투자처를 국내에서 찾지 못하고 해외로 나가는 실정이다. 아직도 국내 인수합병 시장이 활성화되지 못하고 투자 회수가 용이하지 못한 것도 리스크 자본이 국내에 머물게 하는 데 걸림돌로 작용하고 있다. 특히 대기업 자본들이 리스크 자본시장으로 유입되도록 해야 한다.

외환위기 이후 민영화, 금융규제 완화, 외국 전문 인력의 영입, 외국 은행의 국내 은행 인수 등의 방법으로 한국의 금융 시스템 수준을 높이기 위한 노력을 했지만 결과는 매우 미흡하다. 현재와 같은 수요자 위주가 아닌 공급자 위주의 금융 감독 및 규제로는 안 된다. 건전성 확보를 위한 규제 외에 영업 관련 규제는 전면적으로 철폐하고 네거티브 규제 시스템으로 대전환을 해야 한다. 글로벌 시대에 금융위원회와 금융감독원은 국내 금융을 담당하고, 기획재정부는 국제 금융을 담당하는 식의 규제는 효율적이지 못하다.

조세 시스템 개혁

한국경제의 앞날을 가르는 경제 시스템 중 가장 절실하게 개혁되어야 하는 부문은 조세 시스템이다. 선거 때마다 증세를 위한 세제 개편이 중요한 이슈로 부상하지만 기존의 성장 기조에 부정적인 영향을 주지 않고 세수를 늘려야 한다는 부담이 크다. 그러다 보니 매년 점진적 세제 개편piecemeal tax reform을 해왔다. 하지만 이제는 포괄적 세제 개편fundamental or comprehensive tax reform을 해야 한다는 공감대가 전문가들 사이에 확대되고 있다. 무엇보다 전 세계적인 인구 고령화와 4차 산업 혁명에 따른 급격한 기술 변화 등 메가트렌드급의 사회 경제적 변화에 대응하기 위해서는 근본적인 변화가 점진적인 변화보다 더 효율적일 수 있기 때문이다.

최근에는 고령화 및 저출산에 따른 복지 지출 증가와 통일 등 미래 잠재적인 재정 수요에 대비해 증세를 해야 한다는 당위성이 커지고 있다. 고령화에 대응하여 노인의 조기 은퇴를 부추길 수 있는 현행 제도를 개선하기 위해 노년층의 노동에 대한 유효세율을 낮춰야 한다는 주장도 있다.(전영준 외, 2014) 기대수명의 연장으로 인해 노후 소비를 위한 재원이 증대되어야 하는데 충분한 자산이 축적되어 있다고 보기 어렵고, 국민연금과 같은 공적연금 급여를 충분히 지급할 수도 없는 상황이다. 노령연금보다는 생산적 복지 차원의 노년층 노동에 대한 유효세율 인하가 노인의 근로 활동을 유도함으로써 일정 수준의 노동 소득을 확보할 수 있는 환경을 조성하고, 소득세제 개편에도 일조할 수 있을 것이다.

⁝ 4차 산업혁명 시대, 신사업 생태계 구축 ⁝

4차 산업혁명이 일자리에 미치는 영향은 지대하다. 정규직과 비정규직의 구분이 모호하고, 프로젝트형 근로가 늘어나며, 특수 형태 근로자처럼 임금근로도 아니고 자영업자도 아닌 회색지대 근로자가 늘어난다. 온라인 근로, 재택근로, 원격근로 등의 확산으로 근로 공간과 여가 공간의 구분이 모호해진다. 근로 방식도 고용주의 지휘 명령에 따르기보다 자율적 근로가 확대되고, 사용자와 근로자의 1 : 1 관계를 벗어나 m : m 관계가 확산되고 있다. 집단적 노사 관계가 약화되며 근로자와 사용자 사이의 개별적 근로 관계(계약)의 중요성이 높아질 것이다.

근로자의 절반은 새로운 업무 환경에 적응할 필요성을 크게 느낄 것이다. 이러한 변화의 속도는 불확실하지만, 새로 생겨나는 직업의 종류는 사라지는 직업의 종류와 같지 않을 것이다. 중간 역량을 가진 직업은 줄어들고 낮은 역량과 높은 역량의 직업은 늘어나는 양극화 현상이 심화될 것이다. 낮은 역량의 근로자는 디지털 전환으로 인한 비용적 피해를 감내할 가능성은 높지만, 정작 이를 극복할 수 있는 교육 기회는 적을 것이다. 따라서 정부가 사업·산업·지역을 넘어서는 근로자 재배치와 직업 간의 이동을 도울 수 있도록 적절한 사회보호 정책을 세워야 한다.

노동시장의 성과를 유지하고 개선하기 위해 기존 노동시장의 규제를 새로운 시각으로 접근할 필요가 있다. 미래의 일자리는 고용인과 피고용인 그리고 대표자와 정부가 상호 협조하고 신뢰하는 관계 속에서 형성되어야 한다. 이를 위해 모든 개인들이 낙오되지 않고 혜택을 받을 수 있는 복지 정책을 고려해야 할 것이다.

4차 산업혁명을 맞아 한국은 정부가 나서서 창업자금을 나눠 주거나 대기업을 앞세워 창업을 촉진하는 역할을 하고 있으나 대부분 영세한 생계형이며 벤처기업과 이노비즈 등 기술기반형 창업은 1% 수준이다. 우리나라는 OECD 국가 평균 대비 창업 관련 규제가 많고 부정적이어서 기술혁신형 창업을 막고 있다. 자금 조성, 창업 플랫폼 구축, 네트워크 공간 지원, 창업친화형 교육제도 등 핵심적인 지원 정책도 정부가 주도하거나 대기업 참여의 하향식 전시행정으로 추진되고 있다. 연구개발 성과가 상용화 또는 시장화되지 못함으로써 일자리 창출에 기여하지도 못하고 있다. 대학 졸업생들의 실업 문제를 해결하기 위해서는 4차 산업혁명의 새로운 생태계 구축으로 일자리를 창출해야 한다. 아이디어에서 출발해 연구 개발과 비즈니스를 거쳐 국가 경제에 기여할 수 있는 유기적 체제를 만드는 것이 중요하다.

분배 측면에서도 미래 지속가능한sustainable 복지 시스템을 구축해야 하며, 노동시장도 공정한 보상 시스템을 구축해야 한다. 올바른 직무 분석 및 평가 시스템을 통해 불합리하고 차별적인 임금 격차를 해소하고 비정규직 등 취약 근로자의 대표성을 강화해야 한다. 능력과 성과 중심의 임금 시스템을 구축하는 것도 시급하다. 임금

근로자의 범위를 확대해 특수 형태 근로자도 기업을 통해 가입하도록 하고, 이들에 대한 실업부조도 단계적으로 확충해 나가야 한다.

4차 산업혁명의 파고에 대비하여 재교육과 재훈련을 평생에 걸쳐 할 수 있도록 교육 시스템을 바꾸어야 한다. 정규교육의 내용도 쇄신해야 한다. 교육 혁신적 사고를 가진 교육자나 학교 경영자가 활동할 수 있는 환경을 마련하고 현재처럼 교육부 주도의 개혁에서 벗어나 경쟁 체제에서 대학이 자율과 책임하에 살아남도록 해야 한다.

현 정부는 일자리 정부를 표방하면서 소득 주도 성장 및 정부 주도 일자리 창출 정책을 펼치고 있다. 하지만 노동시장에서 청년, 여성, 자영업의 구조적 불균형에 대한 해결 방안을 재정지출로 시도할 뿐 근본적 구조 개혁이 부족하다. 4차 산업혁명의 핵심 정책 방향인 인적자원 확충을 위해서는 저출산 대책이 필요하지만 한편으로는 제한된 가용 인력을 최대한 활용하는 방안도 함께 모색해 나가야 한다. 즉, 과도하게 낮은 한국의 여성 경제활동 참가율을 높이는 일은 절체절명의 과제이다. 고학력 여성의 경제활동 참가율을 10%p 제고할 경우 연간 노동 생산성이 0.2~0.3% 상승한다는 분석도 있다.(Petersson, Mariscal and Ishi, 2017)

∶ 미래 세대를 위한 재정건전화법이 도입되어야 한다 ∶

재정 관련 통계를 제대로 관리하기 시작한 지난 반세기 동안 관리 대상 재정수지가 흑자를 보인 기간은 1987년, 1988년, 2002년, 2003년, 2007년으로 단 5년뿐이다. 이것 또한 지출 억제보다 예상치 않은 수입 확대에 기인한 것이다. 정부와 정치권의 재정 지출 욕구는 그만큼 막기 어렵다는 얘기다. 현행 복지제도만 유지해도 2060년에는 국내총생산^{GDP} 대비 국가채무비율이 적게는 62.4%(2015년 12월 행정부 장기 전망치)에서 많게는 151.8%(2016년 8월 국회예산정책처 장기 전망치)에 이를 것으로 전망된다. 의무재정지출의 조정이 이루어지지 않고 구조개혁까지 지지부진해 잠재성장률을 갉아먹을 경우 최대 157.9%까지 늘어날 수도 있다.

국회예산정책처의 보고서는 2033년부터 국채로도 지출을 감당하지 못해 국가 재정이 파산에 이를 수도 있다고 경고한다. 2016년 10월 정부가 어렵게 재정건전화법을 국회에 제출했으나 흐지부지되었다. 20대 국회에서도 시도되었으나 일부 시민단체와 정치권에서 재정건전화법이 복지지출을 억제할 수 있다는 이유로 반대하면서 없던 일이 되고 말았다.

경제 위기가 재정 위기로 이어졌던 유럽연합^{EU}은 최근 재정건전성을 유지하기 위해 재정 준칙을 포함해 바람직한 재정 구조를 제시하고 있다. 한국도 구조적, 의무적 지출이 늘어나고 있어 재정건전화를 강제할 법이 필요하다는 연구와 논의가 꾸준히 제기되어 왔다. 의무지출 비중은 2017년 49.2%에서 2018년 50.6%로 증가하여 재량지출보다 더 큰 비중을 차지하게 되었다. 「2018～2022년 국가재정운용계획」에 따르면 의무지출은 지속적으로 증가하여 2022년 292조 9천억 원(51.6%)까지 증가할 전망이다. 이와 같은 의무지출의 증가는 재정의 경직성을 심화할 수 있다. 부동산 거래, 반도체 수출 호황 등 세수 호조 요인이 지속되지 않을 경우 지속가능한 재정 운용에 어려움을 겪을 수 있다. 따라서 정부는 의무지출 사업 확대에 신중을 기하는 한편 세입 기반의 확충과 재량지출 사업에 대한 지출 구조조정 등의 노력을 강화할 필요가 있다. 특히 한국과 같은 소규모 개방경제는 재정지출 확대에 따른 구축 효과가 더욱 클 것이며, 미래 세대에 부담을 지워 갈등을 더 키우게 될 것이다.

정부는 「2018～2022년 국가재정운용계획」에서 일반정부부채가 해외 주요국에 비해 양호한 수준이라고 평가하고 있으나, 소득구조 및 인구구조의 차이, 국가채무 증가 속도를 종합적으로 고려하여 재정건전성을 살펴보아야 한다.

한국의 일반정부부채[02]는 GDP 대비 43.7%로 일본(232.3%), 프랑스 (109.0%), 미국(127.6%)에 비해 낮은 수준이다. 그러나 1인당 국민소득이 3만 달러에 이르렀을 때는 국가채무비율이 미국, 일본, 영국, 독일, 프랑스 등 주요국은 47.0～78.3% 수준인 데 반해 한국은 39.5%가 된다. 65세 이상 인구가 14%인 고령화 사회에서 비교해 보면 프랑스(32.6%), 독일(36.8%)보다 높은 수준이다. 국가채무의 연평균 증가율(2000~2016년)을 보면 한국은 11.9%로 29개 OECD 국가 중 라트비아(16.3%), 룩셈부르크(13.3%), 에스토니아(12.2%)에 이어 네 번째로 높다. 결국 현재 수준뿐 아니라 소득구조 및 인구구조 현황, 국가채무 증가 속도 등을 종합적으로 고려해 재정건전성을 관리해야 한다.

재정건전성을 중시하지만 저출산·고령화 대응, 양극화 해소, 4차 산업혁명 대비 등 경제·사회 구조 혁신에 필요한 분야는 적극적 재정지출로 꾸준히 지원해야 한다. 그때그때 상황이나 사회적 이슈에 따라 재정지출이 널뛰기하는 현상이 되풀이되어서는 안 된다. 특히 베이비붐 세대의 은퇴가 시작된 2017년부터 향후 10년간은 8대 사회보험의 수입·지출에 중대한 변화가 나타나는 시기다. 중장기 지속가능성 확보를 위한 선제적 대처와 재정 안정화를 위해 재정건전화법은 반드시 추진되어야 한다.

⋮ 대전환의 지도력을 보여줄 때 ⋮

미래의 경제 상황을 모두 예측할 수는 없지만 예측 가능한 것들만이라도 대비해야 한다. 세계는 이미 각자도생各自圖生의 시대로 진입했다. 선진국은 국가 차원에서 제조업의 경쟁력을 강화하기 위한 전략을 내세우고 있다. 각 경제주체들은 과거의 성공 경험에 매몰되어 변화에 빠르게 대응하지 못하고 있다. 고착화된 민간 이익집단과 정부부처가 제휴해 변화를 막고 있기 때문이다. 특히 1990년대 이후 정부의 관료적 통제는 민간의 창의와 혁신을 막고 있다. 공공부문이나 공기업은 강력한 노조가 임기가 정해진 전문경영인이나 기관장을 압박하고 있으며, 선거에 직면한 정치권은 장기적인 비전을 외면한 채 선심성 복지 확대를 앞세우고 있다.

정부 주도로 성장을 이끄는 시대는 끝났다. 정부는 공정한 규정을 만들고 실행하여 시장경제가 돌아가도록 해야 하며, 시장과 정부는 협업과 분업으로 조화를 이루어야 한다. 유럽연합의 '똑똑한 성장smart growth'은 교육과 연구, 정보통신기술 혁신, 디지털 사회 등 세 분야에서 성과 향상을 목표로 하고 있다. 창의적 아이디어를 성장의 원천으로 인식하고, 국가 차원에서 전략적으로 인적 자본 구축과 혁신에 집중하며, 민간의 창의력이 최대한 발휘될 수 있는 제도 및 문화적 환경을 마련해야 한다.

한국경제가 현재의 정체 상황에서 활로를 찾으려면 현실을 직시하고 단기 실적주의에서 탈피해야 한다. 가장 큰 위험은 남의 탓을 하는 것이다. 정부는 국회 탓을 하며 허송세월을 보내서는 안 된다. 장기적 관점에서 보면 심각한 위기 상황이므로 경제 회생을 위한 국가 총력 체제를 갖추고, 국민들이 "이렇게 하면 경제가 살아나겠구나" 하는 기대와 믿음을 가질 수 있는 대전환의 지도력을 보여주어야 한다.

이인실 서강대학교 경제대학원 교수

4차 산업혁명 시대의
산업 경쟁력 확보 전략

⋮ 한국경제, 4차 산업혁명을 어떻게 대비할 것인가 ⋮

한국경제는 빠른 추격자 전략으로 1인당 국민소득이 3만 달러 수준까지 도달했으나 최근에는 성장 잠재력이 하락하고 저성장이 지속되고 있다. 이는 경제 발전 과정에서 추진되어 온 대기업 중심의 수출 주도형 성장 모형에 한계가 드러나고 있음을 보여준다. 저성장이 지속되는 경향은 주력 산업의 성장세 둔화 및 글로벌 경쟁력 약화에 기인한 바가 크다. 잠재성장률은 이미 3% 이하로 떨어지고 기업투자 증가율은 점점 낮아지고 있는 상황에서 성장 동력을 찾지 못하고 있는 것이다.

이처럼 고도성장이 둔화되는 시점에서 4차 산업혁명이야말로 한국

경제에 새로운 성장 동력을 모색하는 기회를 제공할 것으로 예상되는 만큼 선제적이고 전략적인 대응이 중요하다. 4차 산업혁명 시작 단계부터 글로벌 가치사슬의 재편에 대응하고 우위를 점하기 위한 노력이 필요하다는 것이다. 4차 산업혁명에서는 혁신적인 스타트업과 벤처기업의 역할이 중요한데, 이것을 뒷받침할 우리나라의 산업 생태계는 척박한 상황이다. 이를 개선하기 위해서는 규제 혁파 등 기존 산업 정책의 대전환이 필요하며 대기업과 중소기업이 상생하는 산업 생태계를 조성해야 한다. 또한 예측하기 어려운 4차 산업혁명의 변화에 신속하게 대응하기 위해서는 융합적 문제 해결 능력을 갖춘 노동 인력을 배출하는 것이 시급하다. 이러한 관점에서 4차 산업혁명으로 산업구조가 어떻게 변화할지 분석하고 경쟁력 확보를 위한 정책 방향을 제시하고자 한다.

⋮ 4차 산업혁명, 어디까지 진행되었는가 ⋮

4차 산업혁명은 3차 산업혁명의 기반인 디지털과 생명공학, 물리학 등을 융합하는 기술혁명으로, 2016년 세계경제포럼WEF에서 클라우스 슈밥Klaus Schwab에 의해 처음으로 정의되었다. 그는 4차 산업혁명의 특징으로 진행 속도가 기하급수적으로 빨라지고, 모든 국가의 산업이 포함될 정도로 범위가 포괄적이며, 생산, 관리, 거버넌스 등 시스템 전반에 영향을 미치는 것이라고 말했다.

　슈밥은 4차 산업혁명을 이끄는 기술을 물리적 기술, 디지털 기술, 생물학적 기술로 구분했다. 물리적 기술의 핵심으로 센서와 인공지능으로 자율체계화된 드론, 항공기 등의 무인 운송수단, 디지털 설계도를 가지고 유연한 소재로 3차원 물체를 적층해 나가는 방식의 3D 프린팅, 주변 환경에 스스로 적응하고 인간과 협업이 가능한 로봇을 개발하는 로봇공학, 강철보다 200배 이상 강하고 두께는 머리카락의 100만 분의 1밖에 안 될 만큼 얇고 열과 전기의 전도성이 높은 그래핀과 같은 신소재를 들었다.

　디지털 기술의 핵심으로는 사물과 인간을 연결하여 새로운 패러다임을 창출하는 사물인터넷과 블록체인 시스템을 언급했다. 블록체인 기술은 사용자들이 만들어가는 시스템으로 거래 기록이 암호화되어 모두 공유되기 때문에 특정 거래자의 통제를 막고 투명한 거래를 보장하는 시스템이다.

　생물학적 기술로는 유전학, DNA 데이터를 이용하여 유기체를 제작할 수 있는 합성생물학, 인간의 성세포와 유전자 변형으로 동식물을 만들어낼 수 있는 유전자 편집 기술이 포함되었다. 4차 산업혁명이 아직 명확하게 정의되지 않았고 회의론과 긍정론 등 다양한 논의로 피로감이 증대하고 있지만 4차 산업혁명에 의한 기술 변화는 이미 실현되고 있다.

　산업혁명의 단계별 특징을 살펴보면 1차 산업혁명은 증기기관에 의한 생산의 기계화였으며, 2차 산업혁명은 전기 사용으로 인한 공장의 자동화였다. 반면 3차 산업혁명은 컴퓨터의 사용과 인간의 활동을 물리적 공간에서 사이버 공간으로 확대하는 컴퓨터 네크워크가 특징이다. 우리가 맞이하게 될 4차 산업혁명의 가장 큰 특징은 유비쿼터스 컴퓨팅, 센서, 인공지능 등에 의한 맞춤 생산이다. 기존의 산업혁명은 사후에 정의된 반면 4차 산업혁명은 초기 단계이므로 진행 방향을 예측하기가 어렵다. 4차 산업혁명을 명확하게 정의하는 데는 어려움이 있으나 선제적이고 전략적인 관점에서 이해할 필요가 있다.

⁝ 미래 핵심기술 ICBM과 인공지능 ⁝

우리나라에서는 4차 산업혁명의 일반목적기술General Purpose Technology, GPT로 평가되고 있는 지능정보기술에 관심이 높다. ICBM과 AI가 지능정보기술에 속하는데, 사물인터넷IOT, 클라우드Cloud, 빅데이터Big data, 모바일Mobile과 인공지능AI의 결합을 의미한다.

사물인터넷은 사람, 사물, 공간 등 모든 것들에 센서를 부착해 인터넷으로 실시간 서로 연결되어 정보가 생성, 공유 및 활용되는 것을 말한다. GE와 지멘스의 스마트 팩토리는 공장 설비에 사물인터넷을 구현하여 생산성 향상을 도모하고 있다. 미국의 한 제약사가 개발한 스마트 약병은 복약 시간이 되면 뚜껑이 점등됨과 동시에 소리를 내어

약 먹을 시간을 알려준다. 구글의 자율주행차는 기존의 자동차에 IT 기술을 활용한 자율주행 시스템을 장착하여 운전자의 조작 없이 스스로 주변 환경을 인식하고 목표 지점까지 운행할 수 있도록 설계되어 있다.

클라우드란 사용자가 필요한 자료나 프로그램을 자신의 컴퓨터에 설치하지 않고도 인터넷 접속을 통해 언제 어디서나 이용할 수 있는 서비스를 말한다. 사물인터넷 기반 센서로부터 수집된 방대한 자료가 저장되는 공간이자 자료를 분석할 수 있는 컴퓨팅 및 소프트웨어 등을 제공하는 플랫폼 서비스라고 할 수 있다. 4차 산업혁명의 중심 기술인 인공지능은 대규모 컴퓨터 파워와 빅데이터 축적을 기반으로 작동하는데 이는 클라우드를 통해 실현 가능하다.

'4차 산업혁명의 핵核'으로 불리는 빅데이터 기술은 다양한 종류의 대규모 데이터의 초고속 수집, 발굴, 분석을 지원하여 가치를 추출한다. 사물인터넷 등을 통해 생성된 방대한 양의 데이터를 빠르게 분석, 가공, 추출하여 최적의 결론에 도달하기 위해서는 빅데이터 기술이 필요하다.

인공지능은 사람이 가진 지적 능력의 일부 또는 전부를 컴퓨터가 구현하는 것을 뜻한다. 인공지능은 '약弱 인공지능'과 '강强 인공지능'으로 구분된다. 약 인공지능은 컴퓨팅 도구를 이용해 사전에 정해진 규칙에 따라 주어진 과제를 수행하는 것으로 알파고나 IBM의 왓슨이 여기에 해당된다. 반면 강 인공지능은 스스로 학습하고 자율적인 판단을 내릴 수 있으며 영화에 등장하는 터미네이터처럼 인간보다 뛰어난 지능을 가진 로봇을 말한다.

인공지능 기술은 전통 제조업인 자동차, 조선, 철강 등의 자동화를 급속도로 진전시키고, 인간 신경망 구조를 컴퓨팅 모형화하여 스스로 인지하고 판단하는 기술인 딥러닝을 통해 생산 설비의 효율성을 높이는 데 활용되고 있다.

모바일은 사물과 사물, 사람과 사람, 사람과 사물이 데이터를 주고받는 네트워크를 지칭하며, 5세대(5G) 이동통신기술에 기반을 두고 있다. 5세대 이동통신은 초고속, 초저지연, 초연결을 특징으로 한다. 4세대 이동통신에 비해 데이터 전송 속도가 20배 빠르고(초고속), 반응 속도가 10배 이상 빠르며(초저지연), 10배 이상 많은 사람들과 기기가 연결(초연결성)된다.

지금까지 열거한 4차 산업혁명의 대표적인 기술인 지능정보기술을 관통하는 핵심 단어는 데이터^{data}이다. 3차 산업혁명은 자동화를 통해 컴퓨터와 인터넷이 육체노동을 대체한 반면, 4차 산업혁명은 지능·자율화에 따른 두뇌 대체로, 이를 구현하기 위한 핵심기술이 인공지능이다. 현실성 높은 인공지능을 구현하기 위해서는 방대한 양의 데이터가 필요하다. 따라서 4차 산업혁명을 선도하는 핵심기술들은 데이터를 수집(사물인터넷), 전송(5G 이동통신), 저장·분석·처리(클라우드, 빅데이터, 인공지능)하는 기술이라 할 수 있다. 결과적으로 미래에는 데이터 처리 능력이 기업의 경쟁력을 좌우할 것으로 예상된다.

⋮ 4차 산업혁명 시대에 산업구조는 어떻게 변할 것인가? ⋮

4차 산업혁명으로 생산 방식과 소비 형태, 기업들의 비즈니스 방식과 산업구조 등 경제 전반에 근본적인 변화가 일어날 것이며, 이에 따라 경쟁력의 원천도 변화할 것으로 예상된다. 우리나라 산업구조의 가장 큰 특징은 선진국에 비해 제조업의 비중이 높다는 것이다. 선진 국가들은 제조업의 비중이 축소되고 서비스업의 비중이 늘어나고 있는 반면, 한국은 경제가 발전할수록 오히려 제조업 비중이 증가하여 현재 경제 전체에서 30% 수준을 유지하고 있다.

우리나라는 제조업을 중심으로 한 수출 전략으로 경제 성장을 이루었으며, 제조업 제품이 전체 수출에서 차지하는 비중이 90% 이상이다. 또한 정보통신기술ICT이나 자동차와 같은 주력 업종이 제조업 총생산에서 차지하는 비중이 선진국보다 높다. 하지만 특정 품목에 대한 의존도가 높은 반면 주력 업종의 부가가치 증가율이 낮아 제조업 전반의 글로벌 경쟁력이 약화되고 있다. 더구나 해외 직접투자, 중간재 수입 증가에 따라 제조업의 해외 생산 비중이 증가하면서 국내 생산 기반조차 약화되고 있다.

우리나라의 경우 제조업과 서비스업 간의 연계성이 약해 제조업 제품 생산에 설계, 디자인 등의 서비스 투입이 적다. 또한 생산에 필요한 중간재 투입에서 수입품이 차지하는 비중이 높아 최종재의 수출에서 국내 부가가치의 비중이 낮다. 그 원인 중 하나는 서비스의 생산성이

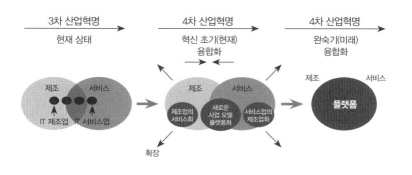

제조업의 서비스화

3차 산업혁명 → 현재 상태

4차 산업혁명 → 혁신 초기(현재) 융합화

4차 산업혁명 → 완숙기(미래) 융합화

제조 / 서비스 / IT 제조업 / IT 서비스업 → 제조 / 서비스 / 제조업의 서비스화 / 새로운 사업 모델 플랫폼화 / 서비스업의 제조업화 → 제조 / 서비스 / 플랫폼

확장

출처 : 「4차 산업혁명의 글로벌 동향과 한국산업의 대응전략」(산업연구원, 2017)을 기반으로 편집·수정

낮아 중간 투입재의 역할을 제대로 수행하지 못하기 때문이다. 이러한 현실은 제조업과 서비스의 융·복합을 통해 새로운 제품과 산업을 창출하는 데 장애 요인으로 작용하고 있다.

서비스 기능을 탑재하라

4차 산업혁명으로 인한 산업구조의 가장 큰 변화는 제조업의 서비스화 또는 제조업과 서비스업의 통합servitization이다. 제조업은 제조 위주에서 제품 관련 서비스 및 신규 서비스 산업으로 영역이 확대되고, 서비스업은 제품과 연계된 형태로 다양화되며, 두 산업 간 경계가 허물어질 것으로 예견된다. 소비자 경험과 데이터 중심의 서비스, 빅데이터, 기업 간 다양한 협업이 중시되고, 제조업과 서비스의 경계가 모호해지면서 통합 및 융합된다는 것이다. 이 과정에서 기업들은 수요자와 네트워크를 구축하여 고객 충성도를 높이고 플랫폼 기업으로 변신할 것으로 예상된다.

GM, BMW, 지멘스 등 글로벌 기업들은 사물인터넷과 인공지능을 기반으로 제조와 서비스, 소비자를 연결하는 플랫폼을 구축해 제조업의 서비스화를 추진하고 있다. GM 등 자동차 제조사들은 차량을 새로운 비즈니스 플랫폼으로 인식하고 엔터테인먼트, 헬스케어, 안전관리 등의 서비스를 탑재하고 있다. 자동차 회사들은 우버가 구현한 새로운 비즈니스 모델을 응용해 자사 자동차를 기반으로 자동차 공유 또는 렌탈 서비스를 제공하고 있다. GM은 차량용 에어비엔비인 '메이븐Maven', BMW는 자동차 공유 플랫폼 '드라이브나우DriveNow'를 출시했다. 가전과 항공기 엔진 제조기업인 GE는 생산 제품에 대한 유지 관리, 컨설팅 서비스를 제공하고 있다.

글로벌 기업들은 가격과 기술적 우위만으로는 경쟁에서 살아남기 힘들며 소비자들과 상호작용을 하면서 가치사슬 전체의 부가가치를 확대하는 비즈니스 모델이 필요하다는 것을 인식하고 있다. 국내에서도 대기업을 중심으로 제조업의 서비스화가 진행되고 있다. 현대자동차는 집 안의 조명, 도어락, 실시간 영상으로 가스 차단기 확인 및 제어가 가능한 커넥티드 카 서비스는 물론 날씨, 위키피디아 지식, 주식 등에 관해 답변해 주는 챗로봇을 적용할 계획이다. 삼성전자는 사물인터넷 냉장고 '패밀리허브'를 출시하고 음성인식, 레시피, 온라인 쇼핑 서비스를 제공하고 있다. LG전자의 인공지능 TV '올레드 TV AI

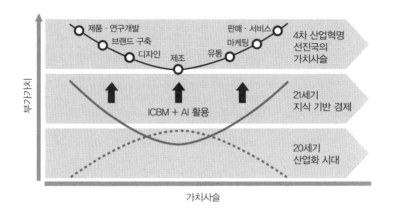

가치사슬의 변화

제품 · 연구개발
브랜드 구축
디자인
제조
유통
마케팅
판매 · 서비스
4차 산업혁명
선진국의
가치사슬

부가가치

ICBM + AI 활용

21세기
지식 기반 경제

20세기
산업화 시대

가치사슬

출처 : 『4차 산업혁명의 글로벌 동향과 한국산업의 대응전략』(산업연구원, 2017)을 기반으로 편집 · 수정

ThinQ'는 인공지능 제어, 음성인식 등의 다양한 서비스 기능을 탑재하고 있다.

반면 국내 중소기업들은 제조 과정의 디지털화로 스마트 공장을 구현해야 한다는 것은 인지하고 있으나 제조업의 서비스화에 대한 인식이 낮아 새로운 수익 모델을 창출하지 못하고 있다. 4차 산업혁명에서 기업의 경쟁력은 전통산업처럼 규모나 범위의 경제가 아니라 여러 기술을 통합하는 컨버전스 기능에 의해 좌우될 것으로 예상된다.

스마트 공장이 가치사슬을 바꾼다

4차 산업혁명으로 인해 기업의 가치사슬에도 많은 변화가 일어날 것으로 예상된다. 공정 혁신을 통해 제조 생산 단계에 큰 영향을 미치고, 시뮬레이션이나 빅데이터 이용, 인공지능과 증강현실 등은 설계·개발, 마케팅, 서비스 융합 부분의 전체 가치사슬을 변화시킬 것이다. 20세기 산업화 시대에는 제조의 부가가치 비중이 가장 높았으나 21세기 지식 기반 경제에서는 제품·연구개발, 브랜드 구축, 디자인 및 마케팅, 판매 서비스를 통한 부가가치 비중이 높다. 그리고 4차 산업혁명은 ICBM+AI 기술을 통해 기업 가치사슬 전반의 부가가치를 높일 것으로 예견된다.

4차 산업혁명을 견인하는 주요 핵심기술이 적용되면 제조업에서 공정 혁신이 진행될 것이다. 그리고 이것은 인공지능, 사물인터넷, 빅데이터 등 4차 산업혁명의 핵심기술이 활용된 스마트 공장의 도입으로 구체화된다. 스마트 공장은 기업 내 가치사슬 단계가 서로 연결되어 자율적으로 작동되는 공장을 의미하는데, 이것은 단순 자동화 또는 전산화와 다르다. 3D 프린팅, 빅데이터 활용과 모바일, 사이버 물리 시스템^{CPS} 등이 적용되어 다양한 수요자의 요구에 대응하면서도 저렴한 가격으로 공급할 수 있는 개인 맞춤형 생산체계로 이행하게 된다.

우리나라는 2025년까지 스마트 공장의 수를 3만 개까지 확대하는 것을 목표로 하고 있다. 국내에서 추진 중인 스마트 공장은 초기 또는 중간 단계로 평가되고 있다. 스마트 공장은 실시간 주문형 맞춤 생산이 가능하고, 재고량을 최소화하며, 제품 불량률을 낮추고, 인건비가 절감되어 생산성을 획기적으로 향상할 것이다.

스마트 공장의 대표적인 사례로 글로벌 스포츠 용품 기업 아디다스의 스피드팩토리를 살펴보자. 스피드팩토리는 연간 50만 켤레의 운동화를 생산하는 독일의 대표적인 스마트 공장이다. 아디다스 스피드팩토리의 가장 큰 특징은 고객의 수요를 실시간으로 반영하여 개인에게 최적화된 제품을 최단 시간에 공급하는 것이다. 고객은 신발 끈부터 깔창, 색상 등 다양한 옵션을 선택할 수 있고, 스피드팩토리는 5시간 만에 생산해서 고객에게 배송한다.

항공기와 운송 관련 제품을 생산하는 GE의 스마트 공장인 인도의 '브릴리언트 팩토리(생각하는 공장)'는 공장 시설과 컴퓨터가 사물인터넷으로 연결되어 실시간으로 통신하며, 공장 내의 설비와 제품이 생성하는 데이터를 클라우드 서버를 통해 교환한다. 공장 스스로 생산 관련 정보를 공유하고 품질을 유지하며 생산 과정의 모든 의사 결정을 수행하도록 설계되었다. 또한 인터넷을 통해 공급망, 서비스, 유통망과 연결되어 가치사슬 전반의 효율성을 극대화하고 있다.

국내의 철강기업 포스코의 스마트 공장은 사물인터넷을 기반으로 철강 생산 공정이 인공지능 기술로 자동 제어되고 각 제품마다 위성위치추적장치GPS가 부착되어 물류 이동을 추적할 수 있도록 설계되어 있다. 전력 기기와 산업용 자동화 기기를 생산하는 LG산전의 청주 공장은 부품 공급부터 조립, 포장 등 생산 라인 전체에 자동화 시스템을 구축했고, 무인 운반차는 부품이 줄어드는 것을 스스로 인식해 각 부품을 옮긴다.

4차 산업혁명에서 가치사슬은 연구개발, 조달, 제조, 유통, 마케팅, 서비스에 로봇공학, 3D 프린팅, 인공지능, 사물인터넷 등 새로운 원천 기술이 접목되면서 수직분업과 수평분업이 공존하는 하이브리드 형태로 재편될 전망이다. 각각의 산업들이 수평적 협업 관계로 연계되면 외부 역량을 얼마나 활용할 수 있느냐가 경쟁의 원천이다. 이를 위해서는 개방적이고 융합적인 생태계 구축이 필요하다. 글로벌 가치사슬Global Value Chain, GVC이 제조 조립에서 플랫폼 구축으로 급격히 변화함에 따라 핵심 서비스 및 소프트웨어를 지배하는 것이 경쟁력의 결정적인 요인이 될 것이다.

온디맨드 경제의 확산

소비자가 원하는 제품과 서비스가 즉각적으로 공급되는 온디맨드On-Demand 경제가 확산되면서 다품종 소량 생산이 증가하고 있다. 더불어 클라우드 또는 빅데이터와 결합한 디지털 제조 공정이 가능해짐에 따라 해외에 있던 공장이 국내로 회귀하는 리쇼어링reshoring이 확산될 것으로 예상된다.

1990년 미국을 비롯한 선진국의 기업들은 경쟁력이 없는 제품의 제조는 저임금 국가로 이전하는 오프쇼어offshore 생산 전략을 취했다. 애플은 아이폰의 설계와 디자인은 미국에서 하고, 제조는 독일, 대만, 한국 등 여러 나라로부터 주요 부품을 수입하여 중국 공장에서 조립했다. 이러한 아웃소싱 방식이 2000년대 이후 서서히 변화하고 있다.

저임금 국가들의 경제 성장으로 임금이 상승하자 비용 절감의 매력이 떨어지게 된 것이다. 또한 제조업 공동화로 일자리가 감소하자 정부는 조세 감면 등의 지원으로 기업들을 본국으로 다시 끌어들이고 있다. 미국의 GE와 GM도 중국과 유럽에 있던 생산 라인을 본국으로 이전했다. 일본의 파나소닉도 중국의 가전 생산 라인을 본국으로 이전했고, 혼다는 베트남에 있던 오토바이 생산 기지를 본국으로 이전했다. 모든 생산 공정이 자율화되고 지능화되는 스마트 공장의 확산으로 리쇼어링 현상은 더욱 확대될 것으로 예상된다. 스마트 공장의 구축으로 노동 비용이 줄어들어 저임금 국가에 생산 기지를 구축할 동기가 없기 때문이다. 오히려 소비자의 수요를 충족하기 위해서는 생산 비용을 줄일 수 있는 곳보다 수요가 있는 곳으로 이전하는 것이 낫다고 판단하는 것이다.

저임금으로 아시아에 생산 공장을 구축했던 아디다스는 본국에 스마트 공장 설립했다. 인간의 노동을 로봇과 소프트웨어로 대체함에 따라 생산원가를 줄이고 더욱 효율적으로 생산관리를 할 수 있기 때문이다. 현재 우리나라의 제조업도 국내의 노동 비용 상승과 각종 규제로 해외 이전이 늘어나고 있으나 스마트 공장이 확산될 경우 국내로 회귀하는 기업이 늘어날 것이다. 그런데 문제는 정부 규제다. 정부는 2013년부터 '유턴기업지원법'을 제정하여 해외 공장의 본국 이전을 장려하고 있으나 각종 규제로 인하여 세제 혜택 등의 보상체계가 제대로 작동하지 않고 있다.

4차 산업혁명에 어떻게 대비해야 하는가?

　4차 산업혁명에 대한 국내 제조업의 기술적 대응은 선진국 대비 4년 정도 뒤처져 있는 것으로 알려져 있다. 이는 선진 기업의 80% 수준이며 디자인, 설계 등 제품의 가치사슬 분야별로 73~90% 수준을 유지하고 있다. 제조·공정은 대기업을 중심으로 ICT 기술을 활용한 자동화가 진전되어 선진국에 비해 2년 정도의 격차를 보이고 있으나, 디자인 분야가 가장 취약한 것으로 나타났다. 특히 중소기업은 4차 산업혁명의 비즈니스 모델에 대한 이해가 부족하고 대응력이 취약한 것으로 평가된다.

　4차 산업혁명의 핵심적 특징은 기술, 시장, 사회의 변화가 예측하기 어려운 방향으로 동시에 일어난다는 것이다. 전통산업에서는 특정 기술이 특정 제품과 결합하여 시장을 형성했지만 4차 산업혁명에서는 이러한 결합이 매우 빠르고 예측할 수 없기 때문에 변화의 방향을 통제하기 어렵다. 따라서 최선의 방법은 개인, 기업, 국가가 변화에 신속하게 대응할 수 있는 유연성을 확보하는 것이다.

소비자의 자율적 규제를 강화하라

　4차 산업혁명에 대응하기 위해서는 정부, 기업, 개인 등 사회 전반적인 변화가 필요하다. 우선 정부는 4차 산업혁명에 맞는 산업 정책을 정립할 필요가 있다. 과거에는 특정 기술 개발을 통한 비즈니스 모델을 창출했다면 4차 산업혁명 시대에는 다양한 분야가 융합된 비즈니스 모델이 시장을 지배할 것이다. 따라서 제조업과 서비스업의 연계성 확대를 위한 산업 생태계 형성은 세계시장 확보 및 향후 우리나라 산업의 경쟁력을 지속적으로 유지하기 위한 조건이다. 이러한 여건을 조성하기 위해서는 과거에 시행되었던 특정 산업 육성 정책을 지양하고 업종 간의 경계를 허물고 기능별 정책을 입안할 필요가 있다.

업무 영역별로 시행되는 칸막이식 규제로 인해 다른 분야의 제품과 서비스가 융합된 신상품 출시가 지연되거나 가로막히는 상황을 방지해야 한다. 제조업의 서비스화를 바탕으로 새로운 시장을 창출하거나 제품 혁신에 장애가 되는 법·제도적 걸림돌을 제거하는 규제 혁파가 필요하다. 규제 및 제도 개선을 통해 기업 주도의 혁신을 활성화하고 사업을 재편할 수 있는 여건을 조성해야 한다.

우리나라 스타트업은 기존의 규제를 넘어서지 못하는 한계에 봉착해 왔다. 정부의 규제는 소비자의 피해와 공급자 간의 불신을 해소하기 위한 목적이지만, 스타트업의 활로를 개척하기 위해서는 사용자와 공급자 사이의 상호 자율적인 평가 시스템이 제도적 규제 이상의 효과를 발휘할 수 있음을 인식해야 한다. 우버나 에어비앤비의 경우 국가 규제는 영업 허가를 통한 일회성 감독에 그치지만 사용자와 서비스 제공자의 지속적인 상호작용을 통해 더욱 효과적으로 규제할 수 있다.

새로운 비즈니스 모델이 확산되기 위해서는 기존의 법·제도를 통해 사전에 진입을 규제하기보다 일단 비즈니스 모델을 허용한 후 반복적으로 드러나는 부작용에 대해 새로운 규제를 하는 것이 더 효율적이다. 4차 산업혁명을 통해 산업 경쟁력을 확보하기 위해서는 규제 개혁에 중점을 두고 정책을 펴야 한다. 특히 세제 혜택을 포함한 유턴기업 지원법에도 불구하고 다양한 규제로 인해 국내로 복귀하는 데 따른 인센티브가 크지 않은 실정이므로 규제 혁파를 통해 국내 투자와 고용 창출을 이끌어야 한다.

노동, 지식, 금융 등 생산요소의 유연한 이동은 4차 산업혁명 시대 경제 시스템의 전제 조건이다. 법·제도 개선을 통해 노동, 자본 등의 생산요소가 자유롭게 이동할 수 있어야 4차 산업혁명에 걸맞은 새로운 비즈니스 모델을 창출할 수 있다. 새로운 산업이 출현하는 데 있어서 기술적 요인보다 보건복지법, 개인정보법 등이 최대 장애 요인이라는 지적도 있다.

상생할수록 경쟁력이 높아진다

중소기업과 스타트업은 대기업에 비해 신속하게 의사 결정을 내릴 수 있기 때문에 새로운 기술과 시장의 기회를 포착하기가 쉽다. 또한 중소기업이나 스타트업의 지속적인 시장 진입으로 대기업보다 새로운 직업을 더 많이 창출하고 있다. 그러나 중소기업이나 스타트업은 새로운 기회를 실현하기 위한 대규모 투자나 연구개발 능력이 대기업에 비해 부족하다. 따라서 4차 산업혁명 시대에는 대기업과 중소기업 또는 스타트업의 협력 관계가 필요하다. 시장에서 새로운 기술이나 제품을 실험하는 일은 중소기업 또는 스타트업이 주도하고, 성공했을 때 이것을 확대하는 역할은 대기업이 맡는 것이다. 전략적 연대나 인수합병 등을 통해 중소기업과 대기업이 이윤을 배분하면 된다. 공정하고 상호 호혜적인 협력 관계가 대기업과 중소기업 및 스타트업의 생존 확률을 높일 수 있다. 4차 산업혁명 시대에 경쟁력을 높이려면 가치사슬의 전반적인 부가가치를 확대해야 한다. 이를 위해서는 가치사슬의 구성원인 중소기업과 스타트업의 생산력 향상이 대기업의 생산력 향상으로 이어질 수 있음을 인식할 필요가 있다.

융합적 인재의 양성

4차 산업혁명 시대에는 새로운 기술과 시장의 결합이 빠르고 예측하기 어려운 방향으로 전개될 것이다. 이러한 변화에 신속하고 유연하게 대응하기 위해서는 고도의 융합적 지식을 갖추어야 한다. 다보스 포럼에서 발표된 「미래고용보고서」에는 '복잡한 문제를 푸는 능력', '비판적 사고', '창의력', '사람 관리', '협업 능력' 및 '창의력'을 갖춘 인재가 4차 산업혁명을 주도할 것으로 전망하고 있다. 융합적 사고와 창의적 문제 해결 능력 및 협업 능력을 갖춘 인력은 반복적 학습을 강조하는 교육 시스템에서는 양성될 수 없다.

우리나라의 교육 방식은 지나친 주입식 교육과 선다형 평가에 의존해 왔기 때문에 4차 산업혁명에 필요한 '창조형 인간', 문제 해결 능력을 지닌 '컴퓨팅 사고'를 가진 인재를 양성하지 못하고 있다. 반복 학습을 통해 규격화되고 기능화된 인력을 배출하는 교육 시스템에서 생산된 지식은 컴퓨터 코드로 쉽게 대체될 수밖에 없다. 따라서 4차 산업혁명 시대가 요구하는 인력을 배출하기 위해서는 학교 교육 시스템이 획기적으로 바뀌어야 한다.

김동훈 연세대학교 국제학대학원 교수

고용의 확대와
노동 생산성 향상

⋮ 선진국으로 가는 길에 발목 잡는 노동시장의 경쟁력 ⋮

학교에서 상담을 하면 신입생부터 취업 걱정을 하고, 동창들을 만나면 퇴직 이후 어떻게 살아갈지를 걱정한다. 중소기업을 운영하는 친구는 사람을 구할 수 없다고 하소연하고, 대기업 임원은 노동조합 때문에 세계시장에서 경쟁하기 어렵다고 토로하는 한편, 직장에 다니는 친척은 열심히 일해도 잘살기 어렵다고 불만을 터트린다.

우리나라 노동시장에 산적한 문제는 해결되기는커녕 점점 나빠지기만 하는 것처럼 보인다. 해외에서도 한국 노동시장에 대한 평가는 좋지 않다. 세계경제포럼WEF의 2017~2018년 「세계경쟁력보고서」는 한국의 종합적인 국가 경쟁력을 137개국 중 26위로 평가했지만, 노동시장의 효율성과 자본시장의 발전 정도는 세계 70위권으로 우리나라에서 경쟁력이 가장 떨어지는 부분으로 보았다.

한국 노동시장의 문제를 어떻게 해결할 것인가? 이 글에서 우리는 2가지 과제를 제시하고자 한다. 첫째, 대증요법의 반복을 멈추고 상위와 하위 노동시장으로 쪼개진 노동시장 분절分節, segmentation의 근본 문제를 해결하기 위해 노동시장의 유연성과 고용 안정성을 높일 수 있는 개혁을 단행해야 한다. 둘째, 저출산 고령화의 충격을 완화하기 위해 근로자의 평생 교육과 훈련을 강화하여 생산성을 높이고 청년 실업 문제를 해결해야 한다. 이것만큼 우리나라의 미래를 위해 중요한 과제는 없을 것이다.

⋮ 상위와 하위로 분절된 노동시장 ⋮

우리나라 노동시장은 대기업과 중소기업, 정규직과 비정규직으로 쪼개져 있다. 어느 노동시장에서 일하는가에 따라 근로자의 임금과 근로 조건이 엄청나게 다를 뿐만 아니라 노동시장 간 상향 이동이 쉽지 않다.

우리나라 자료를 분석해 보면 근로자의 특성(성별, 교육 수준, 업종, 직종, 연령, 근속연수 등)이 비슷하더라도 임금 수준은 사업체의 규모에 비례한다는 것을 알 수 있다. 2018년 8월 경제활동인구조사(통계청) 자료를 보면 비슷한 특성의 근로자의 경우 종사자 수가 5인 미만인 사업장에 근무하는 사람보다 5~9인 규모의 사업장에서 일하는 사람의 시간당 임금이 평균 10% 더 높았다. 10~29인 규모 사업장의 근로자는 15%, 30~99인 규모 사업장의 근로자는 20%, 100~299인 규모 사업장의 근로자는 25%, 300인 이상 규모 사업장의 근로자의 임금은 평균 35% 더 높았다.

고용 형태도 중요하다. 근로자의 특성과 사업체의 규모가 같다면 정규직 근로자의 임금이 비정규직 근로자의 임금보다 평균 5% 더 높다. 정규직과 비정규직 간 임금 차이는 사업체의 규모가 클수록 더 심하게 나타나는데, 종사자 300인 이상 사업체에서는 정규직과 비정규직의 임금 차이가 평균 14%에 이른다.

나아가 사업체 규모가 작을수록 근로시간은 길고, 상여금 등 각종 부가 혜택은 줄어들며, 노동조합은 큰 사업체에 집중되어 있다. 100인 미만 사업체에서 일하는 근로자의 1%만이 노동조합원인 데 비해 300인 이상 사업체의 근로자는 55%가 노동조합원이다. 우리나라 노동조합원의 4분의 3은 300인 이상 사업체의 근로자다.

그런데 우리나라 근로자의 대다수는 임금이나 근로 조건이 상대적으로 열악한 소규모 사업체에서 일한다. 가장 조건이 좋은 300인 이상의 대규모 사업체에서 일하는 근로자의 비율은 13% 정도밖에 되지 않는다. 근로자의 상향 이동이 활발히 이뤄진다면 노동시장의 이런 불균형이 큰 문제는 아닐 것이다. 그러나 현실은 그렇지 않다.

사람들의 근로 이력을 알 수 있는 한국노동패널 자료를 분석해 보면 30인 미만의 사업체에서 일하는 근로자가 10년 뒤에 300인 이상의 대규모 사업체에서 일하게 될 확률은 15%밖에 되지 않는다. 비정규직 근로자가 10년 뒤에 정규직 근로자로 일하게 될 확률은 조금 더 높지만 약 35%에 머문다.

⋮ 분절된 노동시장이 불러오는 빈익빈 부익부와 청년 실업 ⋮

분절된 노동시장에서 상위 노동시장에 속한 근로자들은 일자리를 잃었을 때 대가가 너무나 크기 때문에 모든 수단을 동원하여 일자리를 유지하고자 한다. 생산성을 높이기 위해 노력하기도 하지만 일자리를 지키기 위해 조직적, 제도적 안전장치를 굳게 세우려고 한다. 노동조합을 조직하여 일자리의 안정성을 제고하고, 구조조정이나 기업의 인수합병에 저항하며 정책 수립이나 입법 과정에도 영향을 미치고자 한다. 최근 대우조선, 현대중공업 노조가 양사의 합병에 반대하며 집단행동에 나섰고, 노동계가 국제노동기구^{ILO} 기본협약을 비준하라고 정부에 강한 압력을 넣고 있는 것 등이 그런 예이다.

상위 노동시장에서는 잘 조직된 노동조합의 집단행동과 사회·정치적 영향력으로 근로자의 인적 조정이 힘들기 때문에 기업은 정규직 인력을 쉽게 늘리지 않는다. 호황에도 정규직 신규 채용을 최소화하며,

기존 근로자의 생산성을 높이기 위해 훈련, 시설, 장비 등에 투자하고, 인적 조정이 용이한 비정규직 근로자를 활용한다. 또한 생산을 하청업체에 넘기거나 생산 기지를 해외로 옮기므로 상위 노동시장에서는 일자리가 별로 늘지 않는다.

반면 하위 노동시장에 속하는 기업은 구인난, 근로자의 잦은 이직, 낮은 생산성으로 어려움을 겪는다. 상위 노동시장에 들어갈 만한 능력을 가진 인재는 하위 노동시장에 진입하기를 꺼린다. 설령 입사하더라도 기업 내에서 커리어를 개발할 기회가 제한되기 때문에 더 좋은 조건의 일자리가 있으면 쉽게 이직한다. 기업은 능력 있는 사람을 찾기 어려우니 생산성이 낮은 근로자로 일자리를 채울 수밖에 없다. 인력은 부족하고 운용에 여유가 없으므로 근로자에게 요구하는 노동 강도는 높고 능력 계발 기회는 적다. 능력 계발을 하지 못한 근로자가 상위 노동시장으로 이동할 가능성은 더 낮아진다.

분절된 노동시장에서 구직자는 하위 노동시장에 일자리가 있더라도 취업하지 않고 상위 노동시장으로 진입하기 위해 노력한다. 그러나 일자리가 제한되어 있기 때문에 성공할 확률은 높지 않고 미취업자의 구직 기간은 길어질 수밖에 없다. 최근 통계에 따르면 우리나라의 20대 청년 중 미취업자의 비율이 약 절반으로 OECD 평균보다 훨씬 높다. 특히 청년 남성 중 미취업자 비율은 지난 20여 년간 지속적으로 상승해서 2000년 이후 10%p 올랐고, 졸업 후 취업이 어려워진 대학생들의 재학 기간은 평균 1년이 늘었다.

우리나라에 자영업자가 많은 것도 일부는 분절된 노동시장 때문이다. 상위 노동시장에 진입하기는 어렵고 하위 노동시장의 임금과 근로 조건은 열악하니 차라리 자영업을 시작하는 경우가 많다. 2019년 1월 통계에 따르면 우리나라 취업자의 4분의 1이 비임금근로자인데, 거의 전부가 종사자 5인 미만의 영세 자영업자이거나 무급 가족 종사자이다. 비임금근로자의 비율이 우리나라보다 높은 국가는 OECD 35개국 중에 멕시코, 터키, 그리스뿐이다.

비임금근로자는 임금근로자보다 더 오래(주당 평균 47시간) 일하고, 영세 자영업자가 집중되어 있는 숙박음식점업과 도소매업에서는 평균적으로 순수입이 근로자의 임금보다 적다. 뿐만 아니라 사업체의 절반이 2년 내에 문을 닫는다. 이런 상황이라면 자영업을 아예 시작하지 않는 것이 나아 보인다. 그러나 연령이나 숙련 부족 때문에 상위 노동시장에 진입할 가능성이 희박하다면 실업자로 남거나 임금과 근로 조건이 열악한 하위 노동시장에서 일하느니 위험 부담을 안고라도 자영업에 뛰어드는 사람들이 우리 노동시장에는 많다.

⋮ 신규 채용의 부담을 줄여라 ⋮

노동시장의 분절이 우리나라만의 문제는 아니다. 그러나 우리나라는 다른 나라에 비해 사업체 규모와 고용 형태에 따른 임금 격차가 크고 근로자의 상향 이동이 매우 제한되어 있다는 점에서 문제가 심각하다. 대부분의 OECD 국가와 비교하면 우리나라는 기간제 근로자의 비율이 높고 비정규직 근로자가 정규직 근로자로 전환되는 비율은 매우 낮다. 어떻게 하면 노동시장의 분절을 해소할 수 있을까?

우선 직접적으로 규제를 강화하면 될 것처럼 보인다. 예를 들어 기업이 비정규직 근로자를 쉽게 활용하지 못하도록 규제하면 정규직 근로자 채용이 늘어나거나 비정규직 근로자가 정규직 근로자로 전환될 것처럼 보인다. 그러나 이런 규제는 정규직의 비중은 늘리더라도 전체적으로 고용은 줄어드는 역효과를 불러온다. 정규직 채용의 비용은 변하지 않았는데 전체적인 노동 비용은 올랐기 때문이다.

한국개발연구원이 2007년에 시행된 기간제 근로자와 파견 근로자에 대한 규제의 영향을 연구한 결과, 기업의 정규직 비중은 늘어났지만 고용은 감소했고, 규제 대상이 아닌 용역과 도급 근로자는 증가했음을 발견했다. 특히 노동조합이 있는 사업장에서 정규직 비중을 높이는 효과는 적고 비정규직 고용을 줄이는 부정적 효과는 크게 나타났다. OECD 통계 자료(2013년)를 이용하여 한시적 근로자 고용에 대한 규제지수와 청년 고용률의 관계(82쪽 위 그래프)를 보면 전자가 높을수록 후자는 감소하는 것을 확인할 수 있다.

노동시장의 분절을 해소하려면 상위 노동시장에서 일자리가 늘어나고 상향 이동이 활발히 일어나야 한다. 국내외 자료를 이용한 연구 결과들은 정규직 근로자의 고용 보호 수준이 낮아져야 그 목적을 이룰

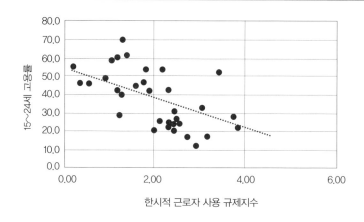

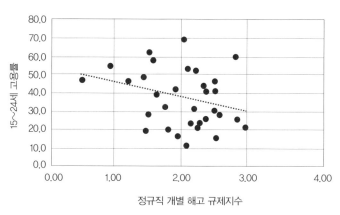

출처 : 2013년 OECD 통계

수 있음을 일관되게 보여준다. 예를 들어 아래쪽 그래프를 보면 정규직 근로자의 해고에 대한 규제가 강할수록 청년 고용률은 감소하는 것을 알 수 있다. 유럽 노동시장의 연구 결과를 보면 정규직 보호 수준이 높을수록 한시적 근로자의 비율은 높아지고, 한시적 근로자에서 정규직 근로자로 이행할 확률은 낮아지는 것을 알 수 있다. 노동시장의 분절을 해소하기 위해서는 근로자 사용에 대한 규제나 고용 보호를 강화할 것이 아니라 오히려 줄여야 한다.

구체적으로 한시적 근로자와 정규직 근로자의 구분을 없애고 고용보호 수준을 근속 기간과 연동하는 것이 바람직하다. 신입 근로자의 보호 수준은 낮추는 대신 근속 기간이 길어질수록 해고 비용을 점차 높여서 보호 수준을 강화하는 것이다. 해고 요건을 법적으로 규제(차별에 의한 해고는 예외)하기보다 근로자에게 해고의 대가를 금전으로 지불하는 것이 좋다.

이렇게 되면 신규 채용에 대한 부담이 크게 줄어들어 상위 노동시장에서 청년 고용은 증가하고 근로자의 상향 이동은 늘어날 것이다. 하위 노동시장에서 상위 노동시장으로 진입할 기회가 많아지면 구직자는 진입이 상대적으로 쉬운 하위 노동시장에 일단 취업하려고 하기 때문에 하위 노동시장의 인력난도 줄어든다. 신입 근로자가 기업과 잘 맞는다면 근속 기간이 길어지고, 근속 기간이 늘어날수록 일자리의 안정성은 올라간다. 기업과 잘 맞지 않아서 일자리를 잃거나 이직하고자 하더라도 일자리의 양이 전반적으로 늘어났기 때문에 재취업 확률이 높다. 이에 더하여 고용의 안정성을 높이는 조치들이 시행된다면 실업의 비용이나 기간은 짧아질 수 있다.

직장 안정성 대신 고용 안정성을 높여라

고용 보호의 수준이 낮아지면 일자리의 양도 늘어날 뿐 아니라 유동성도 높아진다. 일자리의 증감이 경기에 민감하게 반응하고 일부 근로자는 한 직장에 머무는 기간이 짧고 잦은 실직을 경험할 수 있다. 이에 대비하여 고용 안정성employment security을 높이는 노력이 필요하다. 고용 안정성은 근로자가 일자리는 바뀌더라도 취업 상태를 지속하는 것을 말한다. 근로자가 한 일자리에 계속 머무르는 직장 안정성job security 과는 다른 개념이다.

고용 안정성을 위해서는 구직자를 위한 고용 서비스를 높이고 고용보조금이 일자리 창출에 효과적으로 쓰이도록 해야 한다. 대부분의 선진국에서는 고용보조금이 거의 신규 고용을 창출하는 데 사용되는 데 반해 우리나라는 기존 근로자의 고용을 유지하는 데 사용된다. 또 대부분의 보조금이 고용 취약계층보다는 취업에 별 어려움이 없는 사람들까지 포함한 일반 구직자를 대상으로 쓰이기 때문에 고용 창출 효과가 떨어진다.

또한 실직자의 생계 보장을 위해 고용보험 가입률을 높이고 급여 수준을 높이는 동시에 고용보험이 구직을 촉진할 수 있도록 제도를 개선해야 한다. 현재 근속 기간이 3개월 미만이고 일주일에 15시간 미만 일하는 근로자와 65세 이후에 고용된 근로자, 공무원, 사립학교 교직원, 우체국 별정직을 제외한 모든 근로자는 실업보험이 포함된 고용보험 가입 대상이다. 그러나 2018년 경제활동인구조사 자료를 보면 비전형근로자를 제외한 65세 미만 전일제 근로자는 원칙적으로 법적 가입 대상인데도 거의 7분의 1이 미가입 상태인 것으로 나타난다. 특히 종사자 5인 미만 사업체의 근로자는 40%, 5~9인 규모 사업체의 근로자는 20%가 미가입자다. 재정적 지원과 행정 조치 강화를 통해 미가입률을 낮춰야 한다.

그리고 구직급여 수급 자격 심사가 형식적으로 이뤄지지 않도록 개혁해야 한다. 자발적 퇴직자나 구직 활동을 적극적으로 하지 않는 사람은 구직급여를 수급할 수 없는데도 허술한 자격 심사로 인해 거의 모든 실업급여 신청자가 구직급여를 받고 있는 실정이다. 말하자면 구직 활동 촉진 기능이 제대로 발휘되지 않는다는 것이다. 수급 기간이 길어질수록 구직급여 수준을 낮추거나 조기 재취업 수당을 강화할 필요가 있다.

⫶ 저출산 고령화가 노동시장에 던질 충격파 ⫶

노동시장의 분절에 따른 각종 문제가 상수라면, 저출산 고령화가 초래한 인구구조의 변화가 노동시장에 던질 충격은 곧 닥쳐올 변수이다. 우리나라의 고령화 추세는 놀라울 만큼 빠르다. 2000년에 15세 이상 인구 중 60세 이상의 비율은 14%였는데, 2018년에는 그 비율이

24%로 증가했다. 같은 기간에 취업자 중 60세 이상의 비율은 9%에서 16%로 늘어났다.

최근 발표된 출산율 통계치(잠정치)에 따르면 2018년 출생아 수는 약 33만 명으로 20년 전의 절반에 지나지 않는다. 우리나라 여성이 평생 동안 출산할 것으로 기대되는 평균 출생아 수(합계 출산율)는 0.98명으로 20년 전보다 0.5명 감소했다. 반면 65세의 기대여명은 21년으로 20년 전보다 5년 늘었다.

저출산 고령화는 당연히 노동력의 축소와 고령화를 초래한다. 2015년에 발표된 통계청의 장래인구추계에 따르면 우리나라 총인구는 2030년 경까지 늘어나다가 감소하기 시작할 것으로 보인다. 특히 노동력의 핵심을 이루는 15~64세의 생산 가능 인구는 올해부터 줄어들기 시작해 앞으로 10년 동안 매년 약 30만~40만 명씩 감소할 것으로 예측된다. 반면 65세 이상 인구는 10년 동안 5백만 명 가까이 늘어나 총인구 중 4분의 1에 달할 것이라고 한다. 이 단기 추세는 이미 정해진 것으로 이민을 크게 확대하지 않는 한 바꿀 수 없다.

저출산 고령화가 가져올 경제적 사회적 충격은 상당할 것이다. 첫째, 노동 공급 감소, 노동 생산성 저하, 인구 감소에 따른 시장 규모의 축소 등으로 경제성장률이 하락하고 경제의 활력이 전반적으로 떨어지며 인구구조에 따라 산업의 비중이 변화하면서 구조적 실업이 발생할 수 있다. 예를 들어 젊은 사람이 주 소비층인 자동차, 전자제품과 같은 내구재를 생산하는 제조업의 비중이 축소되고, 고령자를 위한 의료, 요양산업 등 서비스업은 비중이 높아지는 과정에서 실업자가 생기는 것이다. 서비스업의 생산성이 제조업의 생산성보다 낮은 것이 일반적이므로 총요소생산성과 경제성장률이 하락할 가능성이 있다. 다른 상황이 변하지 않는다면 저출산 고령화로 인해 2026년에서 2035년 사이 우리나라의 경제성장률이 0.4%까지 떨어질 것이라는 분석도 있다.

둘째, 사회보험의 재정적 부담이 급등할 것이다. 건강보험과 국민연금은 일하는 사람이 대부분의 비용을 내고 일하지 않는 고령층이 대부분의 혜택을 받는 구조로 운영된다. 따라서 노동력이 감소하고 고령층의 인구가 늘어나면 재정 문제가 발생할 수밖에 없다. 현재 65세 미만 인구 100명당 65세 이상 고령 인구는 20명 정도인데 10년 뒤에는 거의 2배가 될 것으로 예측된다. 인구구조 변화와 건강보험 보장성 강화 정책 등으로 인해 건강보험 수지는 흑자에서 2018년 적자로 전환되었는데 앞으로도 적자가 지속될 것이 확실해 보인다. 국민연금 수지는 특별한 변화가 없으면 20년 뒤에 적자로 전환되고 40년 뒤에는 기금이 고갈될 것으로 전망된다. 국민연금 기금이 우리나라 자본시장에서 차지하는 비중을 생각하면 국민연금의 소진이 자본시장에 던질 충격은 매우 클 것이다. 물론 이 기간 동안 심각한 재정 문제를 해결하기 위한 변화가 있을 것이며, 결국 보험료율이 높아질 것이다. 그러나 건강보험의 보장성이나 연금 수급 연령을 조정하지 않고서 재정 문제를 해결하려면 보험료율의 상승 속도나 수준이 미래 세대가 감당하기 어려울 정도까지 높아져야 한다.

셋째, 노령 인구 빈곤의 사회적 비용이 커질 것이다. 우리나라 가계 소득을 조사한 통계청의 가계금융복지조사 결과를 보면 가구주가 60세 이상인 가구의 2017년 중위 소득은 2500만 원으로 전체 가구의 중위 소득보다 2천만 원이나 낮다. 연간 소득이 3천만 원 미만인 가구의 비중이 전체적으로는 34%이지만 가구주가 60세 이상이면 거의 60%에 달한다. 미래의 노령 인구는 현재 노령 인구보다 국민연금 가입률과 근로소득이 더 높기 때문에 평균 소득은 더 많겠지만 기대여명이 높아지는 것을 고려하면 노후 대비는 여전히 부족한 실정이다. 금융기관의 여러 조사에 의하면 우리나라 50대 이상 대부분의 금융자산은 노후 생활비를 조달하기에 턱없이 부족하고, 소득 중하위 계층에서는 국민연금과 부동산 자산을 모두 합쳐도 여전히 부족하다.

인구 감소로 일자리 부족 문제, 주거, 자연환경이 개선될 수도 있다. 그러나 세계에서 유례가 없을 만큼 빠르게 변하는 인구구조의 충격은 그보다 먼저 나타날 뿐 아니라 매우 고통스러울 것이다.

평생 교육 훈련과 청년 일자리 확대로 저출산 고령화에 대비하라

저출산 고령화로 초래되는 노동력 부족, 사회보험료 재정 문제, 노령 인구의 빈곤을 완화하기 위해서는 근로자가 더 오래 일할 수 있어야 한다. 정년 연장 또는 폐지와 같은 제도적 변화와 더불어 노령 근로자의 증가가 생산성 저하로 이어지지 않도록 평생에 걸쳐 교육 훈련이 지속되어야 한다. 2013년 OECD에서 실시한 국제성인역량조사Programme for the International Assessment of Adult Competencies 결과에 따르면 우리나라 성인의 역량 수준은 연령대가 높을수록 심각하게 저하되어 25세 미만은 OECD 상위권이지만 55세 이상은 학력과 무관하게 하위권이다. 이는 하위 노동시장에서 근로자의 교육 훈련이 제대로 이루어지지 못하는 현실과도 관련이 있다. 노동시장 개혁과 근로자의 평생 교육 훈련을 포함한 적극적 노동시장 정책이 효과적으로 수행되어야 하는 또 하나의 이유다.

장기적으로 인구문제를 해결하기 위해서는 출산율을 제고해야 한다. 우리나라의 출산율이 낮아지는 이유는 미혼율과 혼인 연령이 높아지기 때문인 것으로 분석된다. 인구총조사 결과에 따르면 40~44세 인구 중 미혼자의 비율은 2005년에 6%였는데, 불과 10년 뒤에는 17%로 거의 3배가 되었다. 같은 기간에 평균 초혼 연령이 남편은 30.9세에서 32.6세로, 아내는 27.7세에서 30.0세로 증가했다. 미혼과 만혼이 증가하는 데는 가치관의 변화, 미래에 대한 전망의 변화 등 여러 가지 이유가 있겠지만 청년 취업의 어려움과도 밀접하게 연관되어 있다.

여러 연구에서 취업자, 특히 상위 노동시장에 취업한 청년들이 그렇지 못한 청년들에 비해 결혼할 확률이 높은 것으로 나타났다. 2018년 8월의 경제활동인구조사 결과를 보면 36~40세 대졸자 남성 중 취업자의 미혼율은 22%인 반면 실업자의 미혼율은 52%였다. 취업자 중 300인 이상 사업체 정규직 근로자의 미혼율은 13%인 반면 5인 미만 사업체 비정규직 근로자의 미혼율은 45%이다. 여성은 결혼 후 직장을 그만두는 경우가 많아 20대에는 남성과 비슷하지만 35세 이상은 취업한 여성의 미혼율이 오히려 높다.

결국 노동시장에서 청년(특히 남성)의 고용문제를 해결하는 것, 즉 상위 노동시장으로 진입할 수 있는 기회를 확대하고 고용 안정성을 높일 수 있는 노동개혁이 저출산 문제를 해결하기 위한 가장 효과적인 대책 중 하나이다.

⋮ 위기가 닥치기 전에 개혁해야 한다 ⋮

우리나라 노동시장의 근본적인 문제는 고임금, 좋은 근로 조건, 강한 고용보호를 누리는 소수의 근로자가 속한 상위 노동시장과 그렇지 못한 다수의 근로자가 속한 하위 노동시장의 분절에 있다. 노동시장의 분절이 해소되지 않고는 어떤 대증요법을 쓰더라도 결국 청년 실업, 자영업자의 위기, 소득 불평등과 같은 문제를 해결하지 못할 것이다. 곧 닥칠 인구구조 변화로 인한 수요 감소, 사회보험료 급등 또는 사회보험기금의 급감, 노인 빈곤의 충격까지 더해진다면 한국의 노동시장, 나아가 한국경제는 상당 기간 동안 구조적 위기에 갇힐 수 있다. 그런 위기의 가능성을 근본적으로 낮추기 위해서는 노동시장의 유연성과 고용 안정성을 높이는 개혁이 필요하다.

그러나 잘 조직된 상위 노동시장 근로자의 기득권을 낮출 수밖에 없는 개혁 조치들은 심각한 저항에 부딪히며 정치적으로 인기가 없다. 예를 들어 최근 프랑스의 노동개혁은 노조의 총파업과 대통령의 지지도 하락을 초래했고, 2002년에 노동시장의 유연성을 높이는 이른바 하르츠 개혁을 한 독일의 사민당 정부는 정권을 잃었다. 따라서 대부분의 나라에서 노동개혁의 필요성은 절감하지만 심각한 경제적 위기에 맞닥뜨리지 않는 한 시행되기 어렵다. 서유럽에서 분절된 노동시장 때문에 고용문제가 가장 심각한 프랑스는 몇 차례 노동개혁을 시도했지만 정치적 부담 때문에 제대로 실행하지 못했다. 대다수 국민과 정치인 사이에서 노동개혁 없이는 고용문제가 개선될 수 없다는 공감대가 형성된 최근에야 제한적이나마 시행할 수 있었다. 독일도 당시 서유럽에서 실업이 가장 심각한 수준이었을 때 하르츠 개혁을 실행할 수 있었다. 남유럽의 스페인과 이탈리아도 세계 금융위기와 함께 국가경제가 심각한 위기에 빠진 다음에야 노동개혁을 단행했다. 이들 개혁의 내용은 정규직 근로자의 고용보호 수준을 낮추고, 고용 형태를 다양화하며, 기업의 경영 자율성을 확대하는 동시에 실업보험을 강화하는 것 등이었다.

그러나 이미 위기가 닥친 다음에 개혁하는 것은 단기적으로 대량 실업과 고용 불안을 촉진하고 확대하는 부작용을 불러온다. 위기가 닥치기 전에 개혁해야 위기를 막을 수 있다. 노동개혁이 없으면 우리나라의 분절된 노동시장이 초래하는 고용문제와 소득 불평등, 더 나아가 저출산 문제를 해결할 수 없다. 개혁의 시기를 늦출수록 위기의 가능성은 더욱 높아질 뿐이다.

박철성 한양대학교 경제금융학부 교수

04

글로벌 경쟁 시대의
미래 금융 전략*

∶ 점점 속도를 더하는 금융 글로벌화 ∶

전통적인 측면에서 경제의 글로벌화는 주로 실물 부문의 글로벌화, 즉 상품과 서비스의 수출과 수입, 국제무역의 확대를 의미한다. 한국은 이러한 글로벌화가 가장 많이 진행된 국가 중 하나다. 하지만 2012년까지 지속적으로 증가하던 수출과 수입은 브렉시트, 트럼프의 무역 정책 등으로 대변되는 세계적인 보호무역주의 대두로 주춤한 상태이다. 한국의 GDP 대비 수출·수입은 1990년대 중반 25% 정도에서 2012년까지 50% 이상 급격히 증가했으나 이후 감소해 현재 40% 내외를 기록하고 있다.

외국과의 경제적 관계는 상품과 서비스 거래의 실물 부문뿐 아니라 금융 부문에서도 중요하다. 예를 들어 외국인이 한국의 상품과 서비스만 구입하는 것이 아니라 한국의 주식, 채권 등 금융자산도 매입하기 때문이다. 한국인도 외국의 상품과 서비스뿐 아니라, 주식과 같은 금융자산을 매입하고 돈을 빌려주는 등 다양한 금융 거래를 하고 있다. 한국 정부는 1990년대 초부터 외국과의 금융 거래를 보다 자유롭게 허락하기 시작했다. 이후 상당히 많은 외국 자본이 한국의 금융자산을 매입하기 위해 유입되었을 뿐 아니라 한국의 상당한 자본이 외국의 금융자산을 매입하기 위해 유출되었다.

외국과 한국 간의 금융자산 매입이 진행될수록 한국의 대외 금융자산과 부채도 지속적으로 증가했다. 예를 들어 외국인이 한국의 채권을 계속 매입하면 외국인이 보유한 총 채권의 가치는 지속적으로 증가한다. 한국인이 외국의 주식을 계속 매입할 경우도 마찬가지다. 1994년 GDP 대비 10%에 불과하던 한국의 대외 금융자산은 2017년 GDP 대비 90%를 돌파했고, 한국의 대외 금융부채도 GDP 대비 25%에서 70% 수준으로 급격히 증가했다. 이는 국제무역의 증가세보다 빠른 것으로 최근 들어 상품과 서비스 무역에 따른 글로벌화보다 금융 글로벌화가 더 빠른 속도로 진행되어 왔다고 할 수 있다.

무역 글로벌화와 금융 글로벌화는 지역적인 측면에서 상당히 다른 현황을 보이고 있다. 1990년대 중국과 수교한 이후 한국의 대중 무역량은 급속도로 증가했다. 2000년대 중반 이후 제1무역국이었던 미국을 제치고 중국이 제1무역국이 되었고, 동남아 신흥국들과의 무역도 빠른 속도로 증가했다. 하지만 아직까지도 미국, 유럽연합^{EU} 등 선진국들과의 금융 거래가 중국 등 신흥국과 개발도상국에 비해 압도적으로 더 많다. 이러한 현상은 주로 선진국에서 금융산업이 발전했고 다양한 금융상품이 있기 때문이다.

⋮ 급격한 자본 유출입과 금융 불안, 외환위기 ⋮

금융 글로벌화가 진행됨에 따라 한국은 새로운 기회를 얻기도 했으나 이전까지 경험하지 못했던 어려움도 겪었다. 국제자본 이동 자유화가 시작된 1990년 이후 국제자본의 급격한 유출입은 금융 불안, 달러 유동성 위기, 외환위기 등을 초래했다.

1990년대 초부터 중반까지는 국제자본의 유입이 지속되었으나, 이후 급격한 유출로 바뀌면서 달러 유동성 부족 현상이 나타났고, 결국 1997년 외환위기를 맞게 되었다. 외환위기를 극복하면서 한국경제는 점차 회복세를 보였으나, 2000년대 초·중반 미국의 저금리 기조가 지속되자 국제자본이 다시 한국으로 유입되었다. 그리고 2008년 글로벌 금융위기를 계기로 국제자본 유출이 급격하게 진행되어 금융시장과 외환시장의 혼란을 초래했다.

글로벌 금융위기 이후 미국을 비롯한 주요 선진국들은 경기회복을 위해 대대적인 통화 확장 정책을 진행함에 따라 국제자본이 또다시 한국으로 유입되기 시작했다. 최근 미국의 통화 정책 기조가 바뀌어 금리가 인상되자 이미 여러 신흥국에서 금융 불안과 경제 위기 상황이 나타났다. 한국도 국제자본이 급격히 유출될 가능성에 촉각을 곤두세우고 있는 상황이다.

⁝ 외환위기 이후 대응 ⁝

1997년 외환위기 이후 한국을 비롯한 많은 국가들은 급격한 자본 유출입에 따른 달러 유동성 부족 현상과 경제 위기에 대비하기 위해 다양한 준비 작업을 했다.

첫째, 외환보유액을 지속적으로 축적했다. 달러 유동성 위기가 발생할 경우를 대비해 평상시에 달러를 축적해 놓는 것이 외환보유액이다. 1990년대 중반 불과 300억 달러에 불과하던 외환보유액은 지금 4천억 달러를 초과한다.

둘째, 달러 유동성 위기가 발생하는 주요 원인 중 하나인 국제자본의 급격한 이동 자체를 관리하기 위한 노력이 진행되었다. 한국의 경우 거시 건전성 3종 세트라고 불리는 외환 건전성 부담금, 선물 포지션 규제, 외국인 해외 채권 과세 등을 2010년에 도입했다. 전통적으로 선진국들과 신흥국·개도국은 자본 이동 관리 정책에서 큰 견해 차이를 보인다. 신흥국과 개도국들은 본국의 국제자본 이동을 관리하는 것이 각국의 고유 권한이라는 입장이다. 반면 선진국들은 신흥국과 개도국이 원하는 대로 국제자본 이동을 제한하는 정책을 사용하면서 저환율 정책을 사용하는 경우 본국이 무역에서 손해를 보는 외부성이 존재하므로 국제자본 이동을 제한하는 정책을 마음대로 사용하면 안 된다고 한다. 하지만 끊임없는 국제사회의 노력으로 국제자본 이동에 따른 장기적인 편익을 추구해야 하지만 자본 이동 관리 정책을 일시적으로는 사용할 수 있다는 정도의 합의가 2010년대 초 G20 정상회의에서 이루어졌다. 이 합의는 IMF 공동선언문에 표현되어 있다.

셋째, 한국을 비롯한 세계 각국들은 국제 공조로 위기를 방지하기 위해 글로벌 유동성을 공급하는 글로벌 금융 안전망 시스템을 개발 및 확충했다. 중앙은행 간의 통화 스왑을 통해 위기 시에 글로벌 유동성을 공급하는 것도 그 일환이라고 할 수 있다. 한국도 글로벌 금융위기 때 미국의 연방준비제도를 포함하여 여러 중앙은행들과 통화 스왑을 체결했다. 치앙마이이니셔티브 다자화^{CMIM, Chiang Mai Initiative Multilateral}는 한국을 포함한 아시아 국가들 간의 지역 공조 체제인 다자간 통화 스왑 협정으로 지역적인 형태의 글로벌 금융 안전망이라 할 수 있다. 이뿐 아니라 IMF가 제공하는 글로벌 유동성 공급 체계는 전 세계의 국가들 간에 체결된 글로벌 금융 안전망이다. 1997년 한국의 외환위기처럼 이전에는 IMF가 달러를 빌려주면서 많은 조건을 요구했던 것에 반해, 최근에는 그러한 조건 없이 선제적으로 위기 방지를 위해 달러를 공급하는 제도가 도입되었다.

⋮ 여전히 어려운 달러 유동성 확보 ⋮

　하지만 다양한 대비책을 마련해 왔는데도 국제자본의 급격한 이동에 적절히 대응하고 충분한 달러 유동성을 확보하기는 여전히 어려운 측면이 있다. 다양한 글로벌 금융 안전망이 도입되었다고는 하지만 실제로 활용하기는 어렵다. 글로벌 안전망의 필수 조건 중 하나는 필요시에 확실하게 작동되어야 하는 것이다. 하지만 통화 스왑의 경우 이미 위기 상황이 진행되고 있는 과정에서 도입되거나 일시적으로만 도입되는 경우가 많다. 예를 들어 한국은 글로벌 금융위기가 이미 진행되고 있는 상황에서 미국 연방준비제도와 통화 스왑 협정을 체결했으나 오래 지속되지 않았고, 현재는 통화 스왑 협정이 없는 상태이다. 앞으로 또다시 위기 상황이 왔을 때 다시 체결할 수 있을지도 불확실하다.

　IMF의 글로벌 유동성 공급 체계도 제대로 작동하지 않을 가능성이 있다. 1997년 외환위기 때 한국을 비롯한 아시아 국가들은 IMF가 차입 시 다양한 프로그램을 시행할 것을 요구했는데, 그중 일부 정책들은 경제 위기를 오히려 심화한 측면이 있다. 이후 IMF의 요구 조건이 완화되었음에도 불구하고 현재까지 한국뿐 아니라 다른 아시아 국가들도 IMF의 새로운 글로벌 유동성 공급 체제를 사용하지 않고 있다. 그리고 앞으로 사용할지도 의문이다. CMIM의 경우 상대적으로 규모가 적고 IMF와 연계된 부분이 상당히 커서 자체 운용 능력이 미약하다. 또한 CMIM은 한국, 중국, 일본보다 아세안ASEAN 국가들에 대한 달러 유동성 공급에 맞춰져 있어 상대적으로 한국에는 큰 도움이 되지 않을 수 있다. 더구나 아시아 신흥국들이 위기에 처해 CMIM을 사용할 경우 한국에 오히려 부담이 될 가능성도 배제할 수 없다.

한편 앞서 언급했듯이 국제자본 이동 관리 정책을 사용할 수 있다는 합의가 어느 정도 진행되기는 했지만 선언문의 성격이 강하다. 실제로 어느 정도 수준으로 용인되는지 명확하지 않기 때문에 실제로 국제자본 관리 정책을 도입하고 수행하기가 쉽지 않은 문제점이 있다. 또한 자본 이동 관리 정책을 일시적으로 사용하는 것이 허용되었으나 체계적이고 상시적인 정책으로 경제를 안정시키려는 한국과 대다수 신흥국의 입장에 전적으로 부합하지는 않는다.

결국 현재 상황에서는 외환보유액 축적이 급격한 국제자본 이동에 따른 달러 유동성 확보 문제를 해결할 가장 확실한 방안이다. 외환보유액의 축적은 외환위기 이후 한국의 달러 유동성 위기 가능성을 줄였다고 볼 수 있다. 하지만 막대한 외환보유액은 막대한 비용을 초래한다는 점을 간과할 수 없다. 대표적인 것이 이자비용이다. 외환보유액은 상시 사용할 수 있어야 하기 때문에 대부분 미국 단기 국채처럼 유동성이 높은 자산이지만 수익률은 상당히 낮다. 외환보유액으로 축적하지 않는다면 수익률이 훨씬 높은 자산에 투자했을 것이다. 결국 수익률이 낮은 외환보유액으로 축적했기 때문에 손해를 본 셈이다. 또한 달러를 외환보유액으로 쌓아놓으면 민간이 달러가 필요한 경우 외국에서 차입해야 하므로 민간의 달러 부채가 계속 늘어날 수 있다.

많은 국가들이 동시에 외환보유액을 축적하려 하는 경우 전체 시스템이 문제를 초래할 수 있다. 많은 국가들이 외환보유액으로 미국의 재정증권을 소유하려는 이유는 안전하기 때문이다. 하지만 모든 국가들이 안전한 미국 재정증권을 외환보유액으로 쌓으려 한다면 미국 정부의 부채는 급속히 늘어나게 된다. 미국 정부의 부채가 많아지면 상환하지 못할 가능성이 커지고 결국 더 이상 안전자산이 될 수 없다는 신트리핀 딜레마도 주목할 필요가 있다.

⋮ 달러 유동성, 어떻게 대응해야 하나? ⋮

1997년 외환위기 이후 한국을 비롯한 많은 국가들은 국제자본의 급격한 이동에 대비해 많은 대응책을 준비해 왔으나 아직 한계가 있다. 그 이유는 급격한 국제자본 이동에 따른 달러 유동성 문제는 상당 부분 국제통화 시스템의 문제와 관련이 있기 때문이다. 국제 금융시장이 점점 통합됨에 따라 국제자본 이동은 점차 증가하고 달러와 같은 글로벌 유동성은 점점 더 필요하다. 하지만 현재의 국제통화 시스템에서는 달러 유동성이 필요한 국가에 충분히 공급되지 못하고 있다. 예를 들어 달러와 같은 국제 유동성이 미국의 국내 정책과 상관없이 필요한 국가에 충분히 공급될 수 있다면 현재와 같은 달러 유동성 문제가 발생하지 않을 것이다.

글로벌 금융위기 이후 이러한 국제통화 시스템에 대한 문제의식이 특히 부각되었고, 국제사회는 국제통화 시스템 개혁에 대한 논의를 시작했다. 하지만 글로벌 금융위기가 진정되고 새로운 국제통화 시스템에 대한 이해관계가 국가마다 달라서 합의점을 찾지 못하고 답보 상태를 거듭하고 있다.

이러한 상황에서 여러 방향의 노력이 필요하다. 첫째, 한국을 비롯한 아시아 국가들이 실제로 유용하게 활용할 수 있는 글로벌 금융 안전망 사용 방안을 개발해야 한다. 즉, 현재 한국의 입장에서 실질적인 도움이 되지 않는 IMF의 유동성 공급 시스템과 CMIM을 실제로 활용할 수 있는 방안을 마련해야 한다는 것이다. 또한 상시적이고 영구적인 통화 스왑을 체결하기 위한 노력이 필요하다.

둘째, 국제자본 이동 관리 정책을 실제로 유용하고 자유롭게 사용하기 위해서는 국제사회가 좀 더 명확한 가이드라인을 도출해야 한다. 이를 위해 급격한 국제자본 이동의 관리와 폐해에 관한 문제들을 국제사회에서 지속적으로 이슈화하는 노력이 필요하다.

셋째, 아시아 국가들은 상호 공조를 통해 달러 유동성에 대한 수요를 줄이는 방향을 생각해 봐야 한다. 예를 들어 아시아 국가들 간의 무역과 금융 거래에서 달러 사용을 줄이고 아시아 역내 통화 사용을 늘리는 방안이 필요하다. 아시아 역내 통화 사용이 늘어나면 달러화 필요성이 그만큼 감소하여 달러 유동성 위기 가능성이 줄어든다. 다만 한국 통화 사용을 늘리지 않고 엔화와 위안화 사용만 늘어난다면 달러 유동성 문제의 일부가 엔화나 위안화 유동성 문제로 바뀌는 것에 불과하므로 유의해야 한다.

넷째, 근본적으로는 국제통화 시스템을 개혁하기 위한 노력을 지속해야 한다. 역사적으로 국제통화 시스템이 변화하기까지 상당히 오랜 시간이 걸렸고, 현재 달러 중심의 국제통화 시스템을 바꾸기는 쉽지 않은 문제다. 하지만 가장 근본적인 문제는 달러가 필요한데도 충분히 공급되지 않는 것이므로 국제통화 시스템의 개혁은 지속적으로 추구해야 한다.

새로운 과제 1 : 국제 금융시장 통합에서 무엇을 얻을 것인가

급격한 국제자본 이동과 달러 유동성 문제는 국제 금융시장이 점점 더 통합되면서 나타난 문제라고 할 수 있다. 한국을 비롯한 신흥국들이 국제자본 이동을 허락하기 시작했을 때 이러한 문제점을 깊이 생각하지 못했다. 오히려 국제 금융시장이 점차 통합되면서 신흥국들도 선진국들처럼 많은 편익을 얻을 수 있다는 측면이 강조되었다. 하지만 한국을 비롯한 신흥국들은 국제자본의 급격한 유출입에 따라 반복된 외환위기와 금융시장의 혼란을 겪었다. 이후 한국과 신흥국들은 급격한 국제자본 유출입에 어떻게 대응할 것인지 고민하기 시작했다. 향후 완전히 해결되지 않은 급격한 국제자본 유출입에 대한 문제를 해결하는 것도 중요하지만, 이와 더불어 한국과 신흥국이 국제 금융시장 통합의 다양한 편익을 어떻게 최대화할 수 있을지 고민해야 한다.

이론적으로는 국제 금융시장이 통합됨에 따라 각국은 다양한 편익을 얻을 수 있다. 첫째, 국제 대출과 차입을 통해 국가적으로 소비를 평탄화할 수 있다. 예를 들어 지진 등 천재지변이 발생한 국가의 생산과 소득이 일시적으로 감소하면 국제 차입을 통해 감소한 소득을 일부 보전하여 소비하고, 재난 복구 후 소득이 점차 회복되면 차입을 갚는 것이다.

둘째, 국제 대출과 차입으로 보다 적절한 투자를 하여 장기적으로 국가의 후생을 늘릴 수 있다. 예를 들어 투자처는 많지만 소득이 부족한 경우 국제 차입을 통해 투자하고 그 수익으로 갚는 것이다. 반면 투자처가 적고 수익률이 낮은 경우 국제 대출을 통해 수익을 늘려서 국가적으로 후생을 늘릴 수 있다.

셋째, 국제 분산투자를 통해 다른 국가들과 위험을 공유할 수 있다. 여러 종목에 투자하면 전체적인 위험이 줄어들고 안정적인 수익률을 얻을 수 있다는 일반적인 포트폴리오 이론에 따른 것이다. 본국에만 투자하는 것보다 많은 국가들에 다양한 투자를 하면 결국 전체적인 위험을 줄이고 안정적인 수익률을 얻을 수 있다. 또한 한 국가가 감당하기 어려운 투자의 경우 다른 국가의 자본을 일부 이용할 수 있다면 본국이 감당해야 할 위험이 줄어든다. 장기적으로 이러한 투자를 많이 한다면 더 많은 수익을 거둘 수 있다.

새로운 과제 2 : 수익률을 높이는 포트폴리오 개선

한편 금융 글로벌화가 진행되면서 기존에는 생각하지 못했던 이슈들이 등장했다. 새로운 이슈가 무엇인지 알아보고 분석해 미리 대비해야 한다. 금융 글로벌화가 진행되면서 한국이 보유한 대외 금융자산과 부채의 양은 급격히 늘어났다. 금융자산과 부채에 대한 자본이득, 이자, 배당 등 자산 운용 관련 수입과 지출도 상당한 수준에 이르렀다.

가격 변동과 환율 변동으로 대외 금융자산과 부채의 가치가 변동한 정도를 '가치 변화 효과^{valuation effect}'라고 한다. 예를 들어 외국이 매입한 한국의 주식 가격이 상승하면 한국의 대외 금융부채는 그만큼 증가한다. 한국이 매입한 외국의 달러화 채권의 경우 원-달러 환율이 상승하면 원화 기준 대외 금융자산이 증가한다. 이러한 대외 금융자산 부채의 가치 변화 효과가 점점 늘어나고 있다. 그런데 불행히도 지난 20년간 가격 변동과 환율 변동으로 인해 대외 금융자산과 부채의 가치가 변동한 부분은 연평균 GDP 대비 약 2.1%에 달한다. 즉, 한국이 외국에 투자한 금융자산 가격의 순 증가분 때문에 발생한 대외 금융자산 가치의 순 증가분이 GDP 대비 약 2.1%에 달한다는 것이다. 외국이 한국에 투자한 금융자산 가격의 순 증가분 때문에 발생한 금융자산 가치의 순 증가분보다 훨씬 크다.

한국은 지난 20년간 연평균 투자 소득 수지가 GDP 대비 −0.25%에 달한다. 한국의 경상수지는 지난 20년 동안 연평균 3.3% 정도로 GDP 대비 흑자로 나타나고 있다. 하지만 이러한 경상수지 흑자로 막

대한 국부를 쌓을 수 있었음에도 불구하고, 국가 전체의 자산 운용 손실로 인해 수입의 3분의 2 정도가 해외로 유출되었다고 해석할 수도 있다.

이러한 현상이 나타난 것은 일정 부분 대외 금융자산과 대외 금융부채 구조의 차이 때문이다. 한국의 대외 금융자산 중 가장 많은 부분을 차지하고 있는 것은 외환보유액이다. 외환보유액은 주로 달러 유동성 위기에 대비하기 위한 것이므로 미국의 단기 국채와 같은 유동성이 큰 자산으로 보유하고 있다. 하지만 유동성이 큰 자산은 수익률이 상당히 낮다. 반면 대외 부채에서 가장 많은 부분을 차지하고 있는 것은 지분성 증권이다. 지분성 증권은 위험 자산으로 안정성은 상대적으로 낮지만 평균적인 수익률이 높다. 대외 금융자산과 부채의 구조가 다른 것은 달러 유동성 위기에 대비하여 외환보유액이 필수적이기 때문이다. 하지만 최근 해외 지분 증권투자와 직접투자가 증가하기는 했으나 외환보유액을 제외하더라도 수익률이 높은 자산의 비율이 여전히 낮다. 향후 국가 전체 포트폴리오 운용에 관한 연구와 개선책 마련이 필요하다.

새로운 과제 3 : 통화 금융 정책의 운용

국제 금융시장이 점점 통합됨에 따라 각국의 금융시장이 미국과 같은 강대국의 금융시장에 크게 의존하게 되었다. 예를 들어 최근 한국과 미국의 장기 이자율의 동조성은 이전에 비해 훨씬 증가했고, 주식

시장의 동조성도 많이 증가했다.

이것은 해외 경제 여건이 국내 경제에 더 큰 영향을 미칠 수 있음을 의미한다. 예를 들어 미국 금융시장에서 발생한 부정적인 충격이 한국의 금융시장에 부정적인 영향을 미친다는 것이다. 이러한 금융시장의 문제는 실물경제에도 영향을 미칠 수 있다. 하지만 반드시 나쁜 것만은 아니다. 왜냐하면 미국에 긍정적인 충격이 온다면 한국경제에도 긍정적인 효과를 미칠 수 있기 때문이다. 다만 변화된 환경을 인지하고 어떤 정책을 사용해야 할지 미리 연구하고 분석하여 준비하는 것이 중요하다.

한국은 통화 정책과 같이 국내 금융시장에 영향을 주는 정책을 마련할 때 해외 금융 여건에 대한 의존도가 높다는 사실을 감안해야 한다. 예를 들어 한국은행의 금리 정책은 국내 단기이자율과 장기이자율은 물론 투자와 경제에까지 중요한 영향을 미친다. 하지만 국내 장기이자율이 해외 장기이자율을 따라간다면, 국내 통화 정책이 경제에 미치는 영향은 줄어들 수 있다. 적어도 통화 정책이 경제에 미치는 경로가 달라질 가능성이 크다. 이러한 상황에서 국내 통화 및 금융 정책을 어떻게 운용해야 하는지, 해외 금융시장의 영향을 차단해야 하는지 등에 관한 문제를 분석하고 대비할 필요가 있다.

김소영 서울대학교 경제학부 교수

Korean

Economics

2장

안정과 번영을 위한 글로벌 복합 거버넌스를 만들자

지역, 국가, 글로벌 경쟁체제

지역 거버넌스와
소상공인 성장 전략

소상공인과 미래, 좀처럼 한 문장에서 나란히 언급하지 않는 단어다. 소상공인은 항상 한계 산업이자 구조조정을 해야 할 과거의 산업이라는 인식 때문이다.

하지만 기술과 가치 변화는 소상공인의 미래를 새롭게 조명하고 있다. 기계가 사람을 대체하는 미래 경제에서 인간이 할 일은 아름답고, 의미 있으며 재미있는 일, 즉 예술가의 일이다. 모든 사람이 1인 창작가, 창의적인 소상공인이 되는 미래가 기다리고 있다. 보다 자유롭고 독립적이고 창의적인 삶을 추구하는 밀레니얼 세대도 소상공인을 매력적인 직업으로 인식한다.

일의 미래로 앞서가는 나라가 미국이다. 최근 한 보고서에 따르면 미국에서 자기 일을 하는 사람, 즉 고객을 위한 독립적인 서비스가 주된 소득원인 프리랜서의 비중이 2020년에는 총 고용의 33%로 늘어날 것이라고 한다. 지난 10년간 새로 창출된 일의 94%도 비정규직이다. 경제 잡지 「이코노미스트」는 10년 후 세계 인구의 절반 이상이 프리랜서로 살게 될 것이라고 전망한다.

한국에서도 변화가 시작됐다. 골목상권, 지역경제 등 프리랜서 성격의 창의적인 소상공인의 활동 무대가 확장되고 있다. 지난 20년간 지역 발전에서 의미 있는 변화를 꼽자면, 서울 강북 골목상권, 지역 원도심 상권, 제주 지역산업(화장품, 녹차), 강원 지역산업(커피, 서핑)이 부상한 것이다. 그 주역은 창의적인 소상공인이다. 소상공인들이 자생적으로 지역문화와 특색을 살리고 개척한 성과다.

그렇다면 창의적인 비즈니스 모델로 지역경제를 살리는 소상공인에게서 지역경제의 미래를 찾아야 하지 않을까?

⁞ 로컬 크리에이터 개념과 규모 ⁞

로컬 크리에이터는 포괄적으로 정의하면 창의적인 지역 기반의 소상공인이다. 일반 크리에이터와 마찬가지로 자신만의 콘텐츠(공간, 기획, 문화, 커뮤니티, 디자인 포함)로 가치를 창출한다. 여기에는 예술, 문학, 영화, 영상, 디자인 등 전통적인 콘텐츠 생산자뿐만 아니라 다른 사람의 콘텐츠를 공간, 콘셉트, 비즈니스 모델로 기획하는 사업자들이 포함된다. 일반 크리에이터와 달리 로컬 크리에이터는 지역문화와 특성을 소재로 활용하거나 지역에서 커뮤니티와 고객층을 구축하는 사업 방식을 추구한다.

로컬 크리에이터는 식음료, 숙박, 카페 등 전통적인 골목산업뿐만 아니라 디자인, 미디어, 엔터테인먼트, 소셜벤처, 문화기획, 도시재생 스타트업 등 혁신적인 비즈니스 모델로 삶의 질을 높이고 지역경제를 활성화한다. 낙후된 공간을 문화예술과 혁신 창업 공간으로 변화시키는 도시 재생 스타트업들이 군산 영화시장, 시흥 월곶동 등에서 구도심 경제에 새로운 활력을 불어넣는다.(윤주선 외, 2017)

로컬 크리에이터 영역은 해외에서도 공유기업(코워킹 스페이스, 코 리빙, 차량 공유), 로컬 기업, 독립기업(단일 매장을 고수하는 리테일 기업), 메이커(스스로 필요한 것을 만드는 사람) 등 도시의 사회적, 생태계적 환경과 자원에서 사업 기회를 찾고 커뮤니티를 혁신하는 분야로 계속 확장되고 있다.(Cohen and Munoz, 2016)

기존 통계 체계에서 절대 다수의 로컬 크리에이터는 소상공인으로 분류된다. 로컬 크리에이터의 대부분이 골목산업, 문화산업, 창조산업에서 활동하기 때문에 이들 산업의 소상공인 현황을 통해 로컬 크리에이터 산업의 규모와 잠재력을 평가할 수 있다. 2017년 고용자 수가 총 568만 명인 소상공인 산업은 이미 전체 고용의 21%, 사업체의 86%, GDP의 30%를 차지하는 중요한 산업이다.

소상공인 산업 중 로컬 크리에이터의 모태 산업으로 분류할 수 있는 것은 골목산업과 문화창조산업이다. 골목산업이란 상점가의 매장에서 주민과 관광객을 대상으로 상품과 서비스를 판매하는 산업 활동으로, 소품·잡화점, 공예공방, 서점, 음식·주점, 숙박 등이 포함된다. 문화창조산업이란 사회에 축적된 다양한 형태의 지식과 정보를 인적·기술적 자원을 활용해 시장가치가 있는 창의적 제품과 서비스를 생산하는 산업활동을 의미한다. 출판, 음악, 게임, 영화, 광고, 지식정보, 콘텐츠 솔루션 등 기존 콘텐츠 분야와 디자인, R&D 등 창의적 아이디어와 혁신으로 유무형의 가치를 창출하는 분야를 포함한다.

로컬 크리에이터의 모태 산업 규모를 사업체와 종사자 기준으로 조사한 결과 2015년 골목산업과 문화창조산업의 사업자 수는 각각 총 사업자 수 387만 7천 개의 28.3%와 2.3%로 전 산업의 30.6%를 차지했다.(모종린·박민아·강예나, 2019) 종사자 규모로 보면 총 종사자 1993만 4천 명 중 골목산업의 비중은 14.4%, 문화창조산업의 비중은 5.2%로 전 산업 대비 19.6%의 인력이 모태 산업에 종사했다.

전국 모태 산업 소상공인의 17개 시·도별 비중을 살펴보면, 골목산업 종사자 비중은 경기(20.6%), 서울(17.8%), 경남(7.6%), 부산(7.2%), 경북(6.0%), 대구(5.0%) 순이었다. 문화창조산업 종사자 비중은 서울(44.04%), 경기(19.02%), 부산(5.74%) 순이었다. 골목산업과 문화창조산업 모두 수도권과 지역 대도시에 집중돼 있음을 알 수 있다.

∶ 지역 상권을 활성화하는 앵커 스토어 ∶

　오프라인 상권에서 성공한 로컬 크리에이터는 상권을 개척하고 활력을 유지하는 앵커 스토어^{Anchor Store} 기능을 한다. 앵커 스토어란 혁신성, 지역성, 문화성을 기반으로 유동 인구, 시설, 구심점, 정체성 등 상권 공공재를 제공하는 상업시설이다. 최근 부상한 앵커 스토어들의 공통점은 혁신적인 수익 모델이다. 공간기획, 문화기획, 공간 비즈니스, 옴니채널 등 다양한 방법으로 오프라인 수익 모델을 개발한다. 동시에 지역 정체성을 기반으로 지역상권의 대장주와 플랫폼이 되겠다는 강한 의지를 보인다. 또 하나의 공통점이 문화 중심지로서 지역의 랜드마크가 되기 위해 노력한다는 것이다.

　사실 앵커 스토어는 새로운 개념이 아니다. 과거에도 백화점, 대형 할인마트, 스타벅스, 홀푸드마켓, 반스앤노블스가 쇼핑센터와 주상복합단지의 앵커 시설로 기능했다. 과거와 다른 점은 활동 영역이다. 과거의 앵커 스토어가 쇼핑센터 운영자가 임의적으로 배치한 시설이라면, 현재의 앵커 스토어는 자연적으로 형성된 거리 상권에서 시장 경쟁을 통해 자리 잡은 거점 공간이다.

　지역의 독립기업이 대기업과 경쟁해 지역시장의 앵커 스토어로 자리 잡으려면 특별한 비즈니스 모델로 지역 정체성, 지역 기반, 지역 대표성을 확보해야 한다. 현재 한국과 선진국에서 성공적으로 운영되는 앵커 스토어 비즈니스 모델은 전통적인 지역 특화와 새로운 유형의 복

독립기업의 앵커 스토어 전략		
앵커 스토어 모델		사 례
로컬 플랫폼	지역 특화	대전 성심당, 연희동 사러가 쇼핑센터
	복합문화공간	스타벅스, 애플스토어, 츠타야 서점
	로컬 콘텐츠	로컬 브랜드 편집숍, 지역 축제, 코워킹 스페이스, 로컬 창업 인큐베이터
	공간 디자인	대림미술관, 사운즈 한남, 성수연방
	커뮤니티 비즈니스	협동조합, 마을기업, 커뮤니티 호텔
	골목길 기획	경리단길 주식회사장진우, 익선동 익선다다, 용산 열정도 청년창사꾼

합문화공간, 공간 디자인, 로컬 콘텐츠, 커뮤니티 비즈니스, 골목길 기획이다.

1. 지역 특화

전통적으로 독립기업은 가격과 서비스의 차별화로 대기업이나 프랜차이즈와 경쟁했다. 전국 구매 시스템을 갖춘 대기업은 로컬 기업만큼 로컬 소비자가 원하는 상품을 신속하게 공급할 수 없다. 예컨대 산지와 도매상 접근성이 좋은 로컬 과일 가게가 대기업보다 빨리 신선한 과일을 매장에 선보일 수 있다. 지역 특화로 경쟁하는 독립기업은 지역에서 안정적인 시장점유율을 추구하기 때문에 구조적으로 타 지역에 진출할 유인이 적다.

지역 특화 앵커 스토어로 자리 잡은 대표적인 기업이 서울 연희동의 사러가 쇼핑센터다. 연희동 시장을 기반으로 성장한 사러가 쇼핑센터

는 우리나라에서 유일하게 백화점과 할인마트와 동등하게 경쟁하는
독립 슈퍼마켓이다. 연희동 상권은 주차장, 유동 인구, 문화 상징성 등
다양한 공공재를 제공하는 사러가 쇼핑센터를 중심으로 형성됐다. 또
다른 사례로 대전의 성심당을 들 수 있다. 대전 원도심의 한 거리는 성
심당 거리라고 불릴 만큼 성심당 가게들이 모여 있다. 많이 알려진 것
처럼 성심당은 대전 시민들이 사랑하고 자랑스러워하는 기업이다.

최근 오프라인 트렌드는 연결과 커뮤니티다. 가격과 서비스 차별화
등 기업이 독자적으로 선택하는 전략보다 소비자, 생산자, 사업자 등
지역 자원을 연결하고 공유해 커뮤니티를 구축하는 플랫폼 전략이 확
산되고 있다.

2. 복합문화공간

가장 보편적인 로컬 플랫폼 모델이 커피 전문점을 매개로 한 복합문
화공간이다. 매장에 카페를 설치하는 트렌드는 서점에서 시작되었는
데 언제부터인가 갤러리, 옷가게, 편집숍, 코워킹 스페이스, 세탁소,
바버숍 등 리테일 전 업종으로 확산되고 있다. 최근에는 오프라인 리
테일 기업들이 커피 전문점뿐 아니라 행사장, 공연장, 코워킹 스페이
스 공간을 확보해 매장을 실질적인 복합문화공간으로 전환하고 있다.

3. 로컬 콘텐츠

콘텐츠를 통해 로컬 플랫폼을 구축하는 기업도 늘고 있다. 로컬 브

랜드를 수집해 판매하는 편집숍, 로컬 브랜드가 참여하는 팝업 스토어와 축제, 공동 판매 또는 공동 작업과 제작 등 로컬 브랜드의 협업, 로컬 창업자를 육성하고 커뮤니티를 구축하는 코워킹 스페이스와 창업 인큐베이터 등의 방식으로 로컬 콘텐츠를 개발한다.

로컬 브랜드를 편집해 판매하는 매장이 로컬 편집숍이다. 선진국 도시에서는 '포틀랜드 메이드Portland Made', '메이드 인 포틀랜드Made in Portland' 등 '우리 도시 제품 상점'을 운영한다. 국내에서는 참기름, 마늘, 소금, 명란 등 지역 장인의 제품을 수집해 서울의 소비자에게 소개하는 연남동의 연남방앗간, 제주 서귀포 사계리 지역의 가게와 브랜드뿐만 아니라 제주 지역 장인의 제품을 수집하고 판매하는 사계생활, 시흥 월곶동에서 지역 농산물과 지역 소비자를 연결하는 빌드의 팜닷이 대표적인 사례다.

4. 공간 디자인

공간 디자인도 지역과 기업을 연결하는 중요한 수단이다. 요즘 사람들이 모이는 공간은 공통적으로 계단, 도서관, 루프탑, 빈티지 등을 통해 지역의 거리, 자연, 지식, 역사와 소통하는 곳이다. 개방적인 공간에서 동네의 볼거리, 먹거리, 즐길 거리를 연결하는 것이 지역의 자원을 활용하여 앵커 스토어로 자리매김하는 방법이다.

5. 커뮤니티 비즈니스

주민이 직접 참여하거나 지역의 사회적 가치를 창출하는 커뮤니티 비즈니스를 통해 로컬 플랫폼을 구축할 수 있다. 마을기업, 협동조합, 사회적 기업 등 다양한 모델을 통해 지역에서 필요한 상품과 서비스를 지역 주민들이 생산한다.

개인 기업이라도 지역 문제를 해결하고 지역에 공공재를 제공한다면 커뮤니티 비즈니스라고 할 수 있다. 지역의 유휴 공간을 활용해 창업하는 도시재생 스타트업, 지역 주민이 참여하고 지역 자원을 관광자원로 활용하는 커뮤니티 호텔, 지역 주민에게 모임과 교류의 장소를 제공하는 커뮤니티 카페 등이 현재 부상하고 있는 커뮤니티 비즈니스 모델이다.

건축도시공간연구소에서 출간한 『운영자의 전성시대』가 소개한 부여 세간, 부산 이바구캠프, 서울 핏플레이스, 춘천 썸원스페이지 모두 주변의 다른 운영자들과 협력해 매력적인 로컬신을 만들고 이를 통해 지역 문제를 해결하고 지역 가치를 창출하는 커뮤니티 기반 앵커 스토어다.

6. 골목길 기획

동네를 새롭게 '창업'하는 골목길 기획사도 늘고 있다. 1세대 기획사는 〈일요일 일요일 밤에〉의 한 코너로 1999년에 시작한 '신동엽의 신장개업'이다. 가게 하나를 리모델링하는 이 프로그램은 〈백종원의 골목식당〉의 모델이 되었다. 차이점이라면 〈백종원의 골목식당〉은 가게 하나가 아니라 한 지역의 여러 식당을 리모델링한다.

상점 하나를 리모델링하는 것으로 골목길을 살릴 수 있을지는 확실하지 않다. 『골목길 자본론』(모종린)에서는 골목상권 성공 조건으로 6개 C-READI Culture-Rent-Entrepreneurship-Access-Design-Identity를 제시한다. 성공한 골목상권은 공통적으로 문화 인프라Culture, 임대료Rent, 기업가정신Entrepreneurship, 접근성Access, 도시 디자인Design, 정체성Identity 등 6가지 조건을 충족한다는 의미다. 정부가 골목상권을 육성하려면 이 C-READI 전 영역에 기여해야 한다. 즉, 골목길의 문화자산을 확충하고, 임대료를 안정적으로 유지하며, 골목 창업을 지원하고 필요 인력을 훈련·육성, 골목길 연결성과 대중교통 접근성을 개선하며, 골목길 정체성을 유지하기 위한 공공재에 투자하는 것이다.

C-READI 원칙은 골목길을 기획하는 민간 사업자에게도 적용된다. C-READI 전 영역에 기여하는 프로젝트가 성공 가능성이 높기 때문이다. 경리단길에 콘셉트와 스타일이 다른 매장 20여 곳을 만든 '주식회사장진우', 용산 인쇄소 골목을 열정도 거리로 바꾼 '청년장사꾼', 익선동을 바꾼 '익선다다' 등이 동네길 전체를 기획한 2세대 기획사다.

3세대 모델은 자산운용사와 부동산 개발사다. 이지스자산운용이 인사동 쌈지길, 가로수길 스와치 빌딩을 골목형 쇼핑센터로 기획했다. 대림산업의 D타워와 D뮤지엄도 실질적으로 골목형 쇼핑센터로 기능한다. 부동산 개발사 JOH는 동네 지역을 인위적으로 개발하는 사운즈 한남 사업을 기획하고 운영한다. 부동산 개발사 네오밸류는 신도시에서 골목문화를 재현하고 골목길 상업시설을 유치하는 광교 앨리웨이 상가를 개발했다.

로컬 기업만이 오프라인 앵커 스토어를 노리는 것이 아니다. 글로벌 대기업도 로컬 앵커 스토어를 목표로 오프라인에 진출한다. 쉽게 말해 동네 사랑방이 되기 위해 노력하는 것이다. 가장 발 빠르게 움직이는 스타벅스는 한국과 일본에서 동네 가게를 표방한다. 회원제를 운영하고 회의실을 임대하는 등 실질적으로 코워킹 스페이스로 기능한다. 애플은 애플스토어 매장을 아예 타운스퀘어(동네 광장)라고 부른다.

지역 자원을 연결해 지역문화 체험을 제공하는 커뮤니티 호텔도 새로운 유형의 대기업 앵커 스토어다. 미국 포틀랜드에 본사를 둔 에이스 호텔이 대표적인 대기업 커뮤니티 호텔이다. 스타벅스가 한 골목을 살린다면, 에이스 호텔은 한 지역을 살린다고 할 정도로 파급효과가 큰 기업이다. 이 호텔은 처음에 입지를 선정하고 건축할 때부터 지역의 예술가와 크리에이터와 협업한다. 이런 과정을 거치기 때문에 호텔을 기획하고 입주하는 데 평균 5년이 걸린다. 완공한 후에도 지역독립 브랜드와 계속 협업하고 호텔 라운지를 객실 손님뿐만 아니라 지역 주민에게도 공개한다. 호텔을 로컬 브랜드와 협업하고 로컬 크리에이터들이 모여 새로운 기회를 창출하는 플랫폼으로 활용한다.

50년 이상 된 로컬 브랜드를 모아서 소개하는 일본의 디앤디파트먼트도 새로운 유형의 대기업 앵커 스토어다. 일본 도도현에 47개 매장이 있고, 서울에도 지점이 있다. 한남동 서울 매장은 아피스 만년필, 모나미 볼펜, 말표 구두약 등 한국의 오래된 디자인 제품을 소개한다.

한국에서도 로컬 브랜드와 상생해 지역의 정체성을 부각하는 대기업이 늘고 있다. 로컬푸드, 지역 식가공 브랜드, 지역 맛집을 적극적으로 유치하는 이마트, 오픈마켓과 오프라인 파트너스퀘어를 통해 지역 소상공인과 크리에이터의 디지털 전환을 지원하는 네이버, 제주 탑동 매장에 제주 디자인 상품 편집숍을 입점한 올리브영, 지역 음식점의 리모델링을 지원하는 제주신라호텔 등이 대표적이다.

대기업이 매장의 지역 정체성을 강화하기 위해 로컬 브랜드를 지원하고 이들과 협업하는 것이 진정한 상생이다. 영업시간을 단축하고, PB 상품의 생산을 중소기업에 위탁하는 것은 피상적인 상생 방식이다. 앞으로 대기업은 협업할 로컬 브랜드가 부족한 곳에서는 직접 로컬 브랜드를 육성할 정도로 로컬 자원을 중시할 것이다. 앵커 스토어는 모두 하나의 상점을 넘어 동네 전체를 운영하는 것을 목표로 한다. 글로벌 대기업이나 이들에 대응해야 하는 독립기업도 다르지 않다. 지역 상권에서 성공하기 위해서는 동네 매니지먼트 컴퍼니 모델을 실천하는 연남동 어반플레이, (주)지방과 같이 지역을 대표하고 지역과 상생하는 앵커 스토어로 자리 잡아야 한다.

성공한 앵커 스토어는 결국 자신의 지역이 C-READI 조건을 충족하는 데 기여하는 기업이다. 가게 스스로 문화 자원과 기업가 정신을 창출하고, 공간과 접근성을 개선하며, '착한 가격'으로 지역 파트너와 협력한다. C-READI 전략은 지역발전에 기여할 뿐 아니라 문화성, 창의성, 공유 가치, 커뮤니티를 중심으로 변화하는 시장 환경에서 성공할 수 있는 비결이기도 하다.

: 소상공인 성공 전략, 로컬 크리에이터 육성 :

로컬 크리에이터 산업의 미래는 밝다. 로컬 크리에이터가 성장해 진입할 수 있는 모태 산업의 규모가 크기 때문이다.(모종린·박민아·강예나, 2019) 고무적인 것은 로컬 크리에이터들의 의지가 강하다는 점이다. 그들은 공통적으로 지역에 대한 사랑과 창의적인 비즈니스 모델을 가장 중요한 성공 요인으로 꼽는다. 지역이 보유하고 있는 청정 자연과 로컬 자원, 문화, 환경을 활용해 문화예술 분야와 관광, 로컬 자원, 휴양 등의 사업에서 지역 경쟁력이 있다고 강조한다.

이들이 지역에서 성장하는 과정에서 각 도시의 라이프스타일이 재정립될 것이다. 로컬 크리에이터는 그들이 있는 지역에 생기를 불어넣고 경제를 활성화하는 효소와 같은 역할을 한다. 앞으로 로컬 크리에이터의 계획은 대부분 지역을 중심으로 진행될 예정이다. 이들이 생각하고 있는 사업은 지역의 커뮤니티 공간 기획, 로컬 콘텐츠 사업, 로컬 크리에이터 워크숍, 로컬 브랜드 사업, 로컬 편집숍, 로컬 제조업 등 지역 효과가 큰 업종이다.

세계적으로도 창조 도시의 결과물은 그 지역의 로컬 브랜드로 나타난다. 메이드 인 밴쿠버의 결과물은 우리가 잘 아는 룰루레몬, 아크테릭스, RYU 등이고, 메이드 인 뉴욕, 메이드 인 포틀랜드, 메이드 인 DC, 메이드 인 교토 등 제조업의 단위는 더 이상 국가가 아니라 도시다. 지역경제의 미래는 로컬 크리에이터가 발굴하는 지역 라이프스타일의 정체성 확립과 이들이 이끌어나갈 로컬 제조업에 달려 있다.

더 많은 로컬 크리에이터를 지역경제에 공급하기 위해서는 정부와 지역 지도자들이 시장 환경 개선, 금융 지원, 인재 기반, 네트워크 구축 등 그들이 지적한 장애 요인을 해소하기 위해 노력해야 한다.

로컬 크리에이터 생태계의 가장 큰 버팀목은 골목상권이다. 골목상권이 중요한 이유는 로컬 크리에이터가 의지할 수 있는 시장이기 때문이다. 골목산업은 또한 신성장 동력이기도 하다. 현재 전 세계적으로 도시산업이 미래 산업으로 대두되고 있다. 미래 성장을 견인하는 문화산업과 창조산업은 교외의 공단이 아닌 도심 지역에서 활발한 산업이다. 이들 산업을 유치하기 위해서는 이들 산업에 종사하는 인재들이 선호하는 골목산업을 우선적으로 키워야 한다.

골목산업 자체도 급격히 문화산업 또는 창조산업으로 변모하고 있다. 갤러리, 사진관, 공예, 공방, 편집숍 등 문화적 가치가 높은 업종으로 구성된 골목상권이 최근 코워킹 스페이스, 소셜벤처, 문화기획, 도시재생 스타트업 등 새로운 창조산업을 유치하고 있다. 골목산업, 문화산업, 창조산업이 모여 있는 골목상권이 우리나라의 새로운 신성장

동력이 될 수 있다. 골목상권을 기반으로 문화창조산업을 개척한 홍대가 대표적인 예이고, 성수동도 홍대 모델을 따라가고 있다. 그동안 창조산업, 문화산업, 골목산업을 따로따로 육성했는데, 앞으로는 골목산업을 중심으로 문화산업과 창조산업을 키워나가야 한다.

로컬 크리에이터 생태계를 활성화하기 위해 필요한 자원이 로컬 크리에이터다. 현재 골목상권과 골목산업은 로컬 크리에이터의 부족으로 잠재력을 충분히 실현하지 못하는 상황이다. 『골목길 자본론』은 전국의 골목상권에 투입할 골목 장인을 늘리기 위한 방안으로 장인 대학, 장인 기획사 육성을 제안한다.

소상공인으로 성공한 창업자는 대부분 가업을 승계했고, 비공식적이고 비효율적인 방식으로 도제 교육을 받았다. 도제 교육을 받지 못한 절대다수의 소상공인 창업자들이 시장에서 실패하는 것은 어쩌면 당연한 결과다. 2014년 소상공인시장진흥공단의 정책 보고서 「자영업자 경쟁력 강화 방안」에 따르면 짧은 기간 미숙한 준비로 창업 후 6개월 이내에 폐업한 곳이 절반을 넘었다.

또 다른 취약점은 창업 지원의 부재다. 전문대학과 직업전문학교 모두 자격증 취득과 취업 교육에 집중하고 졸업생의 창업을 지원하는 데는 소극적이다. 정부의 소상공인 창업 교육도 기본적인 경영 지식을 제공하는 단기 교육 과정이다. 현장에서 필요한 비즈니스 모델 개발 능력, 기업가 정신, 운영 능력을 전문적으로 가르치는 단계별 창업 교육이 부족하다.

크리에이터 비즈니스의 핵심 경쟁력인 문화와 공간 기획에 대한 교육도 열악하다. 건축가와 디자이너 출신 로컬 크리에이터들이 부상하는 것에서 볼 수 있듯이, 사람과 돈이 모이는 공간을 창조하지 못하는 사업자는 골목산업에서 생존하기 어렵다.

문화 경쟁력은 물리적 공간의 문제만은 아니다. 공간에 담긴 역사, 그리고 이와 연결된 제품 스토리 또한 중요하다. 창업한 가게가 그 지역을 변화시키는 힘, 지역의 다른 가게와 협업하는 능력, 지역 장인의 제품을 발굴해 편집하는 기술도 현재 시스템에서는 제공하지 못한다.

도제 훈련과 창업 교육으로 현 시스템을 보완할 수 있는 장인 대학은 크리에이터 생태계의 구심점이다. 지역산업 생태계를 구축해야 하는 지방자치단체가 직업전문학교와 연계해 새로운 장인 대학을 설립하는 것이 가장 현실적인 대안이다.

최근 제주도와 강원도에서 장인 대학 모델을 벤치마크한 새로운 교육 프로그램이 시작된 것은 고무적인 현상이다. 대표적인 민관협력 모델이 제주 원도심 창업 생태계 구축 사업이다. 창조경제혁신센터는 도시재생센터가 확보한 임대 공간에 입주할 사업자를 선정하고 보육한다. 이 모델이 혁신적인 이유는 참여 기업에 투자할 회사와 6개월 동안 이들을 훈련할 교육기관이 파트너로 참여한다는 점이다. 강원창조경제혁신센터는 지역에서 다수의 F&B 사업장을 운영하는 어라운드AROUND와 공동으로 소상공인 창업 인재를 육성하고 있다.

지역문화와 산업에 특화된 장인 대학을 설립해 차별화된 도시산업을 창출하는 것이 시대적 사명이다. 현재 다수의 로컬 크리에이터가 활동하는 지역은 새로운 로컬 크리에이터 창업과 인재 플랫폼을 구축할 수 있는 유리한 환경을 갖고 있다. 이 과정에서 선도적인 역할을 수행할 기관이 각 지역에 설립된 창조경제센터다. 장인 대학이 도제 교육과 창업 훈련으로 로컬 크리에이터 인재를 육성하고, 창조경제센터가 장인 대학이 배출한 인재를 위해 창업 생태계를 구축하는 것이 로컬 크리에이터 육성의 올바른 방향이다.

모종린 연세대학교 국제학대학원 교수

02

통상 위기를 극복하는
국가 거버넌스 강화

⫶ G0 시대의 도래, 자유무역체제의 리더십 실종 ⫶

2025년 혹은 2030년에 한국은 선진국 대열에 합류할 수 있을까? 한반도의 미래 환경을 긍정적으로만 볼 수 없는 여러 불안 요소들이 있다. 그중 가장 큰 영향력을 미치는 것은 강대국인 미국과 중국의 국제 통상 환경 변화이다. 최근 미중 무역전쟁을 계기로 강대국의 자국 보호무역주의가 강화되자 수출 의존도가 높은 한국경제는 심각한 영향을 받고 있다.

제2차세계대전 이후 최근까지 세계경제 질서는 다자주의 자유무역체제를 표방하는 세계무역기구^{WTO}와 브레튼우즈 체제를 기반으로 유지되어 왔다. 그러나 최근 강대국들이 힘의 논리를 앞세워 자국의 이익만을 표방하는 보호무역 정책을 취하고 있다.

　보호무역이 강해지면서 1947년부터 최근까지 약 70여 년간 세계경제 질서를 지탱해 온 WTO 체제는 한순간에 국제적 신뢰를 잃고 개혁 요구에 휩싸이게 되었다. WTO 체제가 갑자기 위기에 빠진 근본적인 이유가 무엇일까? 이를 설명하기 위한 여러 가지 해석들이 있다.

　첫째, 최근 미중 무역전쟁의 실체가 단순한 무역 갈등이 아니라 본질적으로는 미국과 중국의 패권 경쟁이라는 것이다. 이것은 고대 그리스 역사가 투키디데스의 통찰에 의존한 시각이다. 투키디데스는 고대 그리스의 도시국가 중 하나였던 스파르타가 아테네를 상대로 일으킨 펠로폰네소스 전쟁의 원인을 '스파르타가 신흥 아테네의 번성에 위협과 공포를 느끼면서 시작된 전쟁war triggered by fear'이라고 보았다. 이러한 관점에 따라 제2차세계대전 이후 세계질서를 주도하던 미국이 신흥 패권국으로 도약을 꿈꾸는 중국에 대해 느끼는 두려움과 공포가 미중 무역전쟁의 근본 원인이라는 것이다.

　둘째, 안정적인 세계질서를 주도할 능력과 의지를 겸비한 지도력을 가진 국가가 실종되었다는 시각이다. 정치 및 경제적인 위기에 처한 국가를 지원할 수 있는 역량을 갖춘 국가나 국제기구가 있을 때 국제 질서의 안정이 보장된다는 것이다. 한편 제2차세계대전 이후 1980년대까지 국제적인 지도력을 발휘하던 미국이 위기에 직면한 국가들을 지원할 능력이 고갈되면서 세계질서의 불안정성이 더욱 확대되고 있다는 시각이다.

2가지 시각 모두 최근 트럼프 행정부가 다자간 자유무역체제인 WTO 체제를 무력화하려는 배경을 설명하는 데 설득력을 얻고 있다. 미국 트럼프 행정부는 WTO가 중국의 불법적 보조금 정책에 대해 아무런 조치도 취하지 못하는 무력한 기구라고 거듭 비판해 왔다. 또한 WTO의 무역분쟁해결기구가 미국의 국내법 개정을 요구하는 등 미국의 주권을 침해한다고 비판했다. 급기야 트럼프 행정부는 WTO의 필수 기능인 무역분쟁해결 상소기구^{Appellate Body}의 평결위원^{panelist} 임명을 거부하며, WTO의 분쟁해결 체제를 무력화하려는 시도를 하고 있다.

　제2차세계대전 이후 미국이 세계질서를 주도하기 전까지 영국은 산업혁명을 통해 전 세계에 자본주의와 자유무역체제를 전파해 왔다. 그런 영국이 EU 탈퇴를 선언한 브렉시트 사태와 보호무역체제로의 회귀를 공공연하게 천명했던 미국 트럼프 행정부의 출범으로, WTO가 힘을 잃으면서 전 세계는 전대미문의 리더십 공백 상태에 접어들었다.

　중국, 독일, 일본이 표면적으로는 WTO 체제를 지지하고 있으나 이것을 주도할 여건을 갖추지는 못하고 있다. 중국은 사회주의 국가라는 체제의 특성을 활용해 시장의 폐쇄적 운용 및 산업 전반에 걸친 보호주의 정책에 기반한 관리무역체제를 유지하고 있다. 독일 역시 OECD 국가 중 GDP 대비 가장 높은 무역수지 흑자 폭을 기록하고 있음에도 불구하고 재정지출을 극도로 억제하면서 초래된 내수위축으로 무역 불균형을 심화한다는 비판을 받고 있다. 최근에는 독일 경제를 지탱해 온 제조업의 경쟁력까지 취약해졌다는 우려가 커지는 실정이다.

일본은 최근 30여 년간의 불황을 벗어나는 듯한 조짐을 보이고 있으나, 비협조적 환율 조작 정책은 물론 아직도 과거 군국주의 전통에 의존하고 있는 일본 정치 세력의 특성을 고려할 때 세계질서의 안정을 주도할 만한 지도력을 갖출 가능성은 매우 낮다.

이와 같이 미국과 중국의 G2 체제에서 국제질서의 안정을 주도할 리더십이 실종된 G0 시대의 유일한 대안은 개별 국가의 리더십에 의존하는 것이 아니라 WTO와 같은 국제기구와 국제적 협력 체제의 리더십을 회복하는 것이다.

⫶ WTO 체제에서 양육강식이 지배하는 시대로, 양자 간 통상 관계 재편 ⫶

불안정한 통상 환경으로 인해 한반도의 미래는 더욱 불투명하다. 왜냐하면 미국과 같이 세계무역 질서를 주도해 왔던 국가들이 국내 정치적인 요인으로 인해 다자간 자유무역체제에서 이탈할 유인이 커졌기 때문이다. 특히 미국과 영국은 자유무역이 확산되면서 이익을 얻게 되는 수출산업과 상대적으로 불이익을 겪게 되는 수입대체산업 간의 소득 격차가 더욱 커지게 되었다. 그 결과 지속적으로 심화되는 소득 불균형에 불만을 품어온 백인 노동자 계층을 중심으로 자유무역과 세계화에 대한 사회적 정치적 반감이 더욱 커졌다.

물론 이것은 자유무역이 지속되기 위한 필수 요건인 무역조정지원제도를 통한 효율적인 소득 재배분 장치가 영국과 미국에서 작동하지 않은 결과이다. 자유무역으로 피해를 입게 되는 비교열위 부문에 고용되어 있던 노동력과 생산요소를 비교우위 부문으로 재배치하는 산업구조조정이 동반되어야 한다는 것이다. 그리고 과도기에 비교열위 부문의 손실을 보존하고 경쟁력을 회복할 수 있도록 지원하는 무역조정지원제도와 같은 소득 재배분 장치가 효율적으로 작동되어야만 자유무역의 이익을 사회 전체가 공유할 수 있다.

이처럼 효율적인 무역조정 지원제도를 통해 자유무역으로 이익을 누리는 산업에서 피해를 보는 산업으로 적정 소득의 재배분이 이루어지지 않을 경우, 수입대체산업의 피해와 실업 사태가 누적되고, 결국 정치적 불안으로 이어져 자유무역체제가 지속될 수 없다. 구체적인 사례가 영국의 브렉시트 사태와 미국 트럼프 행정부의 미중 무역전쟁을 비롯한 다양한 보호무역 정책이다. 효율적인 무역조정지원제도가 작동하지 않는 가운데 1970년대 이래 지속되어온 자유무역과 생산체제의 글로벌화로 영국과 미국에서 빈부 격차가 더욱 심화되고, 노동집약적 제조업의 해외 이전으로 백인 노동자들의 소득과 일자리가 빠르게 감소했다. 그 결과 자유무역체제에 대한 적개심으로 불만이 누적되어온 노동자들에게 호소하는 한편 보호무역 정책을 약속하며 집권한 트럼프 행정부는 초기부터 WTO를 통한 다자간 자유무역체제를 부정하고, 모든 통상 의제와 통상 갈등을 힘의 논리에 의한 양자 간 협상으로 해결하려 하고 있다.

트럼프 행정부는 출범 직후 오바마 행정부에서 타결했던 환태평양 경제동반자협정^{TPP}에서 탈퇴할 것을 선언한 후 미일 양자 간 FTA를 추진하고 있다. 마찬가지로 범대서양 무역투자동반자협정^{TTIP}의 추가 협상을 거부하면서 미영 양자 간 FTA를 추진하고 있다. 이와 같은 보호주의 정책 일변도로 달리고 있는 트럼프 행정부는 기본적으로 자유무역에 대해 잘못된 시각을 가지고 있다. 자유무역은 참가하는 모든 국가들의 이익을 증진할 수 있는 윈윈 게임이 아니라, 누군가 이익을 누리면 그만큼 다른 나라는 손실을 입는 제로섬 게임이라는 것이다. 이것은 무역수지 흑자는 미국의 국익에 보탬이 되고, 무역수지 적자는 그 자체로 미국 경제의 손실을 의미한다는 잘못된 중상주의적 접근에 기초한 논리다. 트럼프 행정부는 무역수지 흑자를 보이는 모든 상대국을 불공정 무역 국가로 규정하고, 무역수지 적자를 줄이기 위한 미국 정부의 강압적 보호무역 조치를 공정무역 정책으로 묘사하면서 블루컬러 백인 노동자들에게 정치적 지지를 호소하고 있다.

⁝ 통상협정 무용론無用論 ⁝

트럼프 행정부는 블루컬러 백인 노동자들의 절대적 지지를 등에 업고 미국 국내법을 근거로 무차별적인 보호주의 정책을 남발하고 있다. 이 과정에서 WTO 협정과 같은 다자간 협정은 물론 한미 FTA와 같은 양자 간 무역협정 '무용론'을 펼치면서 '미통상법 232조'를 발동하여 미국의 국가안보를 근거로 한 무차별적 보호무역 정책을 내세워 기존의 다자간 및 양자 간 통상협정을 무효화하는 것이다.

2018년 미국 트럼프 정부는 모든 교역 상대국으로부터 수입하는 철강 제품이 미국의 국가안보를 위협하고 있다고 규정하고, 모든 수입 철강에 대해 25%의 관세를 부과했다. 2019년에는 수입 자동차가 미국의 국가안보를 위협한다고 결론짓고, 수입 자동차에 대해서도 25%의 관세를 부과할 준비를 하고 있다. 가장 심각한 것은 아무런 국제규범이나 원칙에 구애받지 않고 미국이 원하면 '국가안보'라는 명목으로 어떤 제품이든 보호무역 조치를 취할 수 있다는 점이다. 이러한 맥락에서 미국의 초국제법적 보호무역 조치와 사드 사태 이후 한국 기업에 대한 중국의 강력한 무역규제 등 WTO 규정 위반이 계속 반복되면서 통상협정 무용론까지 제기되고 있다.

⦙ 세계 통상 질서 붕괴에 가장 취약한 한국경제 ⦙

트럼프 행정부는 지난 2018년 11월에 열린 중간 선거에서 패배한 이후에도 기존의 보호무역 전략을 수정하기는커녕 오히려 골수 지지층의 정치적 지지를 확보하기 위해 더욱 강화하는 추세다. 한국에 대해서는 세탁기를 비롯한 가전제품과 철강 등 주력 수출품에 대한 가장 큰 장벽이었던 기존의 반덤핑 규제 조치에 더해 과거 레이건 정부 시절의 과격한 보호무역주의 정책이었던 수출자율규제^{VER}와 수입자율확대^{VIE} 같은 강제적인 무역 규제 정책까지 동원될 가능성이 커질 것으로 보인다.

하지만 트럼프 행정부의 보호무역 정책은 중장기적으로 미국 기업의 경쟁력을 약화할 것으로 예상된다. 왜냐하면 수입 물가 상승에 따라 미국 내 소비자물가가 상승하면 저소득층의 실질 구매력이 떨어지고 수입 원자재에 의존하는 미국 기업들의 생산단가가 올라가기 때문이다. 결국 미국 소비자의 후생을 악화하고 기업 전반의 경쟁력을 약화하는 보호무역 정책은 장기적인 지속 가능성이 매우 낮은 것으로 평가된다.

한편 국제경제 질서의 안정화를 주도할 수 있는 리더십이 실종된 G0의 상태에서 미중 간 무역전쟁이 장기화되고, 다자주의 자유무역 체제 붕괴로 거대 경제권의 보호무역주의가 확산된다면 기술적 시장 지배력을 갖춘 기업 및 국가는 영향력이 더욱 커질 수 있으나 그렇지 않은 기업과 국가는 국제 경쟁에서 퇴출될 위험이 더욱 증가할 것으로 보인다. 현재 국제가치사슬^{GVC}에서 중국에 대한 기술적 시장 지배력을 거의 상실한 한국 기업은 퇴출 압력을 받게 될 것으로 예상된다.

포스트 WTO 시대 한국이 나아가야 할 방향

한국경제에서 통상 정책이 차지하는 비중과 전략적 의미를 최초로 논의하고 정의한 것은 2003년 8월에 발표된 중장기 FTA 추진 로드맵이라고 볼 수 있다. 이것은 1960년대부터 한국경제의 산업화 과정에서 가장 중요한 역할을 했던 수출산업이 지속적으로 성장할 수 있는 여건을 확보하기 위한 통상 전략을 제시한 것이다. 통상 정책의 전략적 중요성과 1995년 출범한 다자간 자유무역체제인 WTO 체제의 현실적인 무력함을 고려했을 때 결국 WTO의 다자간 무역자유화 프레임에서 벗어나 FTA를 통한 양자 간 또는 복수 국가 간 자유무역협정을 통해 해외시장 접근 기회를 극대화하는 전략이 필요하다는 것이다.

2003년 FTA 추진 로드맵이 확정된 이후 한국 정부는 2004년 칠레와 FTA 협정을 체결하는 것을 시작으로 최근까지 최단기간에 최다수의 FTA 체결 국가 중 하나로 평가되고 있다. 한편 해외시장 접근 기회를 확대하기 위한 시장개방 협정 체결 건수에서 세계 1위와 2위를 차지하고 있는 멕시코와 칠레의 경우를 보더라도 FTA 체결 자체가 경제 활성화를 보장하지 않는다는 인식이 확산되고 있다. FTA 체결 건수에서 세계 1위인 멕시코의 산업 경쟁력은 나락 없는 추락을 보이고 있다. 국민적 합의나 적절한 산업 정책적 전략도 없이 맹목적으로 이루어진 시장개방이 멕시코 경제에 재앙으로 작용했다는 점을 확인할 수 있는 대목이다.

향후 대한민국 경제의 생존뿐만 아니라 중장기적인 성장을 뒷받침할 수 있는 통상 정책의 기본 방향은 다음과 같이 정리할 수 있다.

첫째, 중장기적으로 통상 환경의 안정화를 위해 WTO 체제를 복원하는 노력이 필요하다. 지난 2000년대 초반부터 최근까지 정부의 통상 정책의 근간이었던 단기적인 특혜적 시장 접근 기회를 극대화하기 위한 FTA 중심의 통상 전략에서 탈피할 필요가 있다는 것이다.

둘째, 자유무역을 통한 지속적인 성장 기반을 확보하기 위해서는 피해를 입는 비교열위 산업을 비교우위 산업으로 전환하고 과도기에 피해를 보전하는 포용적 통상 정책inclusive trade policies을 강화해야 한다. 즉, 국내의 비교열위 산업에 고용되었던 노동자들이 비교우위 산업으로 재배치될 수 있도록 지원하고, 과도기에 최저 생계를 보장하는 튼튼한 사회안전망을 강화하는 정책이 필요하다. 국제적으로는 개발도상국에 대한 시장개방과 함께 적극적인 기술 이전 등을 통해 지속적인 성장을 지원해야 한다.

마지막으로 향후 산업 정책은 단순히 해외시장 접근 기회를 확대하는 데 주력하는 것이 아니라 산업구조 및 경제구조 고도화로 이어질 수 있는 전략적인 통상 정책으로 나아가야 한다.

⁝ 국제 통상의 리더십을 발휘하는 전략 ⁝

우리나라 경제의 성장 기반을 안정적으로 구축하기 위해서는 다자주의 자유무역체제의 복원이 필수적이다. 이를 위한 기반을 마련하기 위해 복수 국가 간의 통상협력체제Plurilateral Regime와 거대 FTAMega-FTA 등을 전략적으로 활용할 필요가 있다. 중국이 주도하고 있는 '역내포괄적 경제동반자협정RCEP'을 통한 복수 국가 간 시장개방 논의를 활성화하고, 미국을 제외한 '포괄적·점진적 환태평양동반자협정CPTPP'을 통한 협력 논의가 확대될 경우, 미국과 같은 슈퍼 파워의 통상 일방주의를 견제하는 전략적 효과를 기대할 수 있을 것이다.

또한 국제사회에서 우리나라가 가지는 독특한 지위를 활용하여 다자주의 자유무역체제 복원을 위한 국제적 리더십을 발휘할 필요가 있다. 선진국과 개발도상국 간의 이해 대립으로 교착 상태에 빠진 도하개발어젠더Doha Development Agenda, DDA(WTO 제4차 다자간 무역협상) 등 다자간 자유무역체제를 복원하는 과정에서 우리나라가 주도적 역할을 행사해야 한다는 것이다. 다자주의 자유무역체제의 리더십이 실종된 상황에서 우리나라가 선진국과 개발도상국 간의 통상 갈등을 중재하고 리더십을 발휘할 수 있는 전략이 필요하다.

우리나라는 대다수 개발도상국들과 경제개발 경험을 공유하고, 선진국과도 기술 협력 등을 다양하게 펼치고 있기 때문에 선진국과 후진국 간의 산업 및 통상 갈등을 중재할 수 있는 여지가 많다. 이런 점을 전략적으로 활용한다면 향후 다자주의 자유무역체제를 복원하는 과정에서 국제 협력을 주도할 수 있을 것으로 판단된다.

단기적으로는 최근 많은 국가들이 공통적으로 인식하고 있는 슈퍼파워들의 남용을 규제하는 논의를 우리나라가 주도할 수 있다. 국가안보(미통상법 232조) 및 산업피해(미통상법 201조)를 빌미로 무차별적 보호무역 조치를 남용하는 것을 규제하는 국제규범을 도입하는 방안 또는 '반덤핑 규제 및 보조금상계관세규제의 오용 방지' 및 '지적재산권 보호 강화'를 위한 국제규범 도입 논의도 확대할 필요가 있다.

⠇ 포용적 통상 정책의 확대 ⠇

최근 미중 무역전쟁을 위시해 전 세계적으로 보호무역주의가 확산되고 있다. 국제통상 환경이 불안정해진 가장 주요한 요인 중 하나는 미국과 영국 등 주요 교역 국가들이 오랜 자유무역으로 국내의 소득 격차와 사회적 갈등이 점차 심해졌기 때문이다. 자유무역을 통해 혜택을 누린 수출산업과 피해를 입은 수입대체산업 간의 격차가 점점 더 벌어지자 미국과 영국을 중심으로 선동적인 보호무역주의 구호를 외치고 있는 것이다. 급기야 자유무역에 매우 적대적인 백인 노동자 계층의 맹목적 지지를 받은 극우 세력들이 집권하는 경우가 늘어나고 있다.

비교열위에 있는 수입대체산업에 대한 사회적 정치적 무관심이 결국 보호무역주의를 불러일으킨 주요 요인이다. 따라서 향후 자유무역체제를 지속하기 위해서는 상대적으로 불이익을 겪게 되는 비교열위 부문에 고용된 노동력이 신속하게 비교우위 부문에 재배치될 수 있도록 지원해야 한다. 그리고 과도기에 최저생계를 보장하는 사회안전망이 작동되는 효율적인 무역조정 지원제도를 갖출 필요가 있다.

향후 한국경제가 지속가능한 성장 프레임을 구축하기 위한 선결 조건은 자유무역을 통한 선순환 구조를 구축하는 것이다. 이것은 결국 비교우위 부문과 비교열위 부문의 동반 성장을 이끄는 포용적 통상 정책을 통해서만 가능하다. 여기서 주목해야 할 점은 포용적 통상 정책이 국제 경쟁력을 상실한 비교열위 부문을 현재 상태 그대로 유지하는 정책이 아니라는 점이다. 더불어 각종 기술 지원을 통해 비교열위 부문의 경쟁력을 제고하고 경제 전반의 효율성을 높이는 과정에서 사회적 마찰 비용을 최소화하는 것이 곧 포용적 통상 정책의 핵심이다.

한편 이와 같은 포용적 통상 정책domestic Inclusive trade policies이 실효성을 갖추기 위해서는 비교열위 부문의 효율적 재배치를 위한 무역조정 지원체계를 범정부 차원의 사회안전망 정책과 연계해야 한다. 중장기적으로 수출산업 부문에서 지속적으로 이익을 얻기 위해서는 비교열위 산업의 단기적인 피해를 보전하고 중장기적으로 비교열위 산업을 비교우위 산업으로 전환하기 위한 산업 구조조정을 단행할 무역조정 지원제도가 필수적이다. 근본적인 무역조정 지원제도를 갖추지 않고 정치적 목적에 따라 '무역이익공유제'와 같은 임의적인 반시장적 조치를 남발한다면 오히려 자유무역체제를 더욱 왜곡한다는 것이 이미 확인되었다. 결국 포용적 통상 정책이란 시장 퇴출 위기에 직면한 모든 비교열위 산업 및 기업에 대한 효율적인 구조조정 및 재배치를 지원하는 것을 말한다.

⁝ 부활의 모멘텀을 찾아라 ⁝

국제적인 관점에서는 경제력 및 기술력에서 상대적으로 열위에 있는 개발도상국에 대한 포용적 통상 정책적 접근international inclusive trade policies이 필요하다. 1995년 WTO가 출범한 이래 의미 있는 다자간 무역자유화 조치가 단 한 차례도 이루어지지 못했던 가장 주요한 원인은 시장개방 조치에 대한 개발도상국과 선진국 간의 근본적인 입장 차이 및 갈등 때문이었다. 따라서 다자주의 자유무역체제의 복원을 위해서는 선진국의 시장개방 압력에 대해 근본적인 회의를 가지고 있는 개발도상국들에 대한 포용적 통상 정책이 필수다. 즉, 개발도상국이 시장개방을 통하여 자유무역체제를 도입할 경우 자국 경제가 선진국 경제에 예속되는 것이 아니라 시장개방이 곧 지속가능한 경제 발전의 지름길이라는 확신을 심어주는 정책이어야 한다.

예를 들어 개발도상국의 경제 발전에 필요한 기술 이전을 통해 선진국과 개발도상국이 모두 지속가능한 이익과 추가적인 경제 성장의 효과를 누릴 수 있다. 우리나라가 개발도상국에 대한 전략적 기술 이전을 주도할 수 있다면 2001년 이래 교착 상태인 도하개발어젠더[DDA] 부활의 모멘텀을 찾아 다자주의 체제 복원 과정에서 국제적 리더십을 발휘할 수 있을 것이다.

단순히 해외시장 접근 기회를 확보하기 위해 시장개방에 주력했던 중남미 국가들의 사례(멕시코, 페루, 칠레)는 맹목적 시장개방 및 FTA 체결 확대가 중장기적으로는 자국의 산업 경쟁력과 경제 효율성을 더욱 떨어뜨린다는 것을 보여주었다. 세계 최대의 경제 영토를 자랑했던 멕시코와 페루는 FTA 협정으로 특혜를 얻기는 했으나 사실상 경제 영토의 넓이가 자국의 경제력이나 경제 성장과는 아무런 관련이 없음을 보여준 것이다. 즉, 산업 경쟁력이 뒷받침되지 않는 시장개방과 통상 정책은 사상누각에 불과하다는 것을 다시금 확인할 수 있다.

한국의 미래 통상 정책은 전략적 접근strategic trade policies to upgrade economic efficiency이 이루어져야 한다. 통상 정책이 주력 산업 및 신산업 기술 경쟁력 제고와 경제 효율성 제고로 이어져야 한다는 것이다. 향후 추가적인 FTA 협정 및 시장개방 협정은 물론 기존 FTA의 이행 협의 과정에서도 국내 산업의 기술 경쟁력 및 시장 지배력을 강화하기 위한 전략적 접근이 최우선적 정책 목표가 될 때 통상 정책이 곧 경제 구조 고도화로 이어지는 가교가 될 수 있을 것이다.

김영한 성균관대학교 경제학과 교수

03

북한의 성공적
경제체제 전환

사회주의의 성장 한계론

　1991년 소련 붕괴 이후 사회주의와 자본주의의 체제 경쟁을 둘러싼 논쟁은 더 이상 의미 없게 되었다. 이후에는 각 국가들이 실시한 정책과 성과를 가지고 어떤 나라가 더 우월한지에 대해 치열한 논쟁이 벌어지고 있다. 경제적 어려움에 직면해 있는 북한도 다른 사회주의 국가들이 추구했던 것처럼 필연적으로 체제 전환을 통한 경제 발전을 추구할 수밖에 없다. 따라서 북한이 목적하는 바를 성공적으로 달성하기 위해서는 어떠한 국가의 정책을 따라갈 것인가, 그리고 정책의 구체적인 내용이 무엇인가에 대한 논의가 이루어져야 한다.

　1960년대 소련과 중국은 강력한 사회주의 건설을 통해 당시 자본주의 체제하에서 선진국이었던 미국과 영국 등의 경제 발전 수준을 따라잡을 수 있다고 장담했다. 당시 대표적인 정책은 소련의 경제개발계획과 중국의 대약진운동이었다. 그러나 결과는 반대로 시장경제체제를 채택한 서방의 선진국들과 격차가 더욱 벌어졌다. 북한도 예외가 아니었다. 북한은 1960~1970년대에 경제개발계획을 통해 경제 성장을 이루는 듯했다. 그러나 다른 사회주의 국가들처럼 1970년대 이후부터 경제적 어려움을 겪기 시작했다.

북한의 핵·경제병진노선과 사회주의 경제 건설

제1·2차 세계대전을 거치면서 소련과 중국을 비롯한 많은 국가들이 공산주의 체제로 전환했다. 이들은 미국과 영국 등 선진국들과의 체제 경쟁에서 우위를 확보하기 위해 군수산업을 비롯한 중공업 중심의 경제개발계획을 지속적으로 실시했다. 북한도 다른 사회주의 국가와 동일한 노선을 선택했다. 북한은 국방·경제병진노선(1962)과 핵·경제병진노선(2013) 전략을 채택했다. 2018년 4월 20일에는 당 중앙위원회 제7기 제3차 전원회의에서 사회주의 경제건설이라는 새로운 전략 노선을 채택했다. 이미 핵보유국이 되었으므로 핵·경제병진노선의 승리를 선언한 것으로, 이제는 경제 발전에 중점을 두겠다는 뜻이었다.

북한은 현재 1인당 소득이 700달러가량으로 개발도상국 수준에 머물러 있다. 1990년대 중반 고난의 행군 시기에는 마이너스 성장을 할 정도로 경제적 어려움이 최고조에 이르렀다. 그 후 경제적으로 조금 나아졌다고는 할 수 있으나 최근에는 중앙정부에 의한 배급체제를 유지하기 어려운 상황이다. 오히려 장마당 등 비공식적 시장체제가 경제 전체에 확산되고 있다. 그만큼 자신들이 추구하는 사회주의 체제를 더 이상 유지하기 어렵다는 것을 의미한다.

: 동아시아 4국의 경제체제 전환, 그리고 북한의 선택 :

경제체제 전환의 정의

경제체제 전환이란 정치적으로 1당 중심의 공산주의 체제에서 다당제 민주주의 체제로 전환하고, 경제적으로는 중앙계획경제체제에서 자본주의 시장경제체제로 전환하는 것을 의미한다. 국제기구들의 정의를 종합하면 체제 전환국은 완전통일형(독일형), 구소련형(정치 및 경제체제 전환형), 동아시아형(경제체제 전환형) 및 기타형으로 나뉜다.(강성진·정태용, 2017)

완전통일형은 가장 전형적인 형태로 과거 동독이 서독으로 통일되면서 민주주의와 자본주의 체제로 통합된 형태이다. 구소련형은 과거 소련에 속한 국가와 위성국을 포함하며 정치체제와 경제체제 모두 민주주의 및 자본주의 체제로 동시에 전환된 경우다. 동아시아형은 중국, 베트남, 라오스 및 캄보디아 4국으로 정치는 공산주의 체제를 유지하지만 경제는 자본주의 체제로 전환한 경우다. 마지막으로 기타형

	연도	국가
완전통일형	1990	독일
동아시아형	1978	중국
	1986	라오스, 베트남
	1990	캄보디아
구소련형	1990	마케도니아, 크로아티아, 헝가리, 폴란드, 슬로바키아, 슬로베니아, 몽골
	1991	알바니아, 불가리아, 터키, 키프로스, 루마니아, 체코
	1992	발트 3국(에스토니아, 라트비아, 리투아니아), 아르메니아, 아제르바이잔, 벨라루스, 그루지아, 몰도바, 우크라이나, 러시아, 카자흐스탄, 키르기스공화국, 타지키스탄, 우즈베키스탄, 투르크메니스탄
	1996	보스니아 헤르체고비나
	2002	세르비아, 몬테네그로
	2012	코소보
기타형	1991	이집트, 요르단, 모로코, 튀니지

출처 : 강성진·정태용, 『경제체제 전환과 북한 : 지속가능 발전의 관점에서』, p.69 수정 및 보완, 2017.

은 명확히 구분할 수는 없지만 체제 전환을 추구하는 국가들이다.

북한의 경제체제 전환 정책 방향

북한이 추구할 체제 전환 모형으로 구소련형 또는 싱가포르 모델이라는 의견들이 제시되고 있으나 현실적으로 가능한 선택이 아니다. 구소련형은 정치체제와 경제체제 모두 민주주의와 시장경제체제로 전환하는 것이다. 그러나 북한은 구소련과 달리 현재의 정치체제, 특히 김정은 지배체제를 그대로 유지하면서 경제만 시장자본주의 체제로 전환하려 할 것이다. 즉, 북한은 동아시아 4국이 추구한 방식을 선택할 것이다. 싱가포르는 처음부터 체제 전환국이 아니므로 현실적인 제안이 아니다.

그렇다고 동아시아 4국의 정책을 선택하기가 쉬운 것만은 아니다. 북한과 동아시아의 정치체제는 다르기 때문이다. 동아시아 국가들은 공산당 중심 체제이지만 지도자들은 교체되고 있다. 반면 북한은 김일성 일가의 세습체제를 유지하고자 할 것이므로 체제 전환에 대한 불안감이 더욱 클 것이다. 즉, 북한은 경제체제 전환 정책을 채택하겠지만 동아시아 4국처럼 빠르고 전면적인 개혁·개방은 쉽지 않을 전망이다.

⋮ 동아시아 국가의 개혁·개방 성과 ⋮

체제 전환 정책 내용

사회주의 국가의 체제 전환은 내부적 정책 실패와 외부적 경제 압력이 상호작용하면서 시작되었다. 체제 전환국들은 내부적으로 낮은 경제 성장으로 정부 적자 및 외채 누적이 심각해져 1970년대 이미 사회주의 체제를 유지하기 어려운 지경에 이르렀다. 외부적으로는 미국 중심의 자본주의 진영과 소련 중심의 사회주의 진영의 대립이 지속되었

주요 경제체제 전환 정책	
정책	내용
안정화	세제개혁, 재정지출 우선순위 결정, 인플레이션 및 재정적자 등 재정건전성 확보 등
사유화	국영기업의 사유화, 규제완화, 사적재산권 보장 등
자유화	시장가격(이자율, 임금, 물가 등)의 자유화를 통한 시장기능 활성화 정책
개방화	무역자유화, 외국인 직접투자 유치 정책 등

다. 경제 압력의 예로는 베트남에 대한 금수조치(embargo, 특정 국가와 모든 부문의 경제 교류를 중단하는 조치)를 들 수 있다. 1978년 말경 미국 주도로 서방 국가들이 베트남에 대해 금수조치를 시행하자 베트남은 무역 및 대외원조를 받는 데 어려움을 겪었다.

1978년 중국, 1986년 베트남과 라오스, 1980년대 말 소련 체제가 붕괴되면서 나타난 대표적인 체제 전환 정책은 크게 안정화, 사유화, 자유화 및 개방화로 나눌 수 있다. 따라서 체제 전환 정책을 개혁·개방 정책으로 부르기도 한다.

체제 전환의 경제적 성과

체제 전환 정책의 구체적인 형태와 추진 속도에 따라 경제적 성과는 다양하게 나타났다. 구소련, 비세그라드 4국(폴란드, 체코, 슬로바키아, 헝가리)과 동아시아 4국은 서로 다른 상황에서 체제 전환을 시도했다. 정책 내용이나 실행 속도는 물론 경제적 성과도 다양하게 나타난다. 이는 특정 형태의 정책이나 상황으로 경제적 성과를 일관되게 설명하기

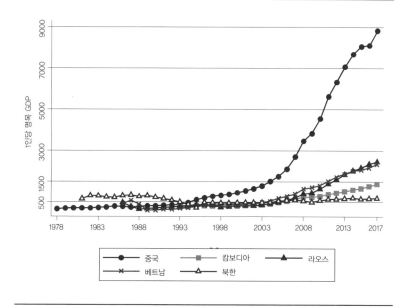

북한과 동아시아 4국의 1인당 명목 GDP 추이

어렵다는 것을 시사한다.

세계은행World Bank의 자료와 유엔UN에서 발표한 북한 관련 자료를 이용하여 동아시아 4국이 경제체제 전환을 시작한 시점부터 1인당 명목 GDP 추이를 비교해 보았다.

가장 괄목한 성장을 이룬 것은 단연 중국이었다. 경제체제 전환을 시작한 1978년 중국의 1인당 명목 GDP는 156달러에 불과했으나, 2017년에는 약 57배 증가한 8827달러에 이르렀다. 다른 국가들은 중국만큼 증가하지는 않았지만 체제 전환 정책을 실시한 이후 1인당

GDP가 약 5배 증가했다. 반면 체제 전환을 선택하지 않은 북한의 경우는 대조적이다. 1990년대 초반까지 북한의 1인당 명목 GDP는 동아시아 4국보다 높은 수준이었고, 1990년대에는 중국보다 뒤처졌지만 나머지 3개국과 유사한 수준이었다. 그러나 2000년대 초반에는 이들에게마저 밀려 2017년 현재 685달러 수준으로 추정된다. 이것은 같은 해 동아시아 4개국 중 가장 낮은 캄보디아의 절반 수준이다.

⋮ 북한의 경제체제 전환 방향 ⋮

북한은 앞으로 경제협력을 통해 경제성장률을 높이고자 할 것이다. 이전까지 대표적인 경제협력 방법은 남북한만 참여하는 개성공단 특구였다. 단기적으로 개성공단과 같은 형태의 경제특구지역을 세우는 정책을 실시할 가능성이 높지만 효과를 얻기에는 한계가 많다. 장기적으로 지속적인 경제적 성과를 달성하기 위해서는 개성공단처럼 남북한 간에 정치적 고려가 우선시되는 경제원조형 정책보다는 국제적 기준에 부합하는 체제 전환 정책을 실시할 필요가 있다.

개성공단과 보편적 경제특구

남북한의 대표적인 경제협력인 개성공단은 2000년에 착공하여 2005년부터 기업들이 입주하기 시작했다. 그러나 2013년 4월 북한이 개성공단에 대한 입경을 차단한 이후 현재까지 중단된 상태다. 개성공단을 비롯하여 북한에는 2018년 8월 말 현재 5개의 중앙급 경제특구와 22개의 지방급 경제개발구가 지정된 것으로 알려져 있다.

개성공단을 비롯하여 북한이 지정한 경제특구는 개인과 기업 간 계약이 성립되지 않기 때문에 세계적으로 통용되는 경제특구 또는 산업단지와는 거리가 멀다. 예를 들어 북한의 경제특구에서는 투자 기업이 노동자를 고용하거나 노동자와 직접 임금 계약을 할 수 없다. 투자 기업이 북한 당국에 필요한 노동자를 요청하면 당국이 직접 노동자를 공급하고, 임금 수준도 당국과 협의해서 결정해야 한다. 따라서 특구에서는 공정한 노동시장이나 노동환경이 형성되지 못한다.

현재 개성공단과 같은 경제특구는 남한을 제외한 다른 국가들의 투자를 이끌어낼 수 있는 경제협력이라기보다 '우리끼리' 차원의 정치적 협력이라 할 수 있다. 더 나아가 국제적 투자자들이나 선진국 입장에서 보면 공정한 경제 환경에서 생산된 제품으로 인정받을 수 없기 때문에 투자를 이끌어내기가 어렵다.

경제원조에서 대외투자로 전환

북한이 지속가능한 경제 발전을 달성하기 위해서는 단기적이고 정치적인 접근보다 체제 전환국들이 채택한 정책들을 실시해야 한다. 국제적인 신뢰를 얻을 수 있는 체제 전환 정책이 실시되어야 한다는 것이다. 물론 속도 면에서 어떤 정책이 좋은지는 기존 체제 전환국의 성과로 판단하기 어렵다. 따라서 북한이 자신들에게 적합한 정책 내용과 속도를 결정해야 한다.

북한이 아직까지는 국가 차원의 전체적인 개방은 불가능하기 때문에 세계적으로 통용되는 형식의 경제특구를 통한 투자 유입 정책을 실시해야 한다. 특구지역에서만이라도 적용될 수 있는 개혁·개방 정책을 실시해야 한다는 것이다. 한국 기업뿐 아니라 세계의 많은 다국적 기업들이 북한에 투자할 수 있는 정책이 필요하다. 이를 위하여 동아시아 4국이 체제 전환 초기에 실시한 다양한 외국인 직접투자 유치 정책의 구체적인 내용을 살펴볼 필요가 있다. 이와 더불어 세금, 고용계약, 이익금 송금, 이중적 환율 정책 등을 다른 국가들과 같은 수준으로 정비하여 투자자에 대한 보호가 이루어져야 한다.

한국도 북한과의 경제협력에서 정부주도형이 아닌 민간주도형으로 나아가야 한다. 특히 현재의 중소기업 중심이 아니라 대기업도 진출할 수 있도록 바꾸어야 한다. 북한에 진출하는 중소기업뿐만 아니라 북한 내에서 새롭게 형성되는 기업들과 전후방 연관 효과가 나타날 수 있는 환경을 조성함으로써 산업 및 기업 생태계 활성화가 이루어져야 한다.

지나친 경제협력 성과 기대는 금물

체제 전환국의 경제적 성과는 국가별로 다양하게 나타나고 있다. 구소련과 비셰그라드 4국, 동아시아 4국은 서로 다른 상황에서 체제 전환을 했을 뿐 아니라 정책 내용도 다르다. 따라서 특정 국가의 정책만으로 경제적 성과를 설명하기 어렵다. 동아시아 4국도 1980년대 이미 개혁·개방 정책을 실시했지만 중국을 제외한 다른 3개국은 아직도 경제 발전이 만족스럽지 못한 수준이다. 베트남과 라오스는 1인당 실질 GDP(2010년 기준)가 여전히 2천 달러에 머물러 있고, 캄보디아는 더 낮은 수준이다.

동아시아 4국은 개혁·개방을 시작한 지 30여 년이 지났지만 중국을 제외하고는 1인당 명목 GDP가 평균 5배 정도 증가했다. 이와 같은 경제 성장 속도를 북한에 적용해 보면 현재 700달러 수준의 1인당 명목 GDP가 약 5배 증가한 3500달러가 되기까지 30년 이상 걸린다. 물론 이와 같은 경제 성장 속도도 본격적인 개혁·개방 이후부터 가능하다.

다만 북한이 개혁·개방 정책을 시행한다면 동아시아 4국이 시작했을 때 1인당 GDP보다 높은 장점이 있다. 당시 동아시아 4국의 1인당 명목 GDP를 보면 중국(1978) 156달러, 베트남(1986) 422달러, 라오스(1986) 468달러, 그리고 캄보디아(1993)는 245달러에 불과한 최빈국이었다.

따라서 남북경제협력이 이루어지면 당장 남한과 북한의 경제 성장에 도움이 될 것이라고 단언하는 것은 금물이다. 투자 효과에 대한 논의 또는 성과를 분석할 적절한 자료도 없는 상태에서 다른 국가의 경제구조를 가지고 경제 성장 효과를 도출하는 것도 유의할 필요가 있다. 또한 경제협력 효과 분석에 대한 지나친 믿음은 과대평가의 오류를 범할 수 있다. 경제협력 효과에 대한 분석은 북한의 경제구조나 산업구조가 현재 시장경제체제를 유지하는 국가와 동일하다는 전제하에서 이루어지는 것이다. 섣불리 정책의 결과를 해석해서는 안 된다는 뜻이다.

한국 주도의 경제협력이나 개혁·개방 정책은 막대한 투자비용이 소요되기 때문에 단기간의 성과를 기대하기보다 장기적인 효과를 목표로 추진되어야 한다. 단기적인 효과는 경제 성장보다 투자로 인식해야 한다. 예를 들어 단기적으로는 다양한 경제원조 프로그램으로 경제 성장을 위한 인프라(인적자원, 수송 인프라 등) 구축에 집중해야 한다. 장기적으로는 확보된 인프라를 통해 민간투자를 유도하여 북한에 자생적인 경제 성장의 기틀을 마련해야 한다.

성공적 경제체제 전환의 전제조건

북한은 국방이나 핵을 경제와 같이 추진한다거나 핵보유국의 정책노선에서 탈피해 비핵화와 동시에 경제우선주의 정책을 실시하겠다는 진정성을 보여주어야 한다. 하지만 북한으로서는 이러한 정책 전환이 매우 어려울 것이다. 공산주의 정치체제를 유지하고 있는 동아시아 국가의 지도체제는 매우 제한적이기는 하지만 지속적으로 변화하고 있다. 그러나 북한은 개혁·개방 정책이 자신들의 세습체제에 영향을 미친다고 생각하는 한 체제 전환 정책을 실시하기가 매우 어려울 것이다.

하지만 현재의 어려운 경제 환경을 개선하기 위해서는 다른 체제 전환국들처럼 본격적인 개혁·개방 정책을 실시해야 한다. 국가 차원에서 전면적으로 실현하기는 불가능하므로 경제특구만이라도 체제 전환 정책을 점진적으로 실시해야 한다. 이러한 정책을 통해 경제특구 지역에 한국뿐 아니라 세계 다국적 기업들의 투자를 유치하는 것이 중요하다.

⋮ 지속가능한 발전을 위한 개혁·개방 ⋮

경제체제 전환의 궁극적인 목적은 개혁·개방으로 지속 가능한 경제발전을 달성하는 것이다. 따라서 남북한 또는 국제사회의 경제협력에 대한 논의는 이러한 북한의 목적에 부응하는가에 초점을 맞춰야 한다. 그러나 현재 남북한 간에 논의되고 있는 것은 상호 이득을 얻으려는 시장경제적 차원의 경제협력이라기보다 남한의 일방적 경제원조에 더 가깝다.

경제원조는 개혁·개방을 앞당기는 역할을 하지만 '대외원조 무용론자'들이 주장하듯이 원조자금이 기득권층으로 흘러들어갈 경우 오히려 지배체제를 더욱 공고히 하는 역할을 할 수도 있다. 예를 들어 개성공단과 같은 형태는 경제원조에 가깝다. 노동자와 직접 고용 계약을 맺는 것이 아니라 북한 당국과 계약하고 임금도 당국에 지급한다. 노동자에게 간접적으로 지급하는 경우 오히려 북한의 지배체제를 더욱 강화할 수 있는 문제점이 있다. 반면 노동자와 직접 계약하고 혜택이 돌아간다면 북한의 지배체제는 약화되더라도 개혁·개방을 통한 경제 성장을 촉진할 수 있다. 앞에서 논의했듯이 기존의 체제 전환국들이 채택한 개혁·개방 정책을 통해 시장의 역할을 인정하는 경제협력이 채택되어야 한다.

단기적·정치적 시각으로 북한의 개혁·개방에 따른 성과를 논의하는 것은 지속가능한 발전의 관점에서 볼 때 너무 위험하다. 개혁·개방 정책을 채택하면 당장이라도 북한이 경제 성장을 이룰 수 있는 것처럼 생각해서도 안 된다. 북한이 현실적으로 받아들일 수 있는 산업이 무엇이고, 개혁·개방 정책을 통해 그 산업이 발전할 수 있는지 장기적인 시각에서 검토해야 한다.

가장 중요한 것은 북한의 체제 전환 정책의 성공 여부가 비핵화와 경제 발전에 중점을 둔 정책으로 전환하려는 의지, 그리고 국제적 신뢰를 얻을 수 있는지에 달렸다는 점이다.

강성진 고려대학교 경제학과 교수

04

신흥안보 거버넌스와
국가 미래 전략

⁝ 새로운 국제적 위협의 등장 ⁝

매년 지구 대기 및 해수의 기온이 상승하는 등 과거와 달라진 기후 환경은 각종 자연재난을 증폭시키고 있다. 새롭게 등장한 전염병균은 국경을 넘어 빠르게 전파되어 대응하기가 쉽지 않다. 비정부 조직 또는 조직에 속하지 않은 1인이라도 불특정 다수에게 큰 경제적 손실을 야기하거나 국가의 기반 시설을 마비할 수 있는 사이버테러는 언젠가부터 가장 큰 사회적 불안 요소로 여겨지고 있다. 이처럼 국가를 단위로 하는 정치·군사 및 경제 중심의 전통적인 안보 개념으로는 이해할 수 없었던 새로운 위협의 피해와 빈도가 매년 증가하고 있다. 따라서 과거에는 존재하지 않았거나 잠재되어 있다가 최근 새롭게 드러나고 있는 위협 요소들에 대응하는 신흥안보^{emerging security}에 대한 관심이 더욱 커지고 있다.

전통적인 개념에서 안보^{security}는 국가 중심으로 외부의 물리적, 물질적 위협에 대응하는 것으로 정의되고 있다. 주권국가 중심의 국제관계가 형성되면서 지정학地政學적 국가 이익은 안보의 영역을 규정하는 기초가 되었고, 주권, 국토, 국민은 국가안보의 범위를 규정하는 가장 기본적인 준거로 여겨지고 있다. 또한 국제경제의 상호 의존성이 심화되고 지경학地經學적 국가 이익이 대두하면서 경제적 발전과 번영도 안보 영역을 규정하는 또 하나의 중요한 준거가 되었다. 그 결과 정치·경제적 안보는 전통적인 안보의 중심으로 자리 잡게 되었다.

탈냉전 이후 이념 대립이 해소되었고, 과학기술의 진보에 따른 초연결사회의 탄생으로 국제사회의 안정과 번영에 대한 기대는 더욱 커졌다. 그러나 한편으로 국가나 지역 단위로 해결할 수 없는 범지구적이고 국경을 초월한 위협 요인들이 등장했다. 과거에는 위협적으로 인식되지 않았던 신흥안보 위기들이 등장하면서 국제사회는 새로운 도전을 맞고 있다. 전통적인 국가 중심의 안보 개념으로는 대응할 수 없는 문제들에 대한 국제사회의 불안은 한 국가의 생존과 번영을 넘어서 인류 문명과 지구 생태계에 대한 위기감으로 확대되고 있다.

시대의 변화와 문명의 진화에 따라 기존의 위협 요인들은 사라지거나 확대될 수도 있고, 과거에는 없었던 새로운 위협 요인들이 등장할수도 있다. 인류 역사상 최악의 위협으로 기록된 14세기 중세 유럽의

흑사병은 더 이상 위협적인 전염병이 아니다. 그러나 최근 등장한 중동호흡기증후군(메르스)은 치명적인 위협이 될 수 있는 감염병이다. 전통적인 안보 위협 요인들은 가시적이고 과거의 경험을 통해 위기의 정도나 전개 과정을 유추할 수 있었다. 가장 큰 전통적 안보 위기인 전쟁이나 불황depression에 대한 대응은 곧 인류 문명의 발전과 궤를 같이했다. 그러나 신흥안보 위협들은 비가시적이고 드러나기 직전까지 잠재되어 있기 때문에 창발創發, emergence 시점과 그 이후의 전개 과정을 파악하기 어렵다. 따라서 신흥안보의 쟁점들은 대부분 각 안보의 주체에 따라 위협의 잠재성과 위기 인식에 차이가 있다.

안보 행위는 국가의 생존과 번영을 위협하는 모든 위기에 대해 직간접적으로 대응하는 것이다. 고전적인 국제관계 연구에서는 전통적인 안보 개념에 따라 자연스럽게 안보 행위가 필요한 영역들을 정치·군사, 그리고 경제적 측면에서 구분해 왔다. 국가 이익 중심의 국제관계 연구에서는 자연스러운 학문적 전개라고 할 수 있다. 그러나 보다 확장된 안보 개념으로 신흥안보 연구의 기틀을 마련한 코펜하겐 학파의 안보화securitization 이론에서는 안보를 객관적으로 실재하는 절대적 조건으로 보지 않고 잠재하는 위협이 무엇인가에 대한 사회적 합의를 구성해 나가는 정치적 담론으로 정의한다. 즉, 현대사회에서 생존과 번영에 반하는 현존 또는 잠재적 위협과 안보의 목표에 대한 규정이 안보 주체들의 인식perception에 의해 정치적으로 쟁점화하는 과정에서 안보 문제가 구성된다. 따라서 실재하거나 잠재된 안보 위협에 대한 인식이 낮거나, 위협으로 인식하고 있더라도 정치적 판단이 개입하는 경우 안보 행위가 수반되지 못할 수도 있다.

⋮ 신흥안보 위협의 5가지 특징 ⋮

21세기 이후 국제사회는 비전통적 안보에 대한 관심이 점증함에 따라 환경이나 과학기술 등 탈물질적 위협 요소까지 안보의 영역으로 주목하고 있다. 국제사회가 주목하고 있는 신흥안보 위협들은 다음과 같은 공통점을 지닌다.

첫째, 인류 사회와 문명의 진보가 가져온 부산물로서, 산업화부터 현대사회에 이르기까지 현대문명의 근간이 된 과학기술의 진보나 인류의 산업화와 문명화의 결과인 경우가 많다. 대표적으로 지구 온난화와 기후변화는 현대문명이 발전하는 과정에서 석탄, 석유, 천연가스 등 탄소 에너지를 사용한 결과이며, 인류의 산업화 및 공업화 과정에서 나타난 대표적인 부산물이다. 역설적으로 인류의 산업과 경제 발전이 야기한 기후변화는 이제 국가를 넘어서 지구 문명의 지속가능성마저 위협하고 있다.

둘째, 위협의 원인과 범위가 국경을 초월하는 범지구적 문제로서 국가안보national security를 넘어서 인간안보human security의 영역을 포함하고 있다. 즉, 신흥안보 위협은 국가체제에 대한 위협이기도 하지만,

무엇보다 전 인류의 생명과 안전에 직접적인 영향을 미치는 위협이다. 신흥안보 위협들은 개별 국가나 기존의 안보 주체들이 해결할 수 있는 범위를 넘어서기 때문에 반드시 국제사회의 관심과 공조가 필요하다. 신흥안보 위협은 대부분 국경 및 주권의 영역을 초월하며, 군사력이나 경제력과 같은 물리적 국력이 문제 해결 능력과 직접적인 상관관계가 없을 수 있는 탈물질적 성격을 지닌다.

셋째, 현재까지 신흥안보 위협에 대응하고 해결해 나갈 수 있는 명확한 국내외적 거버넌스 시스템을 구축하지 못하고 있다. 대부분의 국가들은 기존의 전통적 위협에 대응하기 위해 마련된 제도와 시스템으로 신흥안보 위협에 대응하고 있다. 변화와 혁신은 늘 저항에 부딪히게 마련이다. 신흥안보 위협에 대응하는 문제 역시 필요성은 느끼고 있으나 벽에 부딪혀 있다. 즉, 신흥안보 위협에 대한 국내외적 거버넌스 마련에 어려움이 따르는 이유는 전통적 안보 위협에 대응해 왔던 국가 중심적 거버넌스가 너무나 공고하기 때문이기도 하다. 그렇기에 신흥안보 위협에 대응하는 거버넌스를 확립하기 위해서는 현존하는 정치·경제 시스템의 자기잠식 carnibalization이 수반되기도 한다. 신흥안보 거버넌스 마련을 위해서는 새로운 제도와 조직도 필요하지만, 그 전에 기득권을 지닌 제도나 조직을 해체해야 하는 경우도 있기 때문이다.

넷째, 신흥안보 위협들은 연쇄적 nexus인 위기 변수로 다루어야 하는 경우가 많다. 대표적 예로서 기후변화는 기상이변이나 자연재난을 증폭시켜 수자원과 식량자원 위기는 물론 보건의 위기를 낳고, 이것은 또다시 대규모 난민이나 질병의 위기로 연결될 수 있다. 인종적 박해와 정치적 탄압이라는 전통적 위협으로 대량 난민이 나타날 수도 있지만, 기후변화로 인한 기후난민climate refugees이 나타날 수도 있다. 한 연구기관의 연례보고서에 의하면, 2017년에 일어난 비자발적 이주displacement의 경우 시리아, 콩고DRC, 이라크 등에서 정치·군사적 갈등으로 인해 약 1180만 명이 이주했고, 중국, 동남아, 중남미 등에서 자연재난으로 약 1880만 명이 이주했다. 이미 전통적 안보 위협인 정치·군사적 갈등보다 비전통적 안보 위협인 자연재난에 의한 비자발적 이주민의 수가 더 많고, 이들이 국경에 거주할 경우 난민 문제와 국제 분쟁으로 이어질 가능성이 높다.

마지막으로 신흥안보 위협의 창발 기점이나 위기 발생 이후의 전개 과정을 예측하기 힘들기 때문에 잠재적 위기로 인식하거나 판단할 수밖에 없다. 위기 결과에 대한 분석이 전통적인 위협 요소들에 비해 상대적으로 많이 축적되어 있지도 않다. 그리고 과거에는 경험하지 못했던 기술의 진보로 나타나거나 연쇄적으로 촉진될 수 있으므로 위기의 시작과 전개, 피해 결과를 예측하기도 쉽지 않다. 결국 현재의 과학기술과 사회과학의 연역적 방법으로 잠재성을 파악하고 위협의 정도를 인식할 수밖에 없다.

잠재된 비가시적 위협으로 인한 피해는 시간이 갈수록 점점 더 확대되리라는 것을 알면서도 가시적인 일상의 위험 요인보다 정치적 우선순위에서 뒤처지는 경우가 많은데, 이러한 '기든스의 역설$^{Giddens'}$ ^{Paradox}'은 위기 대응에서 나타나는 가장 큰 문제점이다. 따라서 신흥안보 위협에 대응하기 위해서는 현재의 가치보다 미래 가치를 중심으로 한 정책 결정이 반드시 필요하며, 국가의 미래 전략과 직접적으로 연계될 수밖에 없다.

⁞ 가장 큰 미래의 위기는 무엇인가 ⁞

세계경제포럼^{WEF}에서 발표한 「세계 위기 보고서$^{Global Risks Report}$」는 전 세계 각 분야 전문가와 정책 결정자들의 의견을 바탕으로 전 세계가 직면한 안보 위협들을 지정학적, 경제적, 환경적, 사회적, 그리고 기술적인 측면으로 구분하고 있다. 최근 「세계 위기 보고서」에 나타난 안보 위협에 대한 국제사회의 인식을 보면 국가안보와 관련된 정치·경제적 분야의 전통적 안보 위협보다 인간안보와 관련된 신흥안보 위협에 대해 더 큰 위기의식을 지니고 있음을 알 수 있다.

국제사회는 향후 10년 안에 발생 가능성이 높은 안보 위협으로 기상이변, 기후변화, 자연재난과 같은 환경적 위협, 사이버 테러와 개인정보 관련 기술적 위협, 대규모 비자발적 난민 등과 같은 사회적 위협을 인식하고 있다. 또한 피해의 영향력에 대해서도 기후변화, 기상이변, 자연재난 등의 환경적 위협이나 수자원 위기 등의 사회적 위협이

향후 10년 동안 발생 가능성(likelihood)이 높은 위협 요소

조사 연도	1st	2nd	3rd	4th	5th
2019	기상이변	기후변화	자연재난	정보 데이터 사기 및 절도	사이버 테러
2018	기상이변	자연재난	사이버 테러	정보 데이터 사기 및 절도	기후변화
2017	기상이변	대규모 비자발적 난민	자연재난	대규모 테러	정보 데이터 사기 및 절도
2016	대규모 비자발적 난민	기상이변	기후변화	국가 간 갈등 및 지역 정세	자연재난
2015	국가 간 갈등 및 지역정세	기상이변	무능 정부와 내정 불안	국가 붕괴 및 위기	실업

발생 시 가장 큰 영향력(impact)을 지닌 위협 요소

조사 연도	1st	2nd	3rd	4th	5th
2019	대량 살상 무기	기후변화	기상이변	수자원 위기	자연재난
2018	대량 살상 무기	기상이변	자연재난	기후변화	수자원 위기
2017	대량 살상 무기	기상이변	수자원 위기	자연재난	기후변화
2016	기후변화	대량 살상 무기	수자원 위기	대규모 비자발적 난민	에너지 가격 폭등
2015	수자원 위기	전염병 확산	대량 살상 무기	국가 간 갈등 및 지역정세	기후변화

출처 : WEF, *Global Risks Perception Survey*, 2015~2019

핵무기 등의 대량 살상 무기 다음으로 크다는 인식을 가지고 있다.

국제사회의 인식이 전통적인 위협보다는 환경적, 사회적, 기술적 위협과 같은 비전통적 신흥안보 불안 요인에 집중되어 있음을 알 수 있다. 정치·군사적 위협 요소들 중에서는 핵 또는 화학무기와 같은 대량 살상 무기WMD만 두드러질 뿐이다. 이는 2013년부터 본격화된 북한의 핵실험과 미사일 개발에 따른 국제사회의 불안과 무관하지 않다. 그러나 대량 살상 무기에 대한 국제사회의 불안은 최근에 나타난 것이 아니며 이미 탈냉전 시대 미국과 소련의 핵무장 대결이 고조되었던 적이 있다. 더구나 대량 살상 무기와 같은 지정학적 문제나 재정, 자산, 에너지 등의 경제적 위기 상황은 지금까지 국가 간 협력이나 국가 거버넌스의 재정비를 통해 관리되고 있거나 해결되었다. 따라서 발생 시 영향력은 크지만 발생 가능성은 낮다는 인식이 있다.

역사적으로 전쟁이나 강대국의 몰락은 정치·군사 및 경제적 위기관리의 실패로 나타나기도 했지만, 새로운 번영의 기회가 될 수도 있음을 경험했다. 현재 국제사회가 가장 큰 미래 위기 요인으로 꼽는 기상이변, 기후변화, 자연재난과 같은 범지구적 환경문제, 사이버 테러나 데이터 관련 기술적 위기들은 현 인류가 경험하지 못했던 미증유의 위기라는 점에서 더욱 큰 위기로 인식될 수 있다. 국경과 주권을 초월하는 신흥안보 위협들은 과거의 전통적 안보 위협 요인들과는 달리 국가 및 국제 거버넌스 시스템으로 해결되거나 관리되지 못하고 있다. 신흥안보에 대한 국제사회의 불안은 곧 현존하는 국내외 거버넌스 시스템의 한계를 인식하는 것과 다름없다.

⋮ 신흥안보 위협과 한국의 대응 ⋮

한국의 위기관리는 여전히 전통적인 안보 요소들, 즉 정치·군사 및 경제적 위협에 집중되어 있다. 분단국가로서 여전히 냉전 시기의 안보 논리에 지배될 수밖에 없으며, 대표적인 발전주의 국가developmental state 로서 경제적 위기와 국가적 위기를 동일시하는 사회 분위기가 반영된 것이다. 그러나 고도 산업화와 도시화를 넘어서 선진화된 사회로 도약하기 위해서는 국가 이익은 물론 국민 개개인의 안녕과 사회질서를 해치는 비전통적 위협들에 대한 관심과 대응 능력이 향상되어야 한다. 아울러 중견 국가middle power로서 책임을 다하기 위해서 국제사회의 신흥안보 위협에 대한 인식 공유와 공헌은 필수적이다.

한국은 최근까지 국가안보 문제와 사회적 위기 상황을 이원화하여 정책을 수립했기에, 신흥안보 위협들을 국가안보 차원에서 대응하지 않았다. 정부의 「위기관리실무지침」에 정의되어 있듯이 국가안보의 위기는 "정치·군사·경제·외교의 복합적 상황 조치가 요구되는 중대 사태 또는 국가 안위에 중대한 위협이 되는 사건이 발생하여 군사적 조치가 예견되거나 요구되는 전쟁 이전의 상황"에 국한되었다. 2008년에 이르러서야 대통령 직속의 컨트롤 타워(위기관리상황실, 현 국가위기관리센터)

를 구축하며 국가안보를 전쟁은 물론 자연적·인적·사회적 재난을 모두 포함하는 개념으로 전환했다. 나아가 국가 위기를 "국가 주권 또는 국가를 구성하는 정치·경제·사회·문화 체계 등 국가의 핵심 요소나 가치에 중대한 위해가 가해질 가능성이 있거나 가해지고 있는 상태를 의미한다"고 포괄적으로 정의하면서 비전통적 신흥안보 위협 요소들을 국가안보의 대상으로 법제화했다. 그러나 신흥안보 위협을 국가적 위기로 대응하기 위해서는 보다 많은 제도적 준비가 필요하다. 국제사회의 전망과 같이 앞으로 예견되는 많은 비전통적 신흥안보의 위협에도 불구하고, 여전히 선제적 대응보다는 과거에 경험했던 재난들을 바탕으로 사후 평가를 통한 대응책에 머무르고 있다.

한 국책연구소의 연구 조사에 따르면 한국 국민들은 경기침체 및 저성장, 실업, 빈곤과 같은 경제 문제나 북한의 핵 문제를 비롯한 정치 및 외교 문제보다 미세먼지나 수질오염과 같은 환경문제에 대해 더 큰 불안감을 지니고 있는 것으로 나타났다. 국제비교조사에서도 한국 국민들은 범국제적 위협들에 대해 다른 국가보다 더 큰 위기의식을 가지고 있다. 특히 기후변화나 사이버 테러와 같은 신흥안보 위협에 대한 위기의식은 국제 평균보다 훨씬 높다.

상대적으로 높은 위기의식은 어쩌면 신흥안보 위협에 대처하는 정부 거버넌스의 능력을 의심하는 것일 수도 있다. 한국 정부는 기본적으로 관련 업무를 주관했던 부처를 중심으로 비전통적 위기 상황에 대한 대책을 마련하고 있다. 그러나 2013년 금융 및 언론사에 대한 해킹,

2015년 중동호흡기증후군^{MERS} 사태, 2018년 암호화폐 거래소 해킹 등에 효과적으로 대처하지 못했다. 신흥안보 위협은 과거에 경험이 있다 하더라도 다시 창발했을 때는 위기의 성격과 영향력이 과거와 동일하지 않다. 따라서 여러 가능한 시나리오에 대비하는 보다 선제적이고 적극적인 정부의 관심과 대응이 필요하다.

미래의 신흥안보 위협은 새로운 기술적 진보나 질병의 진화 등 과거와는 다른 계기나 형태로 창발될 수 있으며, 진행 과정이나 영향력도 과거와 다를 것이다. 특히 과거 산업화 시대에 마련된 주관 기관 중심의 위기 대응은 신흥안보 위협의 연계성 및 복잡성을 파악하는 데 한계가 있다. 위기의 창발과 진행 과정에 대한 적절한 예비와 대응을 위해서는 정부 내 주관 기관 중심이 아닌 위협의 성격과 위기 상황별로 유연한 특별종합대응^{ad-hoc collaborative response} 능력이 더욱 중요하다.

⋮ 국가 미래 전략을 통한 위기관리 ⋮

모든 국가들은 최근의 확장된 안보 개념에 따라 국가의 존립과 번영은 물론 사회적 갈등과 국민적 손해를 야기하는 불안 요소들에 대해 국가안보의 관점에서 전략적인 관리와 예방을 모색하고 있다. 대부분의 신흥안보 분야 쟁점들이 국가 차원에서 해결할 수 없는 범지구적이고 국경을 초월한 것이지만 개별 국가들은 자국에 미치는 영향과 투입할 수 있는 국가 자원을 고려할 수밖에 없다. 또한 국제협력에 있어서도 국제관계의 전통적인 쟁점들과 기존 외교 관계 속에서 전략적 선택을 할 수밖에 없다. 우리나라도 잠재적인 신흥안보 위협에 대해 국가 이익을 고려하는 한편 각 위협이 미래에 어떻게 전개될지 예측하고 전략적으로 대응할 필요가 있다.

신흥안보 위협에 대한 유연하고 효과적인 대응과 관리의 필요성은 결국 기존의 국가 거버넌스를 어떻게 선진화할 것인가 하는 과제를 남긴다. 그리고 상호의존성이 심화된 국제사회는 국경을 넘어선 신흥안보 위협에 대해 어떻게 국제 공조를 마련할 것인가 하는 공통 과제를 지니게 되었다. 과거 국제사회의 공여와 원조로 산업화와 근대화를 이룬 우리나라는 신흥안보 위협에 대응하기 위한 국제협력에 어느 정도 책임감을 가지고 어떻게 공헌할 것인가 하는 외교적 과제를 염두에 두어야 한다.

국내적으로는 신흥안보의 위기를 우리 사회는 물론 경제구조를 선진화하는 기회로 여겨야 한다. 잠재된 신흥안보 위협에 대비한 투자는 비가시적이고 효과를 나타내기까지 시간이 걸리기 때문에 정치적으로 우선순위가 아닐 수 있다. 그러나 결국 미래 위기에 대한 선제적 대응은 우리가 추구하는 중장기 국가 미래 전략의 핵심이기도 하다. 과거 근대화 과정에서 마련된 정치·경제·사회 체제와 조직이 과연 새롭게 대두하거나 잠재된 21세기의 위협에 효과적으로 대응할 수 있는지 근본적인 점검과 변화가 필요하다.

신흥안보 위협에 대한 국제사회의 관심과 위기의식은 중견 국가로서 외교력을 확장할 수 있는 좋은 기회를 제공한다. 따라서 제한된 국가 자원을 효율적으로 공여할 수 있도록 전략적인 선택과 집중이 필요하다. 한국은 과거 2000년대 말 국제사회로부터 지도력을 인정받았던 기후변화 대응 협력과 녹색성장 외교와 같은 국제협력의 경험을 지속적으로 발전시켜야 한다. 국제협력 거버넌스 체제를 마련하는 과정에서 적극적인 참여와 자발적인 기여는 중견 국가의 국제적 위상을 강화할 수 있는 외교 전략이기도 하다. 신흥안보에 대응하는 협력 외교를 위해서는 국내에서도 강력하고 모범적인 관련 분야의 정책들이 뒷받침되어야 한다. 이는 외교 무대에서 지도력을 확보하는 것은 물론, 새롭게 대두된 사회·경제 이슈들에 대한 국가적 대응력을 높이고, 미래지향적 정책을 마련하여 국가 경쟁력을 높이는 기회이기 때문이다. 예를 들어 기후변화에 대응하는 국내 정책은 온실가스 다배출 국가인 한국의 경제와 산업의 경쟁력 확보, 경제와 환경이 양립하는 지속가능한 성장을 위한 국가 미래 전략과 연계되어 있다.

신흥안보 위협 요소들은 과거에는 경험하지 못했던 사회·경제적 갈등을 야기할 수도 있다. 오랫동안 전통적인 위협에 대응하는 과정에서 마련된 국가 거버넌스의 기득권을 잃을 수도 있다. 신흥안보 위협에 대한 대응을 국가 경쟁력과 외교력 향상의 기회로 활용하기 위해서는, 기존의 제도와 관습에서 벗어나 새로운 거버넌스를 마련하고 국제협력에 적극적으로 참여해야 한다. 지난 반세기 동안 양적 성장을 위

해 노력했다면, 이제는 지속가능한 발전을 통한 질적 성장을 꾀해야
한다. 그리고 신흥안보 위협에 대응하기 위한 국제협력에서도 우리의
책임과 공여를 늘리고, 개도국을 선도하는 중견 국가로서 모범이 되기
위한 국가 미래 전략을 확립해야 할 시점이다.

최현정 아산정책연구원 글로벌거버넌스센터장

Korean

Economics

3장

지식과 문화 기반의
새로운 시대를
대비하자

교육, 과학, 기술, 문화, 미디어

선진 사회로의 진입과
지식에 대한 재인식

⋮ 지식은 어떻게 사회를 바꾸는가 ⋮

숲은 나무로 이루어졌다는 인식에 한정될 경우 숲의 문제를 나무의 문제로 간주하게 된다. 비슷한 맥락에서 우리는 사회의 문제를 사회를 구성하고 있는 다양한 행위자의 문제로 간주하는 경향이 있다. 이 경우 입법, 행정, 사법을 관장하는 국가기관뿐만 아니라 대학, 기업, 언론, 시민사회 등도 비판의 대상이 된다. 그 결과 각 행위자들을 구속할 수 있는 제도와 정책을 변경 및 수정하기는 하겠지만 정작 숲에 해당하는 사회가 궁극적으로 발전하고 있는지는 의문이다.

숲의 모든 나무에 영향을 미치는 것은 온도와 습도, 그리고 영양소라는 인식을 하게 되면 숲을 근본적으로 치유하기 위한 새로운 접근법을 찾을 수 있다. 사회는 제도와 조직의 문제일 수도 있지만, 그 모든 것들에 영향을 주는 정보와 지식이 더 중요한 문제일 수도 있다. 이러한 관점에서 미래 전략을 수립하기 위해 구체적인 비판과 대안도 중요하지만 다양한 문제를 해결할 수 있는 지식에 대해 살펴보아야 한다.

AI의 등장은 기계와 인간의 싸움이 아니라, '한 번도 경험해 보지 않은 수많은 변수'를 고려하는 것이 얼마나 중요한 것인지를 일깨우는 사건이다. 사회개혁을 위해서는 많은 변수를 동시에 고려하고, 그 변수들에 가중치를 부여하는 지식이 매우 중요하다. 지식이 사회발전에 극히 중요한 요소임에도 불구하고 정작 한국 사회에서 사회발전과 지식을 연계한 논의는 그리 흔치 않았다. 대부분의 논의는 지식 자체에 대한 학문적 논의에 머물렀다.

사회발전을 지식의 맥락에서 이해하려는 이유는 한국 사회가 외형적으로는 성장했지만 과연 선진국으로 진입하고 있는가 하는 데 강한 의문이 들기 때문이다. 특히 4차 산업혁명 시대를 맞아 기술 발전과 함께 사회 전반적인 시스템이 개혁되어야 한다는 점을 고려할 때, 사회 모든 영역과 관련이 있는 정보와 지식의 문제를 반드시 들여다보아야 한다.

사회발전과 지식이 가장 밀접하게 연관된 나라는 미국이다. 미국의 과거, 현재, 미래는 지식의 힘으로 사회를 발전시킬 수 있다는 사회공학social engineering적 마인드가 바탕을 이룬다. 미국의 실용주의 철학에는 개인이 사회 변화의 주체이며, 기본적으로 개인이 가지고 있는 정보와 지식에 의해 변화가 좌우된다는 믿음이 저변에 깔려 있다. 그렇기 때문에 오늘날 미국 사회는 많은 문제를 안고 있지만, 여전히 발전의 동력이 작동하고 있다.

사회를 실질적으로 바꿀 수 있는 '변혁적 지식transformative knowledge'은 2가지로 구분된다. 새로운 사회로 나아가게 하는 '자기계발self-amelioration'의 역할이 강조되는 지식과 사회문제를 파악하고 대안을 제시하는 '자기수정self-correcting'의 역할이 강조되는 지식이다. 전자는 사회혁신social innovation, 후자는 사회개혁social reform과 연관된다. A, B, C만 존재하는 사회에서 새로운 D를 찾아내는 것이 사회혁신이라면 A, B, C에서 현재의 B보다 더 나은 C를 선택하는 것이 사회개혁이다. 사회혁신이 사회를 새롭게 하는 프로젝트라고 한다면, 사회개혁은 사회의 모순을 극복하는 작업이다.

레이몽 아롱Raymond Aron에 따르면 지식은 창의적 지식creative knowledge, 구성적 지식constructive knowledge, 기능적 지식functional knowledge, 비판적 지식critical knowledge으로 구분할 수 있다. 창의적 지식과 구성적 지식이 사회혁신, 기능적 지식과 비판적 지식은 사회개혁에 관여한다. 지식의 다양성 자체가 사회의 발전과 개선을 위한 복합적인 난제를 해결할 수 있는 능력을 제공한다.

: 사회발전을 위한 지식들 : 발견, 발명, 혁신, 학습 :

근세의 등장은 발견discovery, 발명invention, 혁신innovation, 학습learning 의 결과였다. 새로운 정보를 받아들이고 그것을 바탕으로 새로운 사고방식을 정립한 것이다. 근대화는 정보와 지식을 가지고 새로운 사회를 만드는 프로젝트라고 볼 수 있다. 물론 그 과정에 전쟁과 갈등, 차별 등이 끊임없이 발생했다.

서구의 근대화는 '발명과 발견'으로 열렸으며, '혁신'을 통해 근대에서 현대로 이행했다. 근대를 형성하는 물질적 기반은 18세기 산업혁명을 이끈 발명의 결과였고, 근대의 정신적 틀은 발견에서 비롯되었다. 자연법칙에 대한 새로운 발견은 인간을 새롭게 '계몽enlightened'했다. 근대 민주주의 또한 새로운 정보와 지식을 바탕으로 한 인식이 없었다면 불가능했다.

'시행착오try and error'라는 비교적 단순한 '경험'으로 쌓은 지식을 바탕으로 발명과 발견을 할 수 있었다. 반면 축적된 정보와 지식으로 만들어낸 이론과 가설을 통해 경험하지 않고 '실험'만으로도 예측할 수 있는 복합적 지식을 통해 혁신을 할 수 있었다. 18~19세기의 선발 선진국인 영국과 프랑스를 발명과 발견으로 설명할 수 있다면, 19~20세기 후발 선진국인 미국과 독일은 혁신으로 설명할 수 있다.

유럽이 발명·발견, 미국이 혁신이라는 지식 체계를 사회변혁의 기초로 삼았다면, 아시아 국가들은 선진국의 지식을 받아들여 사회변혁을 도모했다. 지식 체계를 자체적으로 축적하기까지 적지 않은 시간이 걸리므로 사회변혁에 대한 욕구가 매우 강한 아시아 국가들은 소위 '학습learning'이라는 모델을 전략적으로 선택했다. 따라서 동아시아 국가의 근대화 과정에서는 발명과 혁신보다 '모방imitation'이라는 기제가 중심을 이루었다. 일본은 정치제도뿐만 아니라 헌법, 군대, 경찰 등 주요 국가기구를 모방했다.(Westney, 1987) 한국은 상당 부분 일본의 선례를 참고했다. 모방은 사실상 거의 모든 비서구 국가에 적용되었다. 하지만 흥미로운 것은 동아시아 국가들은 모방을 '학습'으로 전환했다는 점이다. '모방'과 '학습'에는 큰 차이가 있다. 모방은 제도와 시스템을 그대로 가져오는 것이고, 학습은 아이디어만 가져와서 자국 상황에 맞게 변형하여 성과를 높이는 것이다.

발명, 혁신, 그리고 학습이 사회변혁의 원동력이라면, 사회문제를 파헤치는 지식은 사회개혁으로 귀결된다. 특히 '사회 메커니즘'에 대한 심도 깊은 이해가 사회개혁의 가능성을 높인다. 사회개혁을 위해서는 당면한 사회문제를 해결해야 하며, 그에 앞서 사회의 작동 원리(메커니즘)를 이해하는 것이 중요하다. 존 엘스터Jon Elster는 '거대이론Grand Theory'을 통해 설명할 수 있는 현상보다 설명할 수 없는 현상이 더욱 많다는 것을 지적하고 있다.(Elster, 1993)[1]

20세기 초반 미국에서 이론 중심의 지식이 확장된 이후 그 한계를 극복한 것은 다양한 메커니즘에 대한 이해라고 할 수 있다. 메커니즘은 사회현상의 인과causality를 밝히는 것으로 '문제 해결problem-oriented'

을 위한 것이다. 사회 메커니즘을 중심으로 추진하는 사회개혁은 20세기 미국에서 발달한 '실용주의pragmatism'와 밀접한 관련이 있다.

실용주의의 신념 가운데 중요한 것은 사회변화의 '궁극적 행위자'는 '개인'이라는 것이다. 개인이 정보와 유용한 지식을 소유해야 사회를 변화시킬 수 있다는 관점이다. 개인이 사회변화의 주축으로서 제도의 변화 이전에 개인의 변화를 매우 중요시한다는 것이다. 결과적으로 개인이 사회변화를 위한 유용한 지식을 소유하기 위해서는 무엇보다 '교육'이 중요하고,(Ezrahi, 1990) 지식은 사회변혁의 차원에서 지속적으로 강조되었다.(Unger, 1990)[2] 실용주의는 지식의 힘으로 사회문제를 찾아내고, 사회를 지속적으로 건설할 수 있다는 것을 전제로 한다.

⁝ 지식의 발전과 확산을 저해하는 요인들 ⁝

하지만 지식이 얼마나 순조롭게 사회 전체로 확산되는지, 사회발전에 얼마나 역할을 하는지는 나라마다 큰 차이가 있다. 그렇다면 지식의 사회적 확산에 영향을 주는 국내적 요인은 무엇일까? 한 사회가 축적한 정보와 지식의 양도 중요하지만, 얼마나 빠르게 전파되는가도 매우 중요한 요소다. 확산 속도가 빠를수록 사회 변화의 폭은 넓어지고, 또 다른 지식이 파생될 확률도 높아진다. 지식의 순환 속도를 결정하는 것은 지식 자체보다 사회인 것이다.

존 스튜어트 밀J. S. Mill은 『자유론On Liberty』에서 이야기하고 있지 않다고 해서 그 사람에게 아이디어가 없는 것은 아니다라고 주장했다. 서구 사회에서는 이미 모든 사람들이 나름의 아이디어를 가지고 있다는 것을 전제로 하고 있다. 이처럼 자유를 중시하는 사회에서 개인은 나름의 방식으로 정보와 지식을 축적한다. 또 다른 사회에서는 정보와 지식을 개인이 속한 조직이나 집단의 수준에서 축적한다. 사회조직이 정보와 지식을 통합하는 방법(축적, 대응, 생산 등)은 다음 2가지다.

첫째, '개인특화적individual-specific' 방법으로, 사회조직에 속한 개인을 중심으로 정보와 지식이 통합된다. 개인의 조직 또는 집단 간의 이동은 자유로운 편이다. 왜냐하면 조직과 집단 자체가 개인의 특화된 지식과 정보에 의존하기 때문이다. 둘째, '조직특화적organization-specific' 방법으로, 정보와 지식이 조직을 중심으로 형성된다. 조직이 정보와 지식을 축적하고 통합하기 때문에 조직에 따라 정보와 지식이 다르다. 정보와 지식의 내용이 다르기 때문에 개인도 다른 조직으로 이동하기 어렵다.

개인특화적 경향이 강할수록 전문가 중심 사회가 되고, 조직특화적 경향이 강하면 관료주의 사회가 될 가능성이 크다. 이것은 해당 국가의 기업에도 그대로 적용된다.

2가지 방식 가운데 어느 쪽이 더 나은지는 결정하기 쉽지 않다. 각기 장단점이 있기 때문이다. 조직특화적 경향은 한국과 일본에서 흔히 볼 수 있는 것으로 과거 후발 산업국의 경제 발전과 제조업 중심의 생산

조직에서는 장점을 보이기도 했다.

　조직특화적 경향은 지식을 단기간에 효율적으로 사용할 수 있다는 장점이 있다. 하지만 장기적으로 조직화될수록 정보와 지식의 확산에 장해가 된다. 중세 유럽 국가를 비교했던 경제학자 맨큐 올슨Mancur Olson에 따르면, 국내 물자 수송이 자유로운 국가가 더 부강했다고 밝혔다. 당시 운하를 통한 물자 수송이 많았는데, 통관세를 받기 위해 귀족들이 운하를 여러 구획으로 나눴던 국가는 물자가 자유롭게 왕래하지 못해 장기적으로 그만큼 손실을 입었다. 다시 말해 사회가 조직과 집단으로 구획될수록 정보와 지식은 한 구획 내에만 머물 뿐 사회 전체로 확산되지 못하는 것이다.

⠿ 지식의 발전과 확산을 저해하는 요인은 나라마다 다르다 ⠿

　나라마다 지식의 발전과 확산을 저해하는 요인은 다르다. 우리나라의 경우 다음과 같은 사항들을 지적할 수 있다.

　첫째, 조직의 문제다. 한 사회의 지식의 흐름을 파악하기 위해서는 정부라는 변수를 분석하는 것이 매우 중요하다. 정부는 다양한 정책을 수립하고 결정하는 과정에서 지식을 유입하고 전파하는 역할을 한다. 지식을 통해 사회 변화를 추진할 수도 있지만, 지식의 자유로운 경합을 막을 수도 있다. 이러한 문제는 국가 관료의 성격과 밀접한 관련이 있다.

버나드 실버만(Bernard Silberman)에 따르면, 국가 관료에는 2가지 형태가 있다. 개인의 전문성을 바탕으로 한 '전문가 중심의 관료제professional bureaucracy'와 '조직 중심의 관료제organization bureaucracy'이다.(Silberman, 1993) 영국과 미국이 전문가주의로 귀결된다면, 한국과 일본은 관료주의로 귀결된다. 전문성이란 높은 수준의 복합적 지식 체계를 가지는 것이다. 따라서 전문가란 복잡한 상황을 종합적으로 판단할 수 있는 능력을 가지고 있다. 전문가주의 사회에서는 전문가들이 주로 협회association를 구성하고, 협회는 자유롭게 다양한 경로를 통해 전문 지식을 사회에 제공한다. 반면 관료주의 사회에서는 문제 해결에 필요한 지식을 관료가 선택하는 경향이 있다. 특히 관료주의에서는 전문지식의 성장과 확장이 제한되는데, 정부가 국가, 정치권, 이익집단에게 '현재 필요한 지식'을 선호하기 때문이다.

한국은 동아시아 국가들 중에서도 '정부 규제'가 많은 국가이다. 정부 규제란 문제 해결의 주체가 정부라는 뜻이며, 문제 해결을 위해 동원될 수 있는 지식의 양과 범위를 제한한다는 의미다. 정부 규제는 사실상 더 많은 해법이 동원될 수 있는 길목을 차단한다.

서구 기업의 직무는 개인 중심으로 이루어지는 데 반해, 한국 기업은 조직 중심으로 이루어진다. 서구 기업은 문제가 발생했을 때 주로 전문가specialists 중심으로 해결한다.(Aoki, 1988) 중요한 것은 사회에 따라 조직의 운영 원리는 다르지만, 동일 사회 내에서는 공적 영역과 사적 영역 모두 유사한 경향을 보인다는 점이다.

둘째, 지식과 정치의 양극화 문제이다. 지식과 정치의 긴밀한 관계는 민주화 이후 '정파적 지식partizan knowledge'의 가능성을 높였다. 한국 사회는 상당히 오랜 기간 정치적 양극화가 진행되었다. 소위 해방 정국에는 국가의 정체성을 둘러싸고 좌우 경쟁이 치열했다. 이후 군부 정부가 등장하면서 정치권력의 집중화가 뿌리내렸다. 이것은 1980년대 민주화 이후에도 좀처럼 해결되지 못하고 있다. 다른 한편으로 한국의 시민사회는 개인과 공동체 중심이기보다는 정치적 균열을 바탕으로 하는 조직이다. 이러한 요소들로 인해 한국 정치의 양극화가 심화되었다. 이러한 상황에서는 궁극적으로 사회변혁을 위해 활용되는 지식이 매우 제한적일 뿐만 아니라 정부나 정치를 위해 지식을 한정적으로 사용하게 된다.

중요한 것은 정치적 양극화가 심화될수록 사회를 개혁하고 문제를 해결하기 위한 아이디어와 지식이 정치적으로 변질되기 쉽다는 점이다. '지식의 정치화'는 한국 사회의 매우 큰 문제이다. 많은 지식이 축적된 사회인데도 충분히 유용하게 사용되지 못하는 원인이기 때문이다.

양극화 사회에서는 '비정치적 non-politicized' 지식조차 '정치화politicization'된다. 지식이 '정치화politicization'되는 단계에서 정치적 입장 차이가 드러나며, 각각의 정치적 자본을 통해 정치적 전략이 동원된 결과, 지식은 '정치 블럭political bloc'에 포섭된다. 지식의 정치화가 진행될수록 정치 지도자들은 보다 쉽게 정책 결정을 하려는 경향이 있다. 많은 지식을 동원하여 정책을 결정하기보다는 자신이 선호하는 정책을 먼저 결정한 다음 필요한 정보와 지식을 찾는다.

의사 결정 비용 측면에서 이러한 결정의 폐해는 매우 크다. 의사 결정에 직접 참가하는 행위자들이 지불하는 비용을 '내부비용 internal cost'이라고 한다면, 그 의사 결정에 영향을 받는 사람들이 지불하는 비용을 '외부비용 external cost'이라고 한다. 정치적 목적을 위해 의사 결정을 정당화할 수 있는 최소한의 '필요한 지식'만 동원하는 경우 낮은 내부비용으로 의사를 결정하게 된다. 다시 말해 많은 문제점을 고려하지 않고 쉽게 결정하는 것이다. 이 경우 외부비용을 초래하는 상당히 많은 문제가 발생할 수 있다. 결정에 대한 사회적 지지의 하락, 정치적 반대, 구체적 문제의 발생, 비용 부담 등 새로운 갈등이 빚어지는 것이다. 우리 정부와 경제주체, 그리고 시민사회는 그동안 수많은 결정을 하면서 번번이 새로운 갈등을 야기했다.

셋째, 다수결주의의 문제다. 지식의 정치화가 지식의 사회적 확산에 장애가 되는 또 다른 이유는 바로 다수결주의 때문이다. 이것은 민주주의에 대한 근본적인 이해와 밀접한 관련이 있다. 한국은 미군정과 함께 도입된 민주주의제도가 학습 과정에서 '다수의 원칙 majority rule'으로 '축약'되어버렸다. 한국에서는 민주주의가 의사 결정 과정으로 이해되었고, 대화와 타협이 전제되지 못했던 것이다. 다수를 확보한 승자는 소수와 타협하지 않고도 자신의 주장을 관철할 수 있기 때문에 자신들의 이익을 극대화하려고 한다.

소수파의 입장에서는 다수파와 타협할 가능성은 극히 낮고 결과가 뻔한 상황에서 선택할 수 있는 대안이 거의 없다. 따라서 소수파들은 훨씬 결사적desperate이 되었다. 결과적으로 한국 정치는 사회갈등을 조절하는 것이 아니라 사회갈등을 조장하고 국민이 분열하는 경향을 보였다. 이는 한국 정치에서 적대antagonism 관계가 두드러지는 결과를 초래했다.

이러한 상황에서는 토론을 통한 의사 결정이 거의 불가능하다. 현재 많은 선진국들은 '숙의민주주의熟議民主主義, deliberative democracy' 또는 '심의민주주의discursive democracy'의 중요성을 강조한다. 이것은 개인, 소수, 전문가들의 의견을 듣고 사회 전체적으로 더 나은 해결책을 찾는 것이다.

⫶ 지식의 정치화를 경계하라 ⫶

2011년 일본 후쿠시마 원전 사고는 지식의 사회문제를 극명하게 드러냈다. 위기는 발생할 확률과 초래하는 파괴력으로 설명할 수 있다. 위험은 '위험이 발생할 확률'과 '파괴적 결과'의 영향을 받는다. 위기의 진원지가 핵발전소라는 점에서 파괴적 결과의 크기는 이론의 여지가 없다. 하지만 핵발전소가 과연 어느 순간에 폭발할지와 그 여파에 대해서는 매우 짧은 순간에 복합적인 결정을 내려야 한다. 일본의 결정에 영향을 미쳤던 것은 전문가주의가 아닌 관료주의였다. 이것은 원자력 사고 이후 일본의 에너지 정책에 그대로 적용되었다. 거대 지진의 발생 확률을 둘러싸고 일본은 보수와 진보로 양분되었다. 에너지 문제가 정치화된 것이다. 이것은 '과학과 확률의 정치화' 현상으로 선진국 일본 사회의 후진적 단면을 그대로 보여준다.

현재 한국 사회는 선진국의 문턱에 서 있다. 국민소득은 현저하게 증가했고, 수출도 양적 팽창을 거듭했으며, 수출 품목도 선진국형으로 반도체를 비롯하여 소수의 품목은 '경쟁우위'를 확보했다. 다른 한편 정치적으로 민주주의 수준과 개인의 권리 의식도 매우 높게 나타나고 있다.

그럼에도 불구하고 한국은 여러 가지 사회문제를 안고 있다. 현재 한국이 안고 있는 문제를 선진국이 되기 위한 일종의 통과의례로 인식하는 경향도 있다. 사회문제는 과도기적 현상으로 시간이 지나면 해결된다는 관점이다. 하지만 시간이 지나도 해결되지 못하는 문제가 상당히 많으며, 실제로 많은 나라들이 좌절을 경험했다. 한국이 선진국으로 진입하는 과정에서 후진적인 문제가 엿보인 근본적인 요인이 바로 정보와 지식이다. 정보와 지식에 대한 새로운 인식이 확립되지 않는 한 사회혁신과 사회개혁을 동시에 포함하는 사회발전을 이루기 매우 어렵다.

김상준 연세대학교 정치외교학과 교수

1_다양한 이론을 거론할 수 있지만, 주로 열거되는 거대이론은 물질주의론(historical materialism), 구조기능주의론(structural functionalism), 경제균형론(economic equilibrium) 등이다.
2_예를 들어 웅거(Roberto Unger)는 사회과학이 현실에 대한 설명(explanatory)과 현실을 개혁 (programmatic)하는 기능을 동시에 포함해야 한다고 주장한다.

02

미래 경쟁력 강화를 위한
혁신적 교육

⋮ 예측할 수 없는 미래 ⋮

현재 우리는 문자 그대로 급변의 시대를 살고 있다. 특히 인공지능의 발전으로 10년 뒤조차 예측하기 어렵다. 이것은 우리 사회에만 국한된 것이 아니다. 우리보다 앞선 선진국은 이미 모든 영역에서 미래에 대한 우려 섞인 예측들이 나오고 있다. 특히 미국의 실리콘밸리를 중심으로 일어나고 있는 현상은 컴퓨터 공학과 기술의 발달로 미래가 얼마나 광범위하고 심도 있게 변화할지 예측하고도 남는다.

한 예로 이미 스탠퍼드 대학교 근교 도시에서는 자율주행자동차self-operated vehicle가 거리를 달리고 있다. 이 지역 주민들은 향후 5~10년 이내에 자율주행자동차가 급증할 것이라고 예측하고 있다. 이에 따라

운전과 관련된 직업 역시 소멸될 뿐 아니라 자동차 보험업계에 일대 변혁이 일어날 것이다.

조금 과장된 표현처럼 들릴 수도 있으나 컴퓨터 공학과 기술의 혁신적인 발달은 그야말로 '천지개벽'에 가까운 급격하고도 엄청난 변화를 가져올 것이다. 미래를 낙관하는 사람들은 종종 '컴퓨토피아 computopia(컴퓨터 공학이 창조하는 지상낙원)'라는 괴이한 용어로 인류의 앞날을 미화하기도 한다.

산업혁명은 기계를 사용해 생산 효율성을 높이며 일대 변혁을 일으켰다. 산업혁명으로 일면 노동의 강도가 줄어들기는 했으나 수많은 일자리가 사라졌다. 대량실업은 어찌 보면 산업혁명의 필연적인 부작용이었으며, 심지어 러다이트 운동Luddite Movement으로 알려진 기계 파괴 운동이 확산되기도 했다. 30~40년의 과도기 이후에 3차 산업이라고 불리는 서비스 산업이 탄생하면서 또다시 새로운 직업이 창출되고 대량실업이 발생했다. 하지만 사태가 진정되고 나서 고용이 오히려 증대되었다.

그런데 컴퓨터 공학의 발달로 인한 4차 산업혁명은 인간의 두뇌를 인공지능이 대체하는 방향으로 전개되고 있다는 점에서 종래의 산업혁명과는 성격이 다르다. 고도로 발달된 인공지능을 장착한 로봇이 인간의 기능을 대신하는 상황에서 얼마나 많은 직업들이 인간에게 할애될까? 한 미래학자는 가까운 미래에 60~70%의 일자리가 소멸될 수도 있다는 어두운 전망을 제시하기도 한다. 탁월한 두뇌와 천재적인 역량이 핵심 관건인 컴퓨터 관련 산업의 특성을 고려할 때 미래의 경제는 소수의 대기업이 독점할 가능성이 높고(구글, 마이크로소프트, 아마존, 우버 등), 그렇게 되면 실업 사태는 더욱 악화될 수 있다.

설상가상으로 미래에 대한 불확실성과 함께 지속가능한 성장 동인이 사라지고, 사회 전체에 나타난 양극화 현상이 우리를 더욱 불안하게 만들고 있다. 우리나라가 처한 현실에 대한 진단과 미래에 대한 예측에서 설득력 있는 낙관론을 찾아보기 어려울 정도로 심각해 보인다.

⫶ 10년도 내다보기 힘든 교육 정책 ⫶

선진국에서는 불확실한 미래에 대한 우려뿐 아니라 대책들이 공학 및 기술, 경제, 사회복지, 교육 등 다양한 분야에서 다각적으로 논의되고 있다. 물론 우리나라에서도 이미 4차 산업혁명이라는 용어가 인구에 회자되고 있지만, 엄청난 파급효과에 대한 체계적인 분석과 대비가 조금 빈약해 보인다.

특히 국정을 담당하고 있는 정치인들의 의식 수준은 그야말로 무지에 가깝다고 해도 과언이 아니다. 한마디로 문제의식의 상실이다. 실제로 지난 대선 때 한 후보만이 4차 산업혁명과 미래의 변혁에 대해 극히 부분적으로 언급했을 뿐 나머지는 아예 공약이나 정견 어디에도 포함되지 않았다.

미래의 변화에 가장 민감하게 대응해야 할 영역이 바로 교육이다. 그런데 최근 정부에서 공표한 대다수의 교육 정책들(자사고 폐지, 고교학점제, 수능 등급 절대화 등)은 미래의 변혁과 아무런 관련이 없어 보인다. 급변하는 미래에 어떻게 대비할 것인지 명확하지 않다는 것이다.

한 국가의 제도적 교육을 책임지는 정부와 정치인들은 학생들에게 중요하고 의미 있는 지식과 기술이 무엇인지 부단히 고민하고 연구해야 한다. 정치적 이념이나 진영 논리에만 치중한다면 100년은 고사하고 10년을 염두에 둔 교육 정책조차 기대하기 어렵다.

대학의 개혁(reform) 방향 1 : 부실 대학의 정리

'지속가능한 발전'이든 '양극화 해소'든 우리 사회의 안정과 번영을 위해 가장 시급한 교육 과제는 대학 개혁이다. 초·중등교육이 중요하지 않다는 것이 아니다. 우리나라와 선진국의 교육을 비교했을 때 가장 격차가 벌어지는 부분이 바로 대학이다.

물론 우리나라의 대학은 해방 이후 나름대로 사회발전에 기여해 왔다. 하지만 현재와 같은 체제와 구조, 환경으로는 세계 선진 대학에 필적할 수 없다. 몇 해 전부터 인구에 회자되는 '대학의 구조조정'은 개혁의 일부에 불과하다. 그러나 편의상 비교적 친숙한 구조조정에 대해 먼저 설명하기로 한다.

우리나라 대학의 구조조정에 대한 필요성은 오래전부터 제기되어 왔다. 2000년대 초반부터 현재까지 우리의 고등교육은 분명 과잉 공급 측면이 있기 때문이다. 2005년 83%로 정점에 달했던 대학 진학률은 현재 69%로 감소되었는데도 세계에서 가장 높은 수준이다. 독일이나 프랑스는 고졸자의 대학 진학률이 30%를 약간 상회하고, 미국은 2년제 공립 지역대학community college을 포함해도 60%에 못 미친다. 이들 국가의 국민소득은 우리의 2배가 훨씬 넘는다는 점을 감안한다면 이는 명백히 교육 인플레 현상이다. 설상가상으로 인구 변화 추세demographic trend로 볼 때 우리나라의 고교 졸업생 수는 대학 입학 정원에 비해 턱없이 부족하다. 이대로 간다면 몇 해 지나지 않아 많은 대학들이 정원을 충원하지 못하고 문을 닫아야 한다.

이런 상황에서 대두된 개념이 대학 구조조정이다. 1990년대 초반 우리나라를 강타한 경제적 위기를 타개하기 위해 부실기업들을 정리하면서 사용한 개념을 대학에 적용하는 셈이다. 쉽게 표현하면 학생들도 들어오지 않고 재정적으로도 부실한 대학들을 정리한다는 뜻이다. 다분히 대증적이고 단견적인 발상이지만 시급하다는 것만큼은 인정해야 한다.

현재 대학 구조조정은 교육부 주도로 진행되고 있다. 그런데 그 내용을 들여다보면 '대학의 문제는 교육부에 맡겨서는 안 된다'는 생각이 들 수밖에 없다.

지난해 대학 구조조정의 살생부라고 할 수 있는 '2018년 대학 기본역량 진단 결과'가 최종 발표되었다. 교육부는 전국의 약 340개 대학들을 자율개선대학, 역량강화대학, 재정지원제한대학(I, II) 등으로 구분하고, 이들 중 자율개선대학을 제외한 나머지 대학에 정원 감축을 권고하거나 재정 지원을 제한하는 조치를 고려하고 있다. 재정지원제한대학(I, II)으로 묶인 20개 대학은 정부의 재정 지원에서 일부 또는 전부 제외되고, 당장 내년도 학자금 대출이 절반 또는 100% 제한되는 대학은 11개에 이른다.

이 발표를 두고 과감한 조치라고 평가할 사람은 아무도 없다. 대학 구조조정에 관한 교육부의 의지 자체에 회의가 드는 것은 비단 현 정부에 국한된 현상은 아니다. 그러나 좀 더 깊이 성찰해 보면 정치적 권력 앞에 무기력한 교육부보다는 국가의 미래와 비전은 뒷전이고 오직 지역구 주민들의 인기에 영합하려는 국회의원들과 정치인들에게 더 큰 책임이 있다.

따라서 부실 대학을 정리하는 일은 교육 수요자들의 판단에 맡기는 것이 옳다. 학부모와 학생들이 선택하지 않는 대학들은 자연히 도태되거나 기능의 전환을 통해 새로운 활로를 모색하는 것이 순리다. 정권의 기호嗜好에 부응해야 하는 교육부가 부실 대학의 퇴출을 주도할 경우 자칫 구조조정이 정치적 논쟁으로 호도될 수 있다.

이 시점에서 미국 대학의 역사를 살펴볼 필요가 있다. 미국에서는 제2차세계대전 직후 참전 용사들에 대한 정부의 등록금 보조(G. I. Bill)와 베이비붐 덕분에 대학들이 엄청난 호황을 누렸다. 그러다 1970년대 들어 상당수가 학생 수 감소로 대대적인 구조조정을 겪었지만, 정부가 주도한 것이 아니라 대학 스스로 체질 개선을 한 것이다.

대학 구조조정에 관한 한 교육부의 기능이 완전히 배제되어야 한다는 뜻은 아니다. 우리나라의 모든 대학들에 대한 투명한 정보 제공, 그리고 퇴출 대학의 학생과 교직원의 재배치 등은 교육부에 맡기는 것이 바람직하다.

대학의 개혁 방향 2 : 자율성 확보

부실 대학을 정리하는 것보다 더 근본적인 개혁은 우리나라 대학이 자율성autonomy을 확보하는 것이다. 몇 해 전 스코틀랜드의 에든버러 대학 총장이 한국을 방문했을 때 신문사와 가진 인터뷰에서 "자율성이 결여된 학교는 결국 소멸된다"며 시종일관 대학의 자율성을 강조했다. 1582년에 설립된 유서 깊은 에든버러 대학은 영국에서 최고 수준의 연구 중심 대학으로 평가받고 있다. 지난 세기부터 21세기 초에 걸쳐 20여 년간 하버드 대학의 총장을 역임한 데릭 보크Derek Bok 역시 미국 대학의 성공 비결을 한마디로 자율이라고 말했다.

현대 대학의 기원은 11세기 중세 시대로 거슬러 올라간다. 중세의 대학은 종교로부터 자유로운 교육 내용, 면세권, 독자적 치안권 등의 특혜를 누렸다. 이러한 특혜가 현대에 이르러 학문의 자유, 교수 및 학생 선발권, 재정 확보 및 운영권 등으로 진화된 것이다.

오늘날 선진국의 대학들은 사립과 공립을 불문하고 자율적으로 운영되고 있다. 반면 우리나라의 대학들은 학생 선발부터 재정, 학사, 교무에 이르기까지 직간접적으로 교육부의 통제를 받고 있다. 이런 행태는 개발도상국에서도 유례를 찾아보기 어려울 정도다. 10여 년 전 미국의 소규모 주립대학의 총장이 필자가 재직하는 학교를 방문한 적이 있다. "교육부의 재정적, 정책적 지원을 받고 있는 한국 대학이 부럽다"는 그의 말에 정부 규제와 간섭에 대해 간략히 설명하자 아연실색하던 기억이 새롭다.

정작 우리나라의 교육부와 정치인들은 이런 사실을 잘 모른다. 이들의 무지보다 더 심각한 것은 대학에 대한 간섭과 규제를 기득권으로 간주하고 있다는 사실이다. 그들이 내세우는 논리는 대학을 신뢰할 수 없다는 것이다. 물론 일부 대학의 책임도 있지만, 선진국 진입을 앞두고 있는 우리 사회의 제반 상황을 고려할 때 교수를 포함한 대학 행정가들보다 관료들을 더 신뢰할 어떤 타당한 근거도 없다. 업무의 전문성이나 도덕성 측면에서 교육 관료들이 대학 관계자들보다 우위에 있다고 볼 수 없기 때문이다.

자율성이란 외적인 통제와 간섭을 배제하는 것을 말한다. 외적인 통제와 간섭은 획일적이고 규격화된 목표를 달성하는 데는 효과적일 수 있다. 그러나 규제와 간섭에 익숙한 대학은 피동적이고 타성에 젖어 급격한 변화에 대처할 수 없다. 대학에 자율성을 부여하면 어느 대학도 온실의 화초처럼 보호받을 수 없다. 오로지 각 대학의 경쟁력과 노력만이 존속과 성공을 보장한다. 결국 대학의 자율성은 대학의 생존과 번영에 필수적인 것이다.

대학의 개혁 방향 3 : 교육 기능의 강화와 다양성

우리나라 대학의 구조조정은 근본적으로 대학 교육의 다양화를 전제로 해야 한다. 문제 대학 몇 개를 퇴출하는 것은 대학 개혁의 작은 부분일 뿐이다.

이 시점에서 우리의 대학들은 기능과 목적에 대해 진지하게 성찰하고 고민해야 한다. 다수의 대학들이 소수의 명문 대학을 모방하려는 안이한 자세로는 진정한 구조조정이 요원하다. 수백 개나 되는 우리 대학들의 역할이 동일할 수는 없으므로 대학별로 다원화되고 차별화된 교육 프로그램을 개발해야 한다.

미국의 대학들은 나름의 문제점을 갖고 있지만 전 세계에서 가장 성공적으로 운영되고 있다는 평가를 받는다. 그 비결 중 하나는 대학의 기능과 목적에 따른 차별화differentiation에 있다. 하버드 대학, 스탠퍼드 대학, 예일 대학, 프린스턴 대학 등 명문 사립대학과 소수 주립대학을 포함한 미국의 정예 대학들은 연구와 대학원 중심으로 운영된다. 그러나 대부분의 공립대학과 사립대학은 학부생 교육에 초점을 맞추고 있다. 전공에 구애받지 않고 폭넓은 교양 교육을 강조하는 일부 소규모 사립대학(소위 리버럴 아츠 칼리지)도 있다. 특히 4년제 대학 편입과 취업을 목적으로 하는 2년제 지역대학의 역할도 주목할 만하다.

이에 비해 우리나라는 대학 수만 많을 뿐 차별성이 없다. 서울 소재 또는 서울에서 가깝다는 이유로 학생들이 몰리는 현상은 대학의 선진화라는 이정표와는 상당히 멀어 보인다.

아울러 우리나라 대학은 교육에 더욱 매진해야 한다. 수천 개의 대학이 존재하는 미국에 정상급 연구대학은 20여 개 안팎이다. 현실적으로 세계 정상급 연구대학이 우리나라에 수십 개가 될 수도 없고 그럴 필요도 없다. 오히려 다수의 대학들은 연구 실적을 늘리기보다 교육을 내실화하는 데 치중해야 한다.

미국의 실리콘밸리를 탄생시킨 주역인 스탠퍼드 대학에서 1980년대 후반부터 교육을 강조하는 풍토가 확산된 적이 있다. 당시 총장은 "연구와 지식 생산도 중요하지만 그보다 더 근본적인 대학의 기능은 미래를 담당할 인재의 양성에 있다"고 역설했다. 그는 교수진들에게 강의와 학생 지도에 더 많은 시간과 노력을 할애해 달라고 호소했다. 연구물 편수로 교수의 역량을 평가하고 연구 업적 생산에 투입되는 시간으로 강의 책임 시수를 편성하는 우리나라 대학에 시사하는 바가 크다.

⦙ 자율성·다양성 대 형평성 ⦙

미래를 대비하는 교육은 자율성과 다양성은 물론 현재 전 세계적으로 쟁점화되고 있는 양극화의 해소에 주안점을 두어야 한다. 학생 선발권은 개별 대학이 가지는 것이 옳은데도, 우리 사회는 교육적 불평등이 심화되고 사회통합을 저해한다고 보는 시각이 있다. 이 문제는 결국 교육의 자율성과 형평성, 평등교육이 조화롭게 양립할 수 있는가하는 질문으로 압축된다.

　평등교육은 매우 복잡하고 복합적인 개념으로 관점에 따라 그 의미가 다르게 해석될 수 있다. 예를 들어 평등을 기회나 접근으로 보는 시각도 있고, 결과나 성취로 규정하는 주장도 있다. 또한 평등의 의미를 사회자원의 균등한 분배로 보는 견해도 있고, 동등한 만족도로 보는 관점도 있다. 이러한 입장들은 2가지로 대별될 수 있다. 하나는 '엄밀한 평등주의'고, 다른 하나는 '유연한 평등주의'다. 엄밀한 평등주의는 어떤 형태의 불평등도 비윤리적인 것으로 간주하지만, 유연한 평등주의는 불가피한 불평등을 비도덕적으로 보지는 않는다. 다만 유연한 평등주의는 사회적으로 소외된 계층의 몫이 늘어나는 조건하에서만 불평등이 용인된다.

　엄밀한 평등주의는 다양성과 불평등을 혼동하여 교육의 자율과 형평성이 충돌할 소지가 있다. 그러나 엄밀한 평등주의는 소수의 견해이며 현실적으로 적합하지 않다. 유연한 평등주의의 관점에서 교육의 자율과 평등은 충분히 양립 가능하다. 예를 들어 개별 대학의 자율권을 전제로 경제적 빈곤 계층이나 사회적 소외집단에 속하는 학생들에게 대학 교육의 기회를 제공할 수 있다. 이들을 별도로 선발해서 형평성 유지와 양극화 해소에 기여할 수 있다는 뜻이다. 반대 의견도 있겠지만 양극화에 대한 불만이 고조된 상황에서 시한적으로 운용해 볼만하다. 이런 맥락에서 신입생 선발 시 소수 인종에게 쿼터quota(할당)를 허용한 미국 대학의 제도는 시사하는 바가 크다.

⁝ 관 주도 교육행정의 문제와 해결 방안 ⁝

　미래를 대비해 우리의 교육이 해결해야 할 또 하나의 문제는 관부도 형 교육행정체제다. 과거에 비해 많이 개선되기는 했지만 학교 교육에 대한 중앙 및 지방정부의 간섭과 통제가 선진국에 비해 과도하다. 문제의 핵심은 현재 교육부, 시·도 교육청, 구·군 교육지원청의 단계를 거치는 교육행정 조직의 방만함과 막강한 권력에 있다.

　최근 들어 많은 교육 업무와 권한 이양이 교육부에서 교육청으로 이관되면서 시·도 교육청, 정확히 말하면 교육감들이 거의 무소불위에 가까운 권력을 행사하고 있다. 이것은 우리 교육 발전에 전혀 바람직하지 못하다. 더욱이 시·도 교육청의 인사권, 예산권, 운영권 등 교육 전반에 관한 권한을 가진 교육감이 선출직이라는 사실은 사태를 더욱 복잡하게 만든다.

　이러한 문제를 해결하기 위해서는 현재처럼 비대한 교육행정기관 들을 축소해야 한다. 교과부와 시·도 교육청을 축소하는 것과 더불어 현행 지방교육자치제도를 전면 재검토해야 한다. 미국이나 영국 같은 선진국들은 우리의 지방교육청에 해당하는 조직에 직원이 불과 3~5명밖에 없다. 사무실도 중·고등학교 교장실 근처의 방 하나에 불과하다.

　또한 교육행정조직의 기능을 규제에서 지원으로 전환하는 노력이 필요하다. 학생들의 지적 발달과 인성 함양이 이루어지는 현장은 학교다. 교과부나 교육청은 학교 교육에 대한 지원과 장학에 전념해야 하며, 이제까지 누려온 기득권을 미련 없이 포기해야 한다.

끝으로 현행 교육감 선거제도를 지자체장과의 러닝메이트제로 전환하고, 교육감에게 부여한 무소불위의 권한을 견제하고 감독하는 장치가 보완되어야 한다.

⦂ 교육의 정치화가 야기하는 혼란 ⦂

우리나라의 건강한 미래를 위해 심각하게 고민해야 할 또 하나의 문제는 교육의 정치화다. 교육의 정치화politicking(매우 부정적인 의미로 사용)는 교육에 관한 중차대한 사안이나 정책들을 정치적 이념을 토대로 좌와 우 또는 진보와 보수로 진영화하는 현상을 의미한다. 단적인 예로 2017년 정권이 교체되고 나서 자율형사립고등학교와 외국어고등학교에 대한 열띤 논쟁이 벌어지고 있다. 예상되었던 일이지만 교육의 정치화가 날로 심화되고 있는 상황이다.

물론 대의민주주의 정치제도를 채택하고 있는 대부분의 선진국에서도 교육이 종종 정치적 쟁점이 되기도 한다. 몇 해 전 뉴욕 시장에 당선된 빌 드 블라시오Bill de Blasio가 전임 시장 시절 대폭 확대된 차터 스쿨charter school(우리의 자율형사립고등학교와 유사한 형태)을 억제하는 정책을 폈다. 최근 로스앤젤레스에서는 중간 선거 직후 차터 스쿨의 신규 인

허가를 보류하는 결정이 내려지기도 했다. 그러나 우리나라와 같이 정권이 바뀌었다고 지난 정부에서 추진되던 교육 정책을 죄악으로 규정하거나 특정 형태의 학교들을 폐교하겠다는 식의 발상은 가히 정치 폭력의 수준이라고 할 수 있다.

교육의 정치화가 기여하는 바도 있다는 주장도 있다. 정권이 교체될 때마다 다양한 교육 정책들이 추진될 수 있다는 논리다. 시대나 사회의 변화에 부응해 정책을 수정할 필요는 있지만 반드시 정치적이어야 할 이유는 없다. 교육의 정치화가 긍정적인 현상이라면 왜 우리의 헌법에 '교육의 정치적 중립성'이 명시되어 있겠는가?

교육의 정치화에 내포된 가장 심각한 위험성은 자칫 교육이 정치에 예속되어 자율성을 상실할 수 있다는 점이다. 교육은 본질적으로 도덕적 기업이고, 학교나 교사와 같은 교육 주체들은 도덕적 행위자^{moral} ^{agent}들이다. 도덕적 행위자들은 부단히 교육에 대한 가치 판단을 해야 한다. 교육은 단순히 목표 달성만을 추구하는 훈련과는 근본적으로 다른 행위이며 교육자는 기능인과 다르다.

교육 주체에게 자율을 허락하지 않는 것은 이들의 양심을 부정하는 것이다. 이들이 내적으로 통제할 수 있는 자유를 거부하는 것이고, 이들의 가치 판단 능력을 무시하는 것이다. 이러한 점에서 교육의 자율성은 무엇보다 윤리적인 쟁점이다. 결국 교육의 자율은 교육체제를 규제하는 가장 중요한 도덕적 가치이자 지향점이 되어야 하는 것이 옳다. 따라서 교육의 자율을 저해하는 정치화는 마땅히 지양되어야 한다.

　얼마 전 스웨덴 학생들이 지난 몇 년 동안 피사PISA(OECD가 실시하는 국제학업성취도평가)에서 매우 저조한 성적을 낸 것에 대해 자국 내에서 논란이 일었다. 이에 스웨덴의 교육부 장관은 "정치인들이 교육을 지나치게 정치화한 결과에 반성해야 한다"는 취지의 성명을 냈다. 물론 그 자신도 정치인 출신이다. 우리나라에는 왜 이런 교육부 장관이나 교육감이 없을까?

　교육에 대해 막강한 권력을 행사하는 정치인들은 진영의 논리에 몰두하지 말고 나라의 미래를 위한 비전을 모색해야 한다. 교육의 정치화 또는 진영화는 자신들의 세력을 다지는 데는 도움이 될지 모르나 비전을 제시할 수는 없다. 비전을 상실한 집단을 기다리는 것은 혼돈과 쇠락뿐이다.

⋮ 교육의 본연으로 돌아가다 ⋮

　미래를 대비하는 교육을 위한 급선무는 교육의 본연에 대한 각성이다. 교육의 본연은 인간을 인간답게 육성하는 것이며, 인간다움의 근원은 도덕성이다. 이것이 인간을 다른 동물과 차별화하는 가장 원초적인 조건이다. 다음으로 사회에 적응하며 성공적으로 생존하는 것 역시 인간다움의 중요한 조건이다. 결국 교육의 본연은 덕성과 지성을 연마

하고 인격과 능력을 겸비하는 것이다.

미래에도 인간의 도덕성은 중요하다. 일자리 축소로 경쟁이 과열되고 부의 편중이 심화될수록 인간의 윤리적 측면은 더욱 강조될 것이다. 도덕과 윤리가 상실된다면 인간의 존엄성과 정체성도 소멸될 것이다. 인류 사회가 어떤 형태로 변모된다 하더라도 도덕과 윤리는 가장 중요한 교육적 가치로 남아야 한다. 이것이 미래를 대비하는 교육의 첫 번째 명제다. 민주시민으로서 갖춰야 할 소양이나 다문화에 대한 소통과 이해도 도덕과 윤리에 포괄될 수 있는 자질이다(이런 이유로 고대 그리스의 철학자, 특히 소크라테스는 지식과 도덕을 등식화했고, 도덕적 지식의 실천을 강조했다).

두 번째로 중요한 교육의 임무는 생존 능력을 함양하는 것으로 여기서 중시되는 것이 실용성이다. 산업혁명이 지속되면서 과학과 실용적 지식이 교육과정의 중요한 부분을 차지했다. 마찬가지로 과학 및 기술 교육을 강화하는 것은 물론 컴퓨터 관련 역량을 제고하기 위해 노력해야 한다. 이를 위해 수학 교육을 강화하고, 특히 알고리즘 교육이 중등 교육 과정에서 정립되어야 한다(우리나라가 컴퓨터 강국이라는 말은 지나친 과장인 것 같다. 컴퓨터 공학을 이해하는 데 가장 핵심적인 알고리즘 교육이 우리나라의 고등학교 교육과정에 포함되어 있지 않기 때문이다).

실용적 지식 교육과 아울러 직업 교육체제의 보강 및 확대 역시 미래를 대비하는 데 중요한 과제이다. 우리나라의 고등교육은 과잉공급 상태이며 심각한 수술이 필요한 시점이다. 따라서 체계화되고 심화된 직업교육이 중·고등학교 때부터 시작되는 유럽형 체제의 도입과 확산을 고려해야 한다. '4년제 대졸 실업 현상'을 언제까지나 방치할 수는 없다.

컴퓨터 공학을 기반으로 하는 산업이 경제를 주도하는 4차 산업혁명 시대를 대비하기 위한 또 하나의 교육 전략은 컴퓨터가 대체할 수 없는 의미 있고 가치 있는 지식을 갈고닦는 것이다. 이런 점에서 동서양의 고전과 예술의 중요성이 강조된다. 문학, 철학, 역사, 예술을 폭넓게 가르치는 것이다.

산업혁명 이후 탄생한 사회는 '이성의 시대The Age of Reason'로 지칭된다. 이 시대의 산물인 계몽사상은 인간의 비합리적 측면(특히 종교와 예술)을 의도적으로 무시했다. 그러나 계몽사상에 대한 반작용으로 낭만주의가 18세기와 19세기 유럽을 휩쓸었다. 그 여파로 계몽사상가들이 그토록 경멸했던 감성, 열정, 종교적 신비 등이 유럽 사회를 압도했던 역사는 4차 산업혁명 시대에도 반복될 가능성이 크다. 컴퓨터 시대에 상실되기 쉬운 인간성을 회복하는 데 고전 교육이 큰 기여를 할 것으로 기대된다.

인무원려人舞遠慮 필유근우必有近憂

다음은 셰익스피어의 희곡 「율리우스 카이사르Julius Caesar」의 한 장면이다. 카이사르의 장례식장에서 안토니우스는 군중을 향해 "나는 카이사르를 칭송하러 온 것이 아니라 묻으러 왔다"고 외치며 의미심장한 연설을 시작하지만 시종일관 카이사르를 찬양한다. 그처럼 미래에 대한 현명한 대비책을 강구해야 한다고 주장하면서도 일관되게 불안감만 조장했는지도 모른다.

그러나 불필요한 걱정이나 과장된 비관이 아닌 한 미래에 대한 대비는 아무리 해도 지나침이 없다. 『논어論語』「위령공편衛靈公篇」에 '인무원려人無遠慮 필유근우必有近憂'라는 구절이 있다. "미래에 대한 통찰과 사려가 없다면 반드시 우환이 닥친다"는 뜻이다. 현재 우리의 폐부에 예리하게 와 닿는 충고다.

하지만 우리가 지혜를 모아 충분히 고민하고 연구한다면, 불확실한 미래는 제2의 도약을 위한 기회가 될 수도 있다. 과거에 역경을 딛고 교육을 통해 국가의 입지를 공고히 했던 것처럼 우리의 밝은 미래를 위해 다시 한 번 교육의 힘을 발휘하기를 희망한다.

이성호 중앙대학교 교육학과 교수

글로벌 기술혁명 시대의 과학기술 혁신 전략

⋮ 과학기술이 만들어가는 사회 ⋮

매해 1~2월에는 세계 최고의 기술력이 집약된 제품들을 통해 기술 트렌드와 서비스 산업의 방향을 알 수 있는 전시회가 열린다. 1월 초 라스베이거스에서 열리는 소비자전자제품박람회Consumer Electronics Show 는 모터쇼를 방불케 할 만큼 자동차가 핵심 품목이었고, 2월 말 스페인 바르셀로나에서 열린 이동통신산업전시회Mobile World Congress에서도 자동차가 가장 중요한 품목이었다. 핵심 주제는 단연 자율주행자동차에 필요한 인공지능과 결합된 5G 무선통신 서비스였다. BMW 내추럴 인터랙션은 머리나 눈의 움직임과 손가락 방향 등 사람의 제스처를 인식하여 차량에 전달하는 기술을 선보였는데, 운전자가 거리의 상점을 손으로 가리키기만 해도 관련 정보가 스크린에 나타난다.

완성차 제조업체인 BMW가 인공지능과 5G를 결합해 보다 완벽한 서비스를 제공하는 자율주행자동차를 생산하는 것과 같이 산업 현장에서 제조업과 서비스업의 경계가 무너지고 있을 뿐 아니라 각 기업의 업종 구분조차 사라지고 있다. IT 기업인 구글이 무인자율자동차를 개발하고, 자동차 제조 회사인 폭스바겐, 르노닛산, 도요타 등은 차량 공유 서비스를 제공하는 모빌리티 사업에 뛰어들었다.

자동차 제조사들은 자율주행자동차의 최종 목표인 콘셉트 카를 이미 공개한 바 있다. 정보통신기술이 융합된 IoT^Internet of Things(사물인터넷)를 기반으로 서비스의 종류도 점점 더 다양해질 것이다. 디지털 기술을 바탕으로 새로운 사업 모델이 등장하고, 산업과 기업 모두 급변하는 혁명의 소용돌이 속에 놓여 있다. 이처럼 현대 과학기술과 산업의 발전으로 펼쳐질 4차 산업혁명의 윤곽이 거의 잡혀가고 있다.

글로벌 기술혁명 시대가 점점 눈앞에 펼쳐지면서 최종 목표를 향해 달려가고 있다. 정답이 이미 나와 있다면 누가 빨리 문제를 푸는가에 따라 승부가 결정된다. 기술혁명 시대에 승자가 되기 위해 필요한 것은 속도와 다양성과 질적 수준이다. 혁신적인 아이디어를 창출하여 제품과 서비스를 만들고 최종 목표를 향해 빨리 나아가는 것이 무엇보다 중요하다. 과학기술 혁신에 빨리 성공한 자가 세계를 제패하고 슈퍼스타가 되는 것이다.

하지만 과학기술 혁신이 인류에게 장밋빛 세상만 가져다주는 것은 아니다. 그에 맞춰 인류가 직면하게 될 문제들도 점차 늘어나고 있다. 공상과학Scientific Fiction,SF 영화에서 보던 장면이 현실이 될지도 모른다. 생물학적 부모에게서 태어난 인간이 복제 인간과 사이보그, 전투 로봇과 함께 살아가는 세상이 현실이 될 수 있다. 전투 로봇이 프로그램 오작동으로 인간을 공격한다면 첨단 과학기술은 과연 인류에게 어떤 의미를 가져다줄 것인가.

이러한 우려 때문에 첨단 과학기술을 보다 강도 높게 규제해야 한다는 주장이 설득력을 가진다. 살인 로봇 기술을 유엔의 특정재래식무기 금지협약으로 금해야 하며 인공지능을 탑재한 자율무기인 살인 로봇을 만드는 연구를 중단해야 한다고 주장하는 과학자들도 많다. 국제적십자사는 살인 로봇 연구를 부분적으로 제한해야 한다고 강조하는 등 첨단 과학에 대한 규제 강도가 논쟁거리가 되고 있다.

⋮ 초연결, 초지능, 초자율의 디지털 혁명 시대 ⋮

디지털 혁명을 이끌 핵심기술들은 서로 연결되고 통합되어 새로운 서비스를 창출하고 인간의 일상생활을 바꾸면서 초연결, 초지능, 초자율로 표현되는 대변혁의 새로운 사회를 만들어가고 있다. 경제협력개발기구OECD는 '디지털', '생명기술', '첨단 소재', '환경 에너지' 4대 분야에서 40개 미래 유망 기술을 제시했다.(「과학, 기술 및 혁신 전망

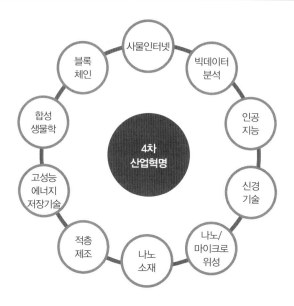

출처 : 「과학, 기술 및 혁신 전망 2016」, OECD

2016 OECD Science, Technology and Innovation Outlook 2016」, OECD) 아울러 독일, 영국, 유럽연합EU 등 세계 주요국에서 추진하고 있는 미래 유망 기술을 분석하여 '10대 핵심기술'을 선정했다. 주요 핵심기술들은 향후 10년 이상 경제 및 사회 전반에 영향을 미칠 것이다. 사물인터넷과 빅데이터 기술 등은 우리가 이미 경험하고 있는 것처럼 제조업, 교통, 도시 및 빌딩 관리, 건강관리 등 거의 모든 영역에 적용되고 있다.

우리는 교통 앱을 이용하여 교통체증을 피할 수 있다. 수면 앱이 설치된 스마트폰을 베개 밑에 놓고 자면 수면 시간과 질을 알려준다. 또한 건강 앱을 작동하여 산소포화도, 심장박동수, 스트레스 지수도 알 수 있다. 이처럼 스마트폰 앱을 통해 제공받을 수 있는 ICT 서비스가 무궁무진하다. 이미 스마트폰은 초연결사회의 허브로 작동하고 있으며 우리는 4차 산업혁명 시대에 살고 있는 것이다.

또한 인터넷에 연결된 소형 카메라를 통해 우리의 사생활을 실시간 감시할 수도 있다. 인공지능과 센서를 활용하면 주변의 환경 상황을 실시간 모니터링하고, 실시간 대응도 가능한 사회가 되어가고 있다. 에너지 스마트 그리드를 이용하면 소비자와 생산자가 쌍방향으로 소통하고, 저장장치를 통해 에너지 효율성도 높이고, 비용도 절감하면서 수요와 공급의 불일치를 해소할 수 있으며, 궁극적으로 분산형 개인 에너지 시대로 발전할 수 있다.

초연결 사회에서는 인간의 사고와 철학에도 커다란 변혁이 일어날 것으로 예상된다. 또한 경제 성장을 측정하는 기준도 바뀌어야 한다는 주장이 있다. 현재 사용되고 있는 생산의 척도인 GDP(국내총생산)로는 공유경제를 비롯해 새롭게 출현하는 경제활동에서 발생하는 재화와 용역의 시장가치를 측정하기 어려울 것으로 전망되기 때문이다.

또한 빅데이터 분석으로 개별적인 환경과 조건을 정확하게 맞춘 최적의 제품과 서비스를 제공할 수 있으며, 정밀의료와 정밀농업도 가능해질 것이다. 또한 데이터 정보가 더욱 늘어나면 이를 이용한 인공지능의 자기 학습 능력은 기하급수적으로 증가하여 더욱 뛰어난 능력을

4대 분야 40개 미래 유망 기술				
기술 \ 분야	디지털	생명기술	환경 에너지	첨단 소재
핵심 기술	클라우드 컴퓨팅 블록체인 인공지능 사물인터넷 광전자 및 광기술 로보틱스 양자컴퓨팅 그리드컴퓨팅 모델링/ 시뮬레이션 게이밍 빅데이터 분석	생물정보학 맞춤형 의약품 줄기세포 재생의학 및 조직공학 건강 모니터링 기술 의료 및 바이오이미징 신경기술 바이오칩 및 바이오 센서 바이오 촉매 합성생물학	스마트 그리드 나노/ 마이크로 위성 자율주행자동차 드론 탄소 포집 및 저장 풍력 터빈 기술 파력 및 조력 발전 기술 바이오 연료 연료전지 첨단 에너지 저장 기술 태양광 발전 정밀농업 소규모 발전 수소 에너지	나노 소재 나노 기기 적층 제조 탄소나노튜브/ 그래핀 기능성 소재

출처 : 「과학, 기술 및 혁신 전망 2016」, OECD

확보하게 될 것이며, 일부 과학자들의 주장처럼 점차 기계의 인지 능력이 인간의 인지 능력을 능가할지도 모른다.

　예를 들어 재판의 판례와 법령을 검색해 주는 인공지능 변호사가 활약하는 리걸 테크Legal-Tech 시대가 열리는 것이다. 이처럼 육체노동뿐만 아니라 지식노동까지 인공지능을 갖춘 로봇이 대체할 전망이다. 우리나라 대법원도 2020년까지 빅데이터와 인공지능 기반의 재판연구

관인 'E-로클럭E-lawclerk'을 도입하는 '지능형 개인회생파산 시스템'을 구축하고 있다.

빅데이터를 수집하는 데는 많은 비용과 노력이 필요하다. 그런데 빅데이터 정보가 일정 정도 이상으로 축적되면 인공지능을 활용하여 스스로 데이터를 만들어내므로 빅데이터의 크기가 더욱 확장되고 분석 결과는 더욱 정확해질 것이다.

지금도 인터넷을 통해 공간을 초월하여 세계 어느 누구와도 정보를 교환할 수 있는데, 디지털 기술의 발달로 네트워크의 영역이 더욱 확대되면서 상호 연결된 놀이마당, 즉 상품과 서비스가 거래되는 플랫폼이 더욱 크게 발전할 것이다. 결국 전 세계경제가 단일 플랫폼 경제체제, 즉 단일시장체제로 전환된다는 의미다. 정보통신으로 통합되는 플랫폼에서는 물리적 공간이 아무런 제한 요인이 되지 않는다.

따라서 앞으로는 인터넷상에서 거래 공간을 제공하는 플랫폼 사업자가 최고 권력자가 될 것이다. 누구든지 게임에 참여하려면 게임 공간에 들어가야 선수로서 자격을 얻게 되는데 선수의 조건을 결정하는 것은 바로 그 공간의 운영자이다.

대표적인 플랫폼 사업자는 인터넷 서점으로 시작한 아마존이다. 혁신의 아이콘으로 불리는 아마존은 인공지능 플랫폼의 음성 서비스 알렉사를 비롯하여 클라우드 컴퓨팅 서비스를 하는 아마존웹서비스, 헬스케어 의약품 유통 및 물류 등 다양한 영역으로 사업을 확장하고 있다. 2018년 유럽 브랜드 연구소European Brand Institute가 선정한 세계

100대 브랜드^{Global Top 100}에서 톱 5를 차지한 것은 애플, 구글, 마이크로소프트, 아마존, 페이스북으로 모두 미국 기업이며, 이들 중 4개가 정보통신 기업이다. 그만큼 정보통신을 중심으로 펼쳐지는 플랫폼이 중요하다는 것을 알 수 있다.

⋮ 인간과 자연의 지속가능성 ⋮

과학기술의 혁신으로 생산성은 계속 높아지지만 세계경제 상황은 크게 좋아지지 않았다는 평가다. 스마트 금융, 스마트 공장, 스마트 헬스, 스마트 빌딩 등 새로운 기술 덕분에 사회는 점차 만능이 되어가고 있다. 은행에 가지 않아도 스마트폰으로 모든 금융 활동을 할 수 있다. 텔레비전 리모컨 대신 음성으로 채널을 바꾸고, 외출 중에도 집의 보일러를 작동할 수 있는 시대에 살고 있다. 스마트 시설을 갖추면서 수십 명이 일하던 공장의 인력이 크게 줄어들고, 개인 정보가 해킹되어 은행 계좌의 돈이 자신도 모르게 빠져나갈 수 있으며, 사물인터넷으로 연결된 우리 집 안의 모습이 고스란히 실시간으로 중계되어 다른 사람이 엿볼 수도 있다.

이처럼 기술혁명이 진행될수록 미래 사회에 대한 위기감과 불확실성도 점차 커지고 있다. 지구적 차원에서 보면 해안가 도시가 바닷물에 잠겨 사라질지도 모른다. 최근 우리나라를 괴롭히는 미세먼지가 자연재해인지 사회재난인지도 결론을 내리기 쉽지 않다. 치약이나 세제 등 매일 쓰는 생활용품에 포함되었던 미세플라스틱이 이제는 해양생 태계를 위협하고 있다. 유전자 편집 기술이 도입되면 자연생태계에서 어떤 생물종은 멸종할 수도 있다. 새로운 오염물질이 나타나 생물체 의 수명을 위협할 수도 있고, 돌연변이로 괴물 생명체가 탄생할 수도 있다.

대량 살상 무기, 신종 감염질환, 점차 심각해지는 환경오염과 생물 멸종 등의 생태 환경 문제, 지구온난화, 기후변화, 사막화, 해수면 상 승, 화석연료 및 천연자원, 대체에너지 개발의 불확실성, 핵에너지의 위험성 등도 자연의 지속가능성을 불안하게 만든다.

독일의 사회학자 울리히 벡Ulrich Beck은 1986년 발표한 『위험 사회 : 새로운 근대성을 향하여Risikogesellschaft:Auf dem Weg in eine andere Moderne』에 서 현대 과학문명 사회가 점점 더 위험한 사회로 가고 있다고 지적했 다. 사회와 과학기술이 상호 긴밀하게 연결되어 있으므로 과학기술이 현명하게 관리되지 않는다면 사회가 점차 위험해진다는 것이다. 따라 서 과학의 발달을 추구하는 과학적 합리성과 사회갈등을 완화하는 사 회적 합리성의 조화가 필요하다는 점을 역설했다.

지속가능성을 훼손하는 많은 문제들의 원인이 과학기술의 발전과 밀접하게 연결되어 있다. 그래서 유엔을 비롯하여 OECD, 유럽연합EU 등의 국제기구들도 과학기술의 발달에 따른 위험 요소들을 지속적으 로 지적하고 있다. 유엔은 10년 주기로 지속가능 목표를 설정하고 각

과학적 합리성과 사회적 합리성의 조화 : 지속가능한 미래

과학기술 위기
- 기후변화
- 자연파괴
- 저출산
- 고령화
- 도시화
- 지역 공동화
- 사막화
- 농작물 피해 확산
- 물 부족
- 자원 부족
- 에너지 고갈
- 생명윤리 갈등

혁신 정책
- 연구개발 정책
- 규제 정책
- 특허제도
- 혁신생태계 구축
- 중소기업 지원제도
- 벤처투자/기술금융
- 재교육/기술교육
- 대학, 정부출연연구소
- 산학협력제도
- 기술자격제도

과학기술 혁신
- 디지털화
- 사물인터넷
- 인공지능
- 빅데이터
- 합성생물학
- 유전자 편집, 신체 이식
- 에너지 저장장치
- 3D 프린팅
- 블록체인, 정보보호
- 자율주행
- 첨단 신소재
- 로봇/드론

메가트렌드
- 국제협약
- 공유경제
- 혁신 플랫폼
- 포용 정책 확대
- 친환경성 증대
- 에너지 효율화
- 분산화/개인화
- 의료 신기술 확대

나라와 도시에서 지속가능 지표를 세우고 관리하도록 권고한다. 그러나 과학기술이 첨단화될수록 사회와의 관계가 더욱 긴밀해지고 이해당사자들도 크게 늘어나 지속가능 목표를 달성하기 위한 사회적 합의도 쉽지 않으며 기술적인 방법을 결정하기도 어려운 것이 현실이다.

자연의 지속가능성을 높이기 위한 책임에서 선진국과 개발도상국의 입장도 서로 다르다. 더구나 세계화 추세에 따라 점차 단일시장으로 바뀌는 시대에 기술혁신을 통해 경제적 성과를 독점하는 슈퍼스타 효과가 더욱 두드러져 국가 간, 계층 간, 지역 간 경제적 불평등은 더욱 심화될 것이다. 도시 집중화, 지방 소멸, 저출산, 고령화, 빈곤 등이 사회갈등을 더욱 악화해 경제 및 사회적인 측면에서 지속가능성은 더욱 떨어지게 될 것이다.

⁘ 미래 사회의 메가트렌드 ⁘

미래 사회의 메가트렌드는 바로 과학기술의 무한한 발전, 그리고 과학기술이 초래할 위기와 불확실성을 해소하는 2가지 방향이 병행되어야 한다.(「과학, 기술 및 혁신 전망 2016」, OECD). 미래 사회의 메가트렌드는 다음과 같다.

첫째, 위기와 성장에 대한 국제사회의 공동 대응이 점차 확대되어 국제기구의 협약을 통한 노력이 강조되고 표준화된 규정과 기술의 적용이 늘어날 것이다.

둘째, 무인화가 증가해 고용이 크게 감소할 것이므로, 일자리를 나누는 다양한 사회제도가 시도될 것이며, 자원을 공유하기 위한 공유경제가 확산될 것이다.

셋째, 공간을 초월한 초연결, 초지능, 초자율, 초고속의 스마트형 혁신 플랫폼 경제로의 전환이 가속화되고 글로벌화는 더욱 확대될 것이다.

넷째, 기술의 슈퍼스타 효과로 경제적 불평등이 심화될 것이며, 이로 인한 계층 간 갈등을 해소하기 위해 연구개발, 교육, 복지 등의 분야에서 포용적인 정책이 확대될 것이다.

다섯째, 기후변화와 생물 멸종 등 자연생태계의 질이 악화되어 점차 친환경 기술의 수요가 크게 늘어나고 경제 비중도 높아질 것이다.

여섯째, 에너지의 생산과 소비 구조의 변화로 친환경화, 효율화, 분산화 및 무선화가 완성될 것이며, 생산과 소비가 동시에 진행되는 자가형 에너지 생산·소비 모델이 정착될 것이다.

일곱째, 3D, 4D 프린터의 이용, 빅데이터 및 인공지능의 융합으로 개인 맞춤형 정밀 서비스가 교육, 의료, 의복, 문화, 보험 등 사회의 모든 영역에서 확대될 것이다.

여덟째, 의료기술의 확대로 고령화가 가속화되어 의료 수요가 더욱 증가하고, 유전자 편집 등 첨단 생명과학 기술과 의료 신기술이 새롭게 대두되어 인간 수명이 크게 연장되며 의료 비용도 크게 증가할 것이다. 특히 예방 차원의 의료 분야가 더욱 성장할 것이다.

이미 메가트렌드는 결정되어 있다. 혁신적인 방법으로 메가트렌드라는 열차에 빨리 오르는 자가 승자가 되는 것이다.

포용적 혁신 성장과 과학기술 거버넌스

　최근에는 경제 성장의 3대 요소 중 자본과 노동보다 기술, 지식과 제도 등으로 이루어진 총요소생산성의 기여도가 높아지고 있다. 과학기술 발전이 경제 성장에 더욱 핵심적인 요소로 기여하고 있음을 알 수 있다. 최근 기술혁신의 속도가 더욱 빨라지면서 많은 국가에서 과학기술을 통한 혁신 성장 정책을 추진하는 데 심혈을 기울이고 있다.

　그런데 혁신으로 얻는 경제적 파이가 커질수록 경제력이 소수에게 집중되면서 소득 불평등이 심화되는 현상이 전 세계 대부분의 국가에서 일어나고 있다. 교육과 복지 정책 등을 통해 적어도 출발선에서는 혁신에 대한 접근성과 기회를 균등하게 제공하면 국가적 차원에서 혁신 역량을 높일 뿐만 아니라 경제적 불평등도 완화할 수 있을 것이다. 이는 혁신 성장과 포용 정책을 대립적 요소로 볼 것이 아니라 혁신 성장을 추구하면서 포용성을 확대하는 정책을 추진해야 하는 배경이다.

　과학기술 정책은 혁신 성장과 지속가능성을 동시에 추구하는 방향 설정이 필요하며, 이를 판단하는 의사 결정 구조도 매우 정교하게 수립해야 한다. 많은 국가에서 역량을 집중하고 포용성을 높이기 위하여 혁신 정책을 수립하는 과정에서 의사 결정 책임자가 점차 대통령이나 총리 등의 고위직으로 상향 이동하고 있으며, 관련 정부기관과 사회기구도 점차 방대해지는 추세다. 참여정부에서 추진한 국가기술혁신정책^{National Innovation System}으로, 과학기술부총리제를 도입하고 '과학기술 거버넌스'를 제도화한 것은 이러한 혁신적 의사 결정 구조를 수립하기 위한 것이었다.

　과학기술 거버넌스에 이처럼 많은 이해관계자가 참여하고 결정을 총괄하는 주체도 상향 이동했다 하더라도 한 국가의 핵심 성장 동력을 선정하는 일은 매우 어려운 일이다. 따라서 최근의 추세는 과학기술 수준, 인력, 산업구조, 기업 역량, 세계 동향, 미래 트렌드 등 다양한 자료로 구성된 빅데이터 플랫폼을 구축하여 보다 정확한 자료에 기반한 의사 결정을 통해 핵심 성장 분야를 설정하고 전략을 수립하는 것이다. 우리나라도 국가 연구개발 정보 포털로서 2008년 1월부터 국가과학기술정보서비스^{NTIS}가 운영되어, 집중적으로 육성할 분야를 설정하고 취약 분야를 판단할 수 있는 데이터를 제공하고 있다. 그럼에도 불구하고 4차 산업혁명 시대에 한국이 세계 최고 수준으로 육성할 분야를 설정하고, 과학기술 역량을 높여 신산업을 창출하고 산업 혁신을 이룩하는 사회적 컨센서스 형성은 미흡한 것으로 판단된다. 데이터에 근거해 다수가 합리적으로 결정하는 연구개발 기획과 전략 수립이 더욱 요구된다.

： 첨단 과학기술의 발전과 규제 개혁 ：

　최근 산업계와 경제계는 규제 개혁을 강조하고 있지만, 생명과학이나 ICT 분야에서 규제 갈등이 더욱 첨예화되고 있다. 정부는 '규제 샌드박스' 등 규제 완화를 강조하지만 합리적인 규제 정책을 이끌어내기에는 역부족일 것이다. 공유경제인 카카오 카풀 서비스에 대한 택시업계의 반발도 강력한 편이며, 인터넷 금융 도입도 매우 어려운 과정을 거쳤다. 정치권이 참여하여 대타협이 이루어지기는 했지만 여러 분야에서 앞으로 험난한 길이 펼쳐질 것이다.

규제 갈등은 합리적 규제로 풀어야 한다. 합리적 규제를 위해서는 근본적으로 첨단 과학기술의 위험성과 불확실성을 관리하는 정부와 정치권의 역할을 사회가 신뢰할 수 있어야 한다. 가습기 살균제로 많은 사람들이 목숨을 잃었고, 지열발전소로 인해 지진이 발생했으며, 미세먼지로 건강을 위협받고 있다. 이러한 사례들이 비일비재한 상황에서 첨단 과학기술에 대한 정부의 관리 능력을 신뢰하기 어렵고, 첨단산업 발전을 위해 규제를 완화하려는 정부 정책에 동의하기도 어렵다. 규제를 통해 사회적 갈등이나 사고를 예방하려는 정부의 방어적 자세와 함께 이해관계자 및 시민단체와의 갈등으로 규제 완화가 쉽지 않은 상황이 지속되고 있다.

우리나라는 산업 성장 시대를 거치면서 경제 규모가 크게 팽창했고 낮은 기술 수준의 산업에서 벗어나 IT 제조업과 같은 첨단산업의 비중이 높은 나라로 발전했다. 산업화 과정에서 이탈되는 인력이 서비스업으로 진출한 결과 영세자영업자의 비중이 크게 증가했다. 그러나 지금은 노동 현장에서 이탈되면 개인의 삶이 보장되지 않는 사회가 되었다. 이러한 사회 구조 속에서 산업의 변화와 구조조정은 더욱 어려운 일이며, 이해집단을 보호하는 규제의 우산을 거두기도 어려운 실정이다.

　과학을 바라보는 시각에 따라 정책에 대한 입장도 확연하게 달라진다. 경제 성장을 위해 과학기술 활용을 극대화해야 한다는 '과학기술만능주의'와 과학기술의 불확실성을 해소하기 위해 발전을 규제해야 한다는 '과학회의주의', 어느 하나도 합리적 신뢰를 얻기 어렵다. 최근에는 과학기술의 사용에 대한 사회적 신뢰와 합의를 도출하기 위해서는 연구개발부터 산업화 과정까지 합리적으로 관리하는 절차적 거버넌스가 더욱 강조되고 있다. 과학기술의 불확실성을 해소하는 절차를 연구 과정에 포함하는 절차적 규제 제도인 '과정 거버넌스Process Governance' 도입을 추가하고, 현재의 사전 규제를 사후 규제로 전환하면서 문제점을 보완하는 과감한 규제 개혁이 필요한 시점이다.

⁝ 우수한 인력이 창조하는 선도형 과학기술 ⁝

　우리나라의 산업구조는 정부 주도의 정책과 대기업의 활약으로 변화했다. 이 과정에서 과학기술의 역할은 미미한 편이었지만 좋은 인력을 육성한 데는 크게 기여했다고 평가할 수 있다. 한국은 2017년 국가 연구개발비로 총 78조 7892억 원을 사용했는데, 이것은 GDP 대비 4.55%로 세계 1위다. 연구개발 인력도 세계에서 가장 빠르게 증가하여 2017년 총 연구원 수가 48만 2796명으로 세계 6위 수준이다.(「과학기술통계백서」, 과학기술정보통신부, 2018) 그런데 최근 학사 학위 비중은 지속적으로 증가하는 반면 박사 및 석사 비중이 약간 감소하고 있다. 이러한 경향은 연구개발 인력의 질적 수준이 개선되지 않았음을 의미하며, 4차 산업혁명 시대에 필요한 우수 인력이 적절하게 공급되고 있는지에 대한 우려를 자아내고 있다.

모방 추격형 모델로 성장하던 한국은 이제 성장 패러다임을 바꾸어야 하는 시기에 직면해 있다. 2차 산업혁명 시대에는 산업 주기가 길었다. 성장기에 들여와도 산업이 성숙되기까지 경제성이 오래 지속되었고, 공정 개선을 통해 수익을 낼 수도 있었다. 그러나 최근의 산업들은 혁신 주기가 상당히 짧아서 모방해 들여와도 경제성을 오래 유지하기 쉽지 않다. 일부 산업에서 선두주자가 된 한국은 모방할 분야가 거의 없으며 특히 두각을 나타내는 산업 영역은 이미 상당 부분 기술 선점이 이루어져 있다. 기업들이 사내 유보금이 늘어나도 신규 분야에 투자하기 쉽지 않은 이유다. 한국의 경제 위기는 변신할 기초체력이 부족한 데 원인이 있다.

이제 진정한 과학기술 혁신 정책이 필요한 시점이 되었다. 한국은 연구개발을 통해 성장 동력을 발굴, 개발 및 최종 산물까지 만들어내는 전체 과정을 독자적으로 담당해야 한다. 특히 첨단 부품을 수입하여 조립 완성품을 제조하던 산업구조로는 더욱 변신하기 어려운 상황에 처해 있다. 이제 진짜 실력이 필요하다.

과학기술 연구도 모방형에서 선도형으로 바뀌어야 한다. 국가 차원에서 역량을 결집할 포트폴리오를 구축하고 미래 기술의 방향성을 제시하고, 기업은 협력적 네트워크를 구축하고 최고 수준에 도달하기 위한 전략적이며 예측 가능한 장기적 전략을 기획해야 한다.

최근의 사업 모델은 무형의 서비스 산업에 제조업 제품이 결합되는 구조다. 4차 산업혁명 시대는 제조업을 분산화하고 모듈화하여 소비자와 직접 접촉하는 서비스를 제공하는 플랫폼에 결합해야 한다. 수직 계열화된 제조업 구조를 갖고 있고, 서비스 산업이 충분히 성숙되지 못한 한국은 이러한 사업 모델을 만들어내기가 더욱 어렵다. 모듈의 조합이 다양하고 혁신적일수록 다양한 산업과 신규 고용이 창출될 것이며, 국가의 역동성도 높아질 것이다.

과학기술 정책 프레임도 바뀌어야 한다. 공공 부문과 기업이 각자 자신의 역할을 정립할 때이다. 공공성 부족과 함께 민간 부분에 대한 지나친 개입이 오히려 혁신의 가속화에 장애가 되기도 한다. 공공 부문은 지식과 과학기술을 지원하는 공급처 역할을 수행해야 한다. 기업이 혁신적 사업을 창출하는 데 필요한 과학기술과 인력을 적시에 공급받고, 제도적 지원을 받을 수 있는 혁신 생태계가 갖춰져야 한다. 과학기술의 공급자와 수요자의 협력도 유연하고 개방적으로 운영되어 서로 간의 이동이 자유로워야 한다. 혁신적이며 선순환되는 과학기술 생태계가 절실하게 필요하다.

박기영 순천대학교 생물학과 교수

04

문화예술과
창조산업의 미래

⁛ 문화예술의 새로운 전환점 ⁛

21세기 창의성의 시대를 맞이하여 문화예술은 본연의 정신적인 가치를 넘어서 사회 및 경제적 가치가 높아지고 있다. 인류 역사상 창의성은 정치와 경제가 안정되고 시민의식이 발달한 사회환경에서 성장했다. 경제·사회 자본을 넘어 창의성을 기반으로 하는 '창조자본creative capital'이 축적된 사회는 찬란한 문화를 꽃피웠으며, 특히 20세기 이후 등장한 문화도시는 개방과 혁신을 받아들인 시민사회와 함께 발달했다.

19세기 파리에서 펼쳐진 시각예술의 황금시대는 기성의 구조에 반하는 기술적이고 개념적인 혁신의 산물이었고, 19~20세기 초반 빈은 음악과 문화 산업 분야에서 새로운 예술이 창조되었다. 제1차세계대전 이후 유럽 예술의 중심은 베를린으로 넘어갔다. 비록 15년의 짧은 기간이었지만 바이마르 공화국 시절 베를린은 모더니즘 운동의 근원이었던 다양한 예술 분야의 혁신을 주도했다. 이러한 배경에는 사회문화 기반 구축, 기술 혁신과 산업 발전, 예술시장 활성화, 창조 인력의 집적, 개방성과 자유로운 분위기, 시민사회의 발달이 주요한 요인으로 작용했다. 연극, 음악, 무용, 문학, 조형예술, 건축, 영화, 방송 등 문화예술 전반에서 베를린은 새로운 흐름을 주도했고, 세계대전 이후 예술의 주도권이 유럽에서 미국으로 넘어가면서 현대예술이 발전했다.

그렇다면 현재 가장 혁신적인 문화예술과 창조자본의 축적은 어떤 사회에서 가능한가? 문화예술의 새로운 흐름은 이제 한 지역이나 장소를 넘어서 다양한 분야가 융·복합된 초연결적인 방식으로 전 지구적 차원에서 진행될 수 있다. 4차 산업혁명이 인류문명의 새로운 전환점을 마련할 것이라는 전망이 지배적인 가운데 문화예술 분야에도 급격한 변화와 영향을 미칠 것으로 예측된다.

한편 문화예술을 둘러싼 정치사회 환경 변화를 주목할 필요가 있다. 시민사회가 발달하면서 문화기본권과 행복추구권이 제기되고 시민들의 문화 향유와 문화 참여 활동이 확대되고 있다. 동시에 예술인들도 자신들의 권리 증진을 위해 복지와 예술노동권을 주장하는 목소리가 커지고 있다. 일과 생활의 균형을 잡으며 여가를 즐기려는 워라밸work and life balance, 욜로YOLO, You Only Live Once 등 일상에서 문화를 즐기는 것이

사회현상으로 확대되고 있다. 새로운 미디어와 소셜미디어^{SNS}가 등장하면서 문화예술 생산의 주체가 다양해지고 문화 콘텐츠를 기반으로 한 창조산업의 성장세도 급격히 높아지고 있다. 글로벌과 로컬의 경계가 불분명해지면서 글로컬^{Glocal}한 지역문화와 다문화주의, 문화 다양성 등의 국제적 어젠더가 제기되었다. 또 한편으로는 전쟁, 난민, 경제위기, 기후변화 등 국제 정세와 남북 관계, 동북아 정세도 문화예술과 관광, 문화 콘텐츠 산업에 영향을 미치는 요인으로 작용하고 있다.

정치 및 사회적으로 복합적인 맥락 속에서 국내외 환경 변화에 따른 우리나라 문화예술 및 창조산업의 현황과 문제점을 살펴보고, 미래의 창조적인 환경 기반을 구축하기 위한 대응책을 제안하기로 한다.

⋮ 4차 산업혁명과 창조산업 국제 동향 ⋮

문화예술과 콘텐츠 산업을 기반으로 하는 창조산업은 1998년 영국 정부가 발표한 「창조산업보고서^{Creative Industries Mapping Document}」를 통해 공론화되었으며 영국은 현재 세계의 창조산업을 주도하고 있다. 미국은 2000년 '크리에이티브 아메리카^{Creative America}(문화예술 종합발전계획, NEA)' 계획을 수립하고 본격적인 창의경제 체제에 돌입했다. 2008년에는 유엔무역개발회의^{UNCTAD}에 의해 최초의 「창조경제 보고서^{Creative Economy Report}」(2008)가 발간되면서 창조산업은 문화와 기술, 산업이 접목되어 경제 발전과 세계화를 이끄는 새로운 동력으로 인식되었다.

창의성에 기반한 문화 콘텐츠의 영역은 전통예술, 문화재, 문화유산, 축제, 미술, 공연예술, 음식, 서커스 등을 포함한다. 더불어 R&D, 지적재산권, 서비스 산업 분야까지 확장되는 추세다. 유엔무역개발회의는 문화유산, 예술, 미디어, 디자인, 기능적 창조물 전반을 창조산업으로 분류한다. 또한 창조계층Creative Class을 유입하는 창조도시 논의도 활발히 전개되고 있다. 도시발전 전략과 정책 차원의 창조도시 사업은 1997년 유럽연합집행위원회European Commission가 선정한 26개의 '혁신적인 도시정책 시범 프로젝트'를 추진하면서 비롯되었다.

2015년 기준으로 문화 및 창조산업은 전 세계적으로 브라질, 캐나다, 이탈리아의 개별 경제보다 규모가 큰 연간 2조 2500억 달러 이상의 매출과 약 3천만 명의 고용을 창출했다. 특히 아시아 태평양 지역은 창조산업의 규모와 일자리가 가장 큰 비중을 차지해 7430억 달러(지역 GDP의 3%)의 매출과 1270만 개의 고용을 창출했고, 유럽과 북미가 그 뒤를 잇고 있다. 창조산업은 15세에서 29세 사이의 청년들을 고용하는 비율이 높기 때문에 각국 정부는 일자리, 부가가치, 공공정책 등에서 창조산업의 중요성을 더욱 크게 인식하고 있다.[1]

컨설팅 기업 프라이스워터하우스쿠퍼스Princewaterhouse Coopers(이하 PwC)[2]는 2021년 한국이 미국, 일본, 영국 및 프랑스와 함께 엔터테인먼트 및 미디어 산업을 주도할 것으로 전망했다. PwC는 2018~2022년 엔터테인먼트 산업의 키워드로 4차 산업혁명에 대응한 융·복합Convergence, 연결Connections, 그리고 신뢰Trust를 꼽고 있다. 그리고 경계를 벗어난 새로운 형태의 융합이 일어나면서 엔터테인먼트와 콘텐츠 산업의 생태계를 크게 변화되어 '컨버전스 3.0' 시대가 올 것으로 예측했다.

융·복합, 연결, 신뢰 3개의 키워드는 창조산업 분야에서 4차 산업혁명에 대응하기 위한 중요한 요소이며, 그중 가장 중요한 것이 신뢰이다. 왜냐하면 인간과 AI의 정체성 혼란은 예측하기 어려운 인간 삶의 변화와 예술의 변혁을 낳을 것이기 때문이다. 인간은 이제 인간성뿐 아니라 기계성을 이해해야 하는 시대를 마주하고 있다. 그러나 기술혁신으로 비롯되는 저작권 문제, 도덕성 문제, 새로운 기술에 대한 신뢰가 담보되지 못할 때의 부작용은 해결해야 할 과제로 남아 있다.

문화예술 및 콘텐츠 산업을 위시한 창조산업의 전망을 논의할 때 4차 산업혁명에 대한 준비와 전략은 필수불가결한 요소가 되었다. 각 국가도 이러한 변화에 대응하기 위해 정부 차원의 정책[3]을 마련하고 있다. 독일은 2013년부터 '인더스트리 4.0Industry 4.0'을 통해 강점을 지닌 제조업 중심으로 4차 산업혁명을 준비하고 있다. 미국은 2014년 산업 인터넷Industrial Internet 컨소시엄을 통해 4차 산업혁명을 확산하는 데 초점을 맞추고 산·관·학 협력 체계를 구축했다. 일본은 4차 산업혁명에 대응하기 위해 국가 차원에서 '신산업구조 비전'을 수립하고 '미래 투자 전략 2017'을 통해 '재팬 소사이어티 5.0Japan Society 5.0'을 발표했다. 특히 일본은 콘텐츠 산업에서 4차 산업혁명을 활용하기 위해 총리 산하의 범정부적 컨트롤 타워를 통해 정책을 조율하고 있다. NHK와 민영방송, 통신, 게임, 영화 등 관련 사업자는 IoT와 AI, AR, VR, MR, 빅데이터 등을 콘텐츠 제작에 적극적으로 활용하고 있다. 이처럼 각국은 인공지능의 결합, 빅데이터 분석을 통해 '소재^IP-창작자-제작-유통-이용'으로 이어지는 콘텐츠 가치사슬의 요소들을 전방위적으로 결합하고 협력해서 창조산업 분야의 신규 영역을 창출하고자 노력 중이다.

⋮ 문화를 통한 지속가능한 발전 ⋮

한편으로는 문화예술에 관한 국제적 논의에 대해 살펴볼 필요가 있다. 포스트모더니즘 이후 현대예술에 더 이상 새로울 것이 없다는 비판이 있었으나, 이 말은 유효하지 않을 것으로 보인다. 과학의 발달은 인간과 기계의 경계마저 허물고 인간, 기계, 산업이 융합된 미래 사회의 문화는 지금까지와는 완전히 다르게 나타날 수 있기 때문이다. 최근 부상한 스마트 혁명과 가상현실 콘텐츠만 보더라도 문화예술에 대한 수요와 소비 행태가 얼마나 급격하게 변화할지 미루어 짐작할 수 있다.

더구나 이 과정에서 인문학의 위기와 인간성 상실에 대한 경고의 목소리도 높아지고 있다. 미래 연구 싱크탱크인 '밀레니엄 프로젝트'에서 발행한 「유엔 미래 보고서State of the Future」, 2030년 위기와 기회의 미래」는 경제 붕괴, 불로장생, 우주 개발 3가지 시나리오에 담긴 철학적인 문제에서 인간과 기계의 경계, 인류에 의해 탄생되는 새로운 생명체를 비중 있게 다루고 있다.

2010년 세계경제포럼WEF에서 제기되었던 '뉴노멀New Normal의 시대, 다른 미래를 디자인하자'는 주제는 2008년 시작된 경제 위기의 근원이 경제 시스템의 문제보다 인간의 탐욕과 불신, 도덕적 해이에서 비롯되었다는 자성의 메시지를 전했다. 글로벌 경제의 영향력과 위기관리의 중요성을 강조하며 윤리, 신뢰 회복 등의 인본적 가치에 기초한 교육과 문화에 대한 중요성을 새롭게 부각하는 계기가 되었다. 이러한 맥락에서 2019년 세계경제포럼에서 제시한 문화예술 키워드는 예술교육, 예술 인권, 문화와 창조산업, 문화유산의 보호와 지속가능한 발전, 포용 도시 등이다.

문화예술과 인류의 미래에 대해 가장 활발하게 논의하고 있는 유네스코UNESCO는 1970년대 무렵부터 '문화와 발전'의 관계에 주목하며, 개발도상국과의 협력과 국가 및 국제적 수준의 문화 정책을 수립해야 한다고 강조했다. 1988년 선포한 '세계 문화발전 10년'은 개발의 4가지 목표로 ① 문화적 차원 고려, ② 문화 정체성 증진, ③ 문화적 생활 참여 확장, ④ 국제 문화 협력 증진을 설정했다. 이에 따라 세계문화발전위원회가 펴낸 「우리의 창조적 다양성Our Creative Diversity」(1995) 보고서에서 창의성과 더불어 양성 평등과 청년의 역할에 대해 집중 조명했다.

1998년 유네스코의 '발전을 위한 문화 정책에 관한 정부 간 회의Intergovernmental Conference on Cultural Policies for Development'에서 '문화 발전' 개념이 '문화 다양성'과 '지속가능한 발전' 개념으로 진전되어 공식 의제로 채택되었다. '세계 문화 다양성 선언'(2001)과 '문화적 표현의 다양성 보호와 증진을 위한 협약'(2005)에서 "문화는 지속가능한 발전의 필수 요건"이라고 밝혔다. 최근 국제 개발 협력 과정에서 지역의 고유한 문화 정체성을 보호하려는 노력과 더불어 문화를 발전의 새로운 원동력으로 활용하는 창조산업이 확대되고 있는 경향은 이를 뒷받침하는 현상이라고 할 수 있다.

유네스코 창조도시 네트워크Creative Cities Network 사업은 2002년 유네스코의 '문화 다양성' 협력을 위한 네트워크의 일환으로 처음 논의되었다. 이에 따라 2004년부터 공예와 민속예술 분야를 비롯해 7개 문화예술 분야에서 창조도시를 지정하고 있다.

지속가능한 발전 개념은 2010년 세계지방정부연합UCLG의 지속가능한 발전의 네 번째 축으로 문화를 채택하고 이를 이행하기 위한 전 세계 지방정부들의 임무를 명시하고 있다. 2015년에는 문화와 발전을 둘러싼 지방정부의 임무를 총 9가지 영역으로 제안하는 「컬처21 액션Culture21 Actions」을 발표했다. 한편으로는 2012년부터 2016년 유엔 총회에서 '문화와 발전' 의제가 연달아 주요 결의안으로 채택되었으나, 2015년에 유엔이 채택한 '지속가능한 발전 목표SDGs'의 17개 목표에는 포함되지 않았다. '문화와 발전' 의제가 사회발전의 의미를 되돌아보는 것임을 인정하면서도 경제, 환경, 사회 등의 실천 목표로 설정되지 못한 것은 시사하는 바가 있다.

⦂ 문화예술 트렌드 변화 : 2010-2020 ⦂

그렇다면 한국 사회의 주요 문화예술 트렌드는 무엇일까? 문화체육관광부와 한국문화관광연구원은 2010년 문화예술 분야의 변화 징후들을 포착하여 2011년의 문화예술 트렌드를 전망했다. 그 내용은 새로운 기술의 등장(스마트컬처, 전자책의 시대), 다문화·다국적 사회(문화자원 확보 경쟁, 다국적 합작의 신한류 등장, 다문화), 문화예술의 사회적 확대와 창조사회(착한 예술, 문화예술 교육, 베이비붐 세대), 새로운 거버넌스와 글로컬 사회문화(지역문화, 문화예술 일자리 창출) 등이다. 경제 위기를 극복할 투명하고 공정한 사회, 미래를 위한 학제적 연구, 기술과 혁신, 국제 공조와 합리적 의사 결정을 위한 집단 지성의 성장은 문화예술 정책에도 시사점을 던진다.

10여 년이 지난 현재 문화예술 트렌드에도 많은 변화가 있었다. 한국문화관광연구원의 「2020년 트렌드 전망 보고서」에 의하면 2018년은 사회 전반에서 국민들의 정책 참여에 대한 의지, 사회변화에 대한 수요가 그 어느 때보다 높았던 해라고 한다. 새로운 미래를 위한 다양한 가능성과 함께 문화에 대한 참여가 높아졌으나 우리 사회의 갈등과 충돌이 깊어지는 원인으로 작용한 측면도 있다. 세부적으로 여가 생활의 증진, 일상 속 생활문화, 긱이코노미^{Gig Economy}(임시직 경제), 1인 크리에이터, 혐오와 토론문화, 문화 응원, 예술가 생존 및 권리, 남북 교류, 문화 분권 등이 트렌드 키워드로 제시되면서 정치 및 사회적인 변화와 경험이 문화예술 분야에도 많은 영향을 끼쳤음을 알 수 있다.

2018년은 평창동계올림픽이 개최된 해였다. 남북 공동 입장을 시작으로 남북 간 문화 교류가 여러 차례 진행되었고, 정부 문화 정책에서 남북 교류가 우선순위로 다뤄지고 있는 것은 남북 관계의 진전과 맥을 같이하는 것이다.

우리나라 문화예술 지원 정책 현황 및 과제

현재 우리나라의 문화예술계는 블랙리스트, 미투, 역사 논쟁, 남북 관계, 국제 정세 등의 정치, 사회, 이념적 갈등과 대립으로 상당한 후유증을 겪고 있으며 혼란스러운 변화를 맞이하고 있다. 정부는 2018년 5월 '사람이 있는 문화, 예술이 있는 삶'을 내세우며 중장기 예술 정책인 '문화비전 2030'을 발표했다. 내용을 살펴보면 블랙리스트, 미투운동으로 상실된 문화예술계 전반의 상호 신뢰를 회복하고 예술 지원 과정에서 논란이 되었던 문화예술 지원 정책의 자율성과 독립성을 강화하는 데 방점을 둔다고 밝히고 있다.

'문화비전 2030'에서는 문화예술 분야의 자율과 분권을 보장하기 위해 정부의 개입을 최소화하는 방안을 주요 개선 과제로 꼽고 있다. 정부의 안을 그대로 적용한다면 한국문화예술위원회가 정부산하기구인 공공기관에서 벗어나 미국의 NEA(국립예술기금)나 영국의 ACE(잉글랜드 예술위원회)처럼 자율적이고 독립적인 문화예술 지원 정책을 담당할 것으로 기대할 수 있지만, 구체적인 실행 방안은 나오지 못하고 논의만 공전하는 상황이다.

정부의 예술 지원 정책의 방향을 살펴보기 위해서는 문화 예산 규모와 내용을 알아야 한다. 2017∼2021년 국가재정운용계획에 의하면 문화·체육·관광 분야 예산은 점차적으로 감축될 것으로 전망되었으나(연평균 1%씩 감소), 2018∼2022년 계획에 의하면 국가 재정 운용을 상회하는 것으로 선회되었다. 실제로 2019년 문화·체육·관광 분야 예산은 7조 2천억 원으로 전년 대비(2018년 6조 5천억 원) 12.2%(7889억 원) 증가했고, 이 중에 문화예술 부문은 3조 1069억 원으로 전년 대비 14.22%(3869억 원) 증가했다.[4] 정부는 삶의 질을 중시하는 사회적 분위기, 주 52시간 노동시간 단축과 같은 제도적 변화에 따라 일상에서 보다 쉽게 여가를 즐길 수 있는 사업에 재정 투자를 증액한 결과라고 밝히고 있다.

그러나 실제로는 2018년 문화 예산이 전년 대비 6.3% 감축된 것을 회복한 것이다. 특이 사항을 살펴보면 생활문화 SOC^{Social Overhead}

Capital(사회간접자본)가 전년 대비 60%(2018년 6386억 원에서 2019년 1조 357억 원) 이상 대폭 확대되면서 증액 예산의 대부분이 생활문화 시설 확충에 투입될 것으로 보인다. 정부가 발표한 10대 지역밀착형 생활 SOC 투자계획과 연계되어 공공도서관, 생활문화센터, 문화콘텐츠 시설을 설립하기 위한 예산도 크게 확대되었다(2019년 1885억 원으로 전년 대비 59.7% 증가).

문화 소외계층(기초생활수급자 및 차상위계층)에게 발급되는 '통합문화 이용권(문화누리카드)'의 개인별 지원금을 1만 원 상향 조정하여 연간 8만 원으로 늘리고, 수혜자를 166만 명으로 확대했다. 문화누리카드 예산은 915억 원으로 전년 대비 12%(2018년 821억 원) 상승하여 지속적으로 확대하고 있다. 특히 예술창작지원, 예술인복지지원 예산으로 활용되던 문화예술진흥기금이 폐지되고 적립된 기금이 고갈되면서 현재 문예진흥기금은 정부 출연금과 기타 기금 전입금에 의존하고 있다. 하지만 예술인의 생활안전자금 융자(85억 원), 창작준비금 확대(4500명에서 5500명)와 같은 지원 사업에 국민이 부담하는 조세, 즉 일반 회계를 전입하여 사용하는 것이 적절한가 하는 논란이 일 수 있다.

위의 내용을 살펴보면 정부의 문화예산 지원 방향은 SOC 시설 확충, 소외계층 문화 향유 확대 및 복지 지원, 예술인 복지 지원이 크게 확대되어 현 정부가 추구하는 포용적 복지 확대와 국정 방향이 맥을 같이한다는 것을 알 수 있다.

⋮ 문화 콘텐츠 시장의 현황과 변화 ⋮

우리나라 문화 콘텐츠 진흥에 관한 정책은 1999년 제정된 문화산업 진흥기본법과 문화산업진흥 5개년 계획, 2001년 한국문화콘텐츠진흥원(현 한국콘텐츠진흥원)이 설립되면서 본격화되었다. 정부가 문화 콘텐츠 산업을 지원하기 시작한 초기에는 킬러 콘텐츠의 다변화 전략One Source Multi Use, OSMU을 추진했다. 대표적인 한류 콘텐츠인 K팝을 비롯해 드라마, 영화, 게임, 애니메이션 등에서 킬러 콘텐츠와 성공 사례가 등장했다. 그러나 최근 수년간 문화 콘텐츠 산업 생태계가 크게 변화되었다.

첫째, 유통 채널의 다변화와 대형 플랫폼의 M&A 등에 따른 문화 콘텐츠 제작 및 유통 환경의 변화를 들 수 있다. 우선 지상파, 케이블, 위성채널 중심에서 유·무선 인터넷으로 인한 스마트폰, 개인 미디어(아프리카TV, 모비딕 등)로 전환되었고, 넷플릭스, 아마존 등의 온라인 기반 OTTOver The Top 플랫폼이 부상하면서 콘텐츠의 제작 및 유통 환경이 급격하게 바뀌었다.

둘째, 4차 산업혁명에 따른 기술혁신[5]을 들 수 있다. 선진국의 앞선 동향과 달리 우리나라는 문화부의 콘텐츠 분야 조직이 축소되고 정책이 위축되면서 2017년 '콘텐츠 산업 중장기 발전전략', 2019년 과학기술정보통신부가 주관하는 5G 전략사업 육성 '콘텐츠 산업 경쟁력 강화 핵심전략'에서 문화 콘텐츠와 4차 산업혁명에 관해 비로소 논의를 시작했다.

셋째, PwC의 2018-2022 전망에 의하면 세계 문화 콘텐츠 시장이 빠르게 변화하면서 미디어 융합Convergence in Media은 비즈니스 모델을 융합Convergence in Business Models하고 나아가 지역의 통합Convergence in Geographies을 이룰 것이라 예측하고 있다. 향후 우리나라 콘텐츠가 해외에 진출하기 위해서는 IP(저작권), 안정적인 플랫폼 확보, 파이넌스 등 정부의 해외 진출 지원 정책과 해외 콘텐츠 기업 투자 등 새로운 비즈니스 모델이 필요한 시점이다.

넷째, 정부 정책 및 국제 정세 변화를 들 수 있다. 정부 정책 중에서 주 52시간 근무제가 노동집약적인 콘텐츠 산업의 특성상 제작 과정과 인력 활용에 영향을 미칠 것으로 보인다. 콘텐츠 산업 10대 불공정 행위에 대한 정부의 감시가 강화되면서 제작 방식에 변화가 있을 전망이다. 국제적으로는 중국의 콘텐츠 산업이 급속하게 성장해 우리나라를 추격하고 있지만 중국 시장을 개척하기는 한동안 어려울 전망이다. 한중 자유무역협정FTA, 사드 배치, 남북 관계, 한일 관계에 따라서도 콘텐츠 수출이 위기를 겪을 수도 있다.

⋮ 문화예술과 창조산업 전망 ⋮

앞서 문화예술과 창조산업의 국내외 현황 및 전망에 대해 살펴보았다. 정치 및 사회적으로 전례 없이 많은 논란을 겪었던 문화예술계가 상호 불신과 이념 갈등을 극복하고 위축된 분위기를 진취적으로 전환하기까지는 다소 시간이 걸릴 듯 보인다.

특히 2018년 4월 문화체육관광 관련 기업경기동향지수가 전 분기 대비 2.5% 감소했다. 이것은 내수경기 침체, 최저임금 인상, 근로시간 단축, 미중 무역갈등 심화 등에 따른 대내외 불확실성이 기업의 경기에 부정적인 영향을 미치고 있기 때문이다. K팝, 드라마, 게임 등 경쟁력 있는 개별 문화 콘텐츠 산업을 중심으로 성공 사례가 나오겠지만 당분간 특별한 모멘텀이 없다면 이러한 사회 분위기가 지속될 것이다.

특히 OTT 시장에 AT&T(타임워너)와 디즈니 등이 참여하면서 거대 기업과 전면적으로 콘텐츠 제작 경쟁을 하기는 쉽지 않아 보인다. 하지만 플랫폼이 증가하면서 국내 콘텐츠 산업에는 오히려 새로운 기회가 창출될 수 있다는 전망도 우세하다. 최근 팬덤을 중심으로 한 영화 시장이 증가하고, 기존 게임들의 강세가 지속되면서 콘솔 시장의 성장을 주목할 필요가 있다.

4차 산업혁명은 문화 콘텐츠 산업의 장르에 따라 매우 다양한 양상으로 영향을 끼칠 것이다. 특히 음악과 음원을 제작하고 유통하는 방식이 빠르게 진화할 것으로 보이는데 경쟁력 있는 콘텐츠를 기반으로 다채널 플랫폼을 활용하는 것이 중요하다. 전 세계에서 다양한 성과를 창출한 음악 시장은 K팝 2.0 시대를 맞이하며, 방탄소년단[BTS]을 비롯한 새로운 음악으로 지속적인 성장을 이룰 것으로 보인다. 특히 방탄소년단의 미국 시장 진출과 성공 요인[6]은 콘텐츠의 경쟁력과 다변화된 플랫폼을 통한 유통 방식에 기인한다.

따라서 정부의 정책은 개별 콘텐츠를 지원하는 방식에서 벗어나 융·복합된 플랫폼 비즈니스 기반 구축과 콘텐츠 기업의 해외 진출을 위한 지원 시스템을 구축하는 방향으로 나아가는 것이 바람직해 보인다.

우리나라 창조산업은 엔터테인먼트와 미디어 산업 등 일부 경쟁력 있는 개별 장르의 문화 콘텐츠 산업을 중심으로 성장해 왔다. 하지만 공연예술, 미술, 디자인 등 창조산업 전반으로 확장해 보면 아직 큰 성과[7]를 거두었다고 볼 수 없다. 따라서 앞으로 정부 정책은 문화 콘텐츠 생태계를 조성하고 창조산업 전 분야에서 경쟁력을 가지고 성장할 수 있는 기반을 구축하는 데 힘써야 한다. 4차 산업혁명과 융·복합 콘텐츠 제작 환경 등 급변하는 시장에 대응할 수 있도록 정부의 컨트롤 타워를 선정하고, 종합적이고 체계적인 계획과 실천 전략이 수립되어야 한다.

창조산업의 기반이 되는 문화예술은 지원 정책을 수립하는 것이 가장 중요하다. 지원 정책에서 가장 대표적인 정부의 역할은 목표와 방향 설정이다. 예술이 지닌 정신적 사회적 가치가 절대 불변한다 하더라도 국가의 예술 지원 제도는 시대와 상황에 따라 다양한 형태로 발전할 수 있기 때문이다. 예술 지원 제도를 '어떻게' 개선하느냐보다 '왜' 개선해야 하는가가 더 중요하며, 예술 지원 정책의 목표와 원칙을 설정하고 행정적인 간섭 없이 이행하는 것은 예술 정책의 시발점이 된다. 한정된 공공재원으로는 국가가 모든 예술가와 예술을 지원할 수 없다. 시대의 요구에 따라 정책 수립의 철학과 방향이 바뀔 수 있기 때문이다.

고갈된 문화예술진흥기금의 확충에 관한 대안과 문화예술진흥기구의 독립을 통해 행정의 간섭을 최소화하고 자율적인 예술 정책을 추진해야 할 것이다. 전통문화 보존, 순수예술 지원, 문화 기반 및 생태계 구축, 문화 격차 해소, 균형 발전 등 정부의 역할이 필요한 곳을 제외하고 지역문화 활성화, 인력 양성, 문화 다양성 측면의 정책은 지역문화 분권을 위해 과감히 지역으로 이관하는 방안도 검토해야 할 것이다.

궁극적으로 문화예술과 창조산업 시장은 민간에 의해 자발적으로 발전하는 것이 바람직하다. 새로운 시대에 대응하는 예술 지원 정책의 혁신적 변화 없이 정부에서 일방적으로 공급하는 문화 시설의 양적 확대와 정부 예산으로 직접 지원하는 방식의 예술인 복지가 바람직한 방향인지에 대해서도 논의할 필요가 있다. 나아가 스마트 혁명으로 콘텐츠 수요가 급증하면서 문화예술과 타 분야의 융·복합 시스템 구축과 글로벌 역량을 기반으로 하는 예술 교육의 중요성은 더욱 강조될 수밖에 없다. 콘텐츠 산업의 기반이 되는 인문학과 예술이 지닌 창의성과 혁신성은 사회 전반에 걸쳐 창의적인 변화를 유도하기 때문이다.

박은실 추계예술대학교 문화예술경영대학원 교수

1_UNESCO, The International Confederation of Societies of Authors and Composers, and the consultancy EY in 2015, WEF, Mapping Global Transformation(2018)에서 재인용.

2_PwC, Global Entertainment and Media Outlook 2017-2021.

3_한국콘텐츠진흥원, 코카포커스 17-08호(통권117호), 2018. 1.

4_문화 · 체육 · 관광 분야 예산 증가율은(전년 대비 12.2% 증가) 12개 국가 재정 분류 중 산업 · 중소 · 에너지(15.1%) 다음으로 높은 수준인데, 2018년도 예산 감축분(2017년 대비 2018년 문화 · 체육 · 관광 분야 6.3% 감소)의 회복을 고려하여 해석해야 한다.(한국문화관광연구원, 문화관광웹진, 2019. 3.)

5_PwC(2018-2022)는 콘텐츠 시장에 영향을 미칠 8대 기술로 IoT, VR, AR, 블록체인, 인공지능, 3D 프린팅, 드론, 로봇을 들고 있다.

6_멤버들 개인의 진정성 있는 콘텐츠를 서사에 맞게 스토리텔링을 만들어 유튜브, 브이앱, 트위터 등의 SNS를 활용해 데뷔 초부터 팬들과 함께 공감한 것이 강력한 팬덤을 만들어왔다. 전 세계 2080개의 QR코드를 스캔하여 방탄 퀴즈를 풀면 자물쇠가 열리는데 데뷔부터 지금까지 총 2080일 동안의 방탄 기록 저장소라고 볼 수 있다.

7_UNCTAD(2018), Creative Economy Outlook Country Profile에 의하면 우리나라의 창조산업 전체 무역수지는 지난 2007년 이래 지속적으로 적자를 면하지 못하고 있다. 특히 지난 2009년 -76.58%에서 2014년에는 -746.26%로 적자 폭이 더 커졌다.

뉴미디어 시대의
플랫폼 비즈니스

⋮ 방송 산업의 지형도 변화 ⋮

현재 한국의 미디어 산업은 급격한 지형 변화를 겪고 있다. 대표적인 변화로 지상파 방송의 침체를 들 수 있다. 더구나 인터넷을 기반으로 한 다양한 플랫폼의 출현은 방송 영상 산업의 지형도를 급격하게 바꾸고 있다.

대표적으로 과거 저녁 시간대를 지배하던 지상파 간판 뉴스 프로그램의 시청률이 크게 떨어졌다. 방송업계에서는 뉴스의 판이 흔들리고 있다는 표현이 나올 만큼 시청률 변화 양상이 급격하게 나타나고 있다.

KBS의 경우 한때 30%(2012년 8월)를 웃돌던 뉴스 시청률이 급격히 내려갔다. KBS 〈뉴스9〉의 2018년 상반기 평균 시청률은 13%였다.

MBC 〈뉴스데스크〉의 2018년 7월 평균 시청률은 3.39%를 찍으며 최저를 기록했다. 반면 JTBC 뉴스는 상승세를 보였다. JTBC는 신뢰도 부문에서도 43.9%를 기록하며, 14%를 기록한 KBS를 크게 앞섰다.

미디어 시장은 광고를 통해서 움직이는데, 한국의 미디어 광고시장은 급변하고 있다. 광고시장의 규모는 한정되어 있는데 방송의 종류와 채널이 늘어나고 있다. 그 가운데 가장 눈에 띄는 부분은 지상파 광고의 급감이다. 방송통신위원회의 '방송사업자 재산 상황 공표집'을 통해 방송광고 시장 추이를 살펴보면, KBS와 MBC 광고는 50% 이상 줄어들었다.

2002년 KBS 광고 매출이 7352억 원이었으나 2018년에는 3666억 원으로 거의 반토막이 났다. 같은 기간 MBC도 마찬가지다. MBC의 광고 매출은 2002년 6584억 원에서 2018년 2926억 원으로 급감했다. 매체별 광고시장 점유율 추이를 보면 2006년 지상파는 전체 방송광고 시장의 75.8%를 차지했으나 2018년에는 44.6%까지 떨어졌다.

방송시장 외부에서는 온라인과 모바일 광고의 급성장이 이어지고 있다. 제일기획이 매년 발표하는 총 광고비 조사를 종합하면 PC와 모바일 광고시장이 증가하고 있다. PC시장은 2002년만 해도 1850억 원에 불과했으나 2013년 2조 원을 넘어섰다. 2010년부터 따로 분류되기 시작한 모바일 시장은 첫해 매출이 5억 원이었지만, 2017년 광고 매출은 2조 2157억 원을 기록했다. 유튜브의 광고 매출도 급증했다.

한국방송광고진흥공사(코바코)가 지난 5년 동안 발표한 '방송통신 광고비 조사'를 보면, 2012년부터 2018년까지 온라인 광고 시장은 급격하게 성장했다. 한국 미디어 시장은 스마트폰의 보급과 함께 급격한 플랫폼 변화를 겪고 있다.

방송광고비는 표면적으로 꾸준히 4조 원대를 유지했다. 그러나 사업자별로 살펴보면 지상파 방송사 광고의 급감이 뚜렷하다. 2012년 지상파 광고 시장은 2조 2304억 원에 달했으나 2015년 2조 원 선이 붕괴되고 PP(방송채널사용사업자)에 역전당했다. 인쇄 매체 광고 역시 감소하는 추세다. 신문광고 시장은 2012년 1조 7178억 원에서 2016년 1조 5359억 원으로 떨어졌다.

미디어의 주요 플레이어가 인터넷과 모바일로 변해 간다는 것은 지상파 방송에는 위협적이다. 인터넷과 모바일은 개인시청이라는 특징을 갖고 있다. 집단시청 콘텐츠 소비와는 다른 방식이다. 보편적 시청층을 위주로 미디어 시장을 장악해 왔던 지상파의 시대는 지나고 플랫폼으로서 힘을 잃어가고 있다.

현재 유료 방송시장에서 케이블TV의 시장점유율은 43.7%다. 이 중 22.8%의 점유율이 통신 3사로 편입될 가능성이 크다. 이에 따라 유료 방송시장에서 통신 3사의 점유율이 확대되고 있다.

앞으로 방송시장은 크게 4가지 방향으로 변화할 것이다.

첫 번째는 방송의 스트리밍streaming화다. 기존의 방송을 보는 방식에서 벗어나 온라인을 통한 스트리밍으로 방송을 보는 것으로 큰 변화가 이미 일어나고 있다.

두 번째는 방송시장 자체가 글로벌화한다는 것이다. 이미 넷플릭스 등을 통해서 전 세계의 방송시장은 글로벌로 재편되고 있다.

세 번째는 방송시장이 B to C로 변화하고 있다. 콘텐츠 라이브러리를 통해 방송을 보는 것이다.

네 번째는 방송시장의 콘텐츠 소비가 플랫폼과 합쳐져 오래된 콘텐츠나 새로운 콘텐츠에 관계없이 소비자들이 원하는 콘텐츠가 소비되는 현상이다.

이 4가지 조건을 모두 갖춘 방송 서비스가 넷플릭스라고 할 수 있다.

⋮ 넷플릭스의 약진 ⋮

이제 시청자들은 지상파 방송 프로그램을 수동적으로 보기보다 원하는 콘텐츠를 찾아 플랫폼에 접속한다. 이 새로운 방식의 소비는 넷플릭스와 유튜브 같은 글로벌 온라인 동영상 서비스^{Over The Top, OTT}를 미디어 시장의 주류로 만들었다. '코드 커팅^{cord cutting}'으로 표현되는 이러한 OTT는 국내 미디어 시장의 판도를 새롭게 바꾸고 있다.

넷플릭스는 OTT 서비스이다. OTT란 'Over The Top'의 약자로 TV 셋톱박스^{top}를 넘어선^{over} 서비스라는 뜻이다. 인터넷을 통해 예능, 드라마, 영화 등의 콘텐츠를 보여주는 방식을 통틀어 OTT라고 한다. 넷플릭스는 셋톱박스가 아니라 인터넷 연결을 통해 언제 어디서든

원하는 동영상을 볼 수 있다.

미국 방송시장에서는 넷플릭스의 저렴한 정액제 공세에 시청자들이 유선방송을 끊게 되었다고 해서, 이를 '코드 커팅' 현상이라고 한다. 넷플릭스는 2018년 미국에서 비디오 콘텐츠 시청 플랫폼 1위에 올랐다.

넷플릭스는 공격적인 제작 투자로 방송시장뿐만 아니라 영화계도 넘보고 있다. 또한 넷플릭스는 한국 시장으로도 눈길을 돌렸다. 아시아에서 OTT 가입자를 늘리기 위한 콘텐츠 기지 역할을 할 수 있기 때문이다. 넷플릭스는 한국 콘텐츠의 해외 방영권도 적극적으로 사들여 2018년까지 550여 편 정도를 확보했다고 한다. 넷플릭스는 한국 애니메이션 제작도 시작했다.

글로벌 OTT 시장의 선두를 차지하고 있는 넷플릭스의 국내 모바일 앱 사용자는 2018년 9월 기준 90만 명으로, 2017년 32만 명에서 1년 새 3배 가까이 증가했다. 넷플릭스가 본격 상륙한 2016년 8만 명과 비교하면 구독자 수에서 놀라운 증가를 보이고 있다.

넷플릭스는 콘텐츠뿐만 아니라 콘텍스트를 판다고 할 수 있다. 미국에서 2017년 한 해 동안 넷플릭스의 구독자 수는 약 2800만 명이나 늘었다. 이 수치는 미국의 프리미엄 유료 케이블 네트워크 HBO^{Home Box Office}(홈박스 오피스)가 지난 40년 동안 확보한 구독자 수와 같다. HBO가 40년 걸려서 확보한 구독자 수를 넷플릭스는 단 한 해에 확보한 것이다. 넷플릭스는 미디어 콘텐츠 산업 전반을 새롭게 재편하고 있다.

미국 내에서 코드 커팅 현상을 불러일으키며 기존 케이블 네트워크 회사들의 자리를 대신하고 있다.

넷플릭스의 시장점유율은 영상 분석, 알고리즘 및 디지털 스트리밍 혁신 덕분이다. 넷플릭스는 이용자들의 취향과 시청 패턴에 맞춘 '맞춤형 콘텐츠'를 제공한다. 더구나 맞춤형 추천뿐만 아니라 영화와 드라마 시리즈, 버라이어티 프로그램, 애니메이션, 코미디, 다큐멘터리 등 다양한 장르의 콘텐츠를 직접 제작한다. 넷플릭스는 빅데이터 분석을 통해 소비자들이 원하는 콘텐츠를 제공하고 있다.

넷플릭스는 플랫폼에 들어온 콘텐츠 소비자들을 정교하게 분석해 시청자 개개인의 콘텍스트를 반영한 콘텐츠를 전달하고 있다. 추천 알고리즘은 사용자 개인정보가 아닌 영상 사용 패턴에 맞는 취향을 분석하는 방식이다.

넷플릭스는 콘텐츠 제작 분야에서도 공격적이어서 막대한 예산을 쏟아붓고 있다. 2017년 제작 예산은 50억 달러(당시 환율로 약 6조 원), 2018년 80억 달러(약 9조 원), 2019년 120억 달러(약 13조 원)다.

또한 넷플릭스는 한 번에 모든 시리즈를 공개함으로써 시청자가 원하는 시간과 속도에 맞게 콘텐츠를 소비할 수 있도록 하고 있다. 콘텐츠를 잘 만드는 것도 중요하지만, 얼마나 소비자들의 콘텍스트에 맞게 콘텐츠를 전달하는가도 중요하다. 한국 시장의 진입 장벽을 넘지 못할 것이라고 예상되었던 넷플릭스는 한국 미디어 업계를 변화시키고 있다. OTT와 인터넷 개인방송 등 거스를 수 없는 미래가 미디어 산업의 지형을 바꾸고 있는 것이다.

⫶ 유튜브의 공세 ⫶

미디어 시장에서 유튜브의 영향력도 빼놓을 수 없다. 이미 젊은 세대 사이에서는 절대적 매체로 자리매김하고 있다. 영상 시청뿐만 아니라 검색도 유튜브로 하고 있다. 이미 OTT와 인터넷 개인방송이라는 새로운 방식의 미디어에 의해 펼쳐지는 미디어 혁명이 시작되었다. 5G 시대에 접어들면서는 인터넷 기반 멀티미디어 서비스의 위력은 더 강해질 것이다.

방송통신심의위원회 자료를 보면 우리나라 중·고등학생은 하루 평균 2시간가량을 인터넷 개인방송 시청에 소비하는 것으로 나타났다. 유튜브, 아프리카TV, 네이버V앱, 네이버TV 중에서도 대표 플랫폼은 단연 유튜브다. 일부 10대에게는 기존 미디어 역할을 모두 유튜브가 대체하고 있다.

그러다 보니 뜨거운 인기를 누리는 유튜브 스타들이 나타나기 시작했다. 2018년에는 연간 200억 원 이상의 수입을 올리는 유튜버들도 등장했고, 이들을 기존 미디어 톱스타와 동급으로 대우해 '인플루언서 Influencer(영향력 있는 개인)'라고 부르기 시작했다. 유튜브를 통해 스타를 찾는 트렌드는 방탄소년단을 최고의 글로벌 스타로 만들어내고 K팝을 글로벌 시장의 스타로 만들어냈다.

유튜브는 이제 어떤 포털사이트나 메신저, 앱보다 더 많은 시간을 보내는 플랫폼으로 자리 잡았다. 어린아이부터 노년층까지 쏟아지는 동영상을 보고 즐긴다. 유튜브는 '갓튜브'(God+유튜브 합성어)로도 불린다. 유튜브에는 수십 수백만에 이르는 구독자를 바탕으로 큰 영향력을 발휘하는 수많은 유튜버들이 있고, 이들은 새로운 문화권력으로 떠오르고 있다.

구글코리아에 따르면 2017년 말 기준 구독자가 10만 명을 넘는 국내 유튜버는 1300명 가까이 증가했다. 100만 명을 돌파한 국내 채널도 지난해 말 90개에서 이날 기준 100개가 됐다. 국내 유튜브 상위 100개 채널 가운데 절반 정도는 개인 유튜버가 운영한다.

2018년 11월 16일 국내 유튜버 제이플라의 채널 구독자가 1천만 명을 돌파했다. 국내 1인 크리에이터 가운데 개인 유튜버 구독자 수가 1천만 명을 넘어선 것은 제이플라가 최초다.

2018년 구글코리아에 따르면 한국 유튜버 구독자 순위 1위는 음악 분야 제이플라(1천만 명), 2위는 키즈 분야 보람튜브(800만 명), 3위는 음악 분야 빅마블(500만 명)이다.

머니투데이가 국내 개인 유튜버 상위 30개 채널을 분석한 결과 이들의 평균 나이는 25세였다. 30개 채널의 70%는 20대였다. 30개 채널에서 다루는 콘텐츠는 게임(7개), 일상(5개), 음악(5개) 순으로 나타났다. 30개 채널의 평균 구독자 수는 203만 명이다. 하나의 채널이 국내 어떤 일간지보다 많은 구독자 수를 보유한 셈이다.

유튜버들은 광고를 통해서 수익을 올리고 있다. 유튜버의 수익은 동영상에 붙는 광고에서 나온다. 구독자 수가 1천 명을 넘고 지난 1년간 채널 시청 시간이 4천 시간 이상인 유튜버는 구글의 광고 중개 시스템 애드센스를 이용할 수 있다. 동영상 시청 시간이나 조회 수 등을 애드센스의 알고리즘으로 조정해 수익을 배분한다.

최근에는 일상 공유 콘텐츠가 많은 인기를 얻고 있다. 춤, 노래 등 유튜버의 특기를 살린 콘텐츠도 여전히 강세다. '원 밀리언 댄스 스튜디오'(기업형 유튜버)는 댄스 연습 영상 등을 올려 3년 만에 구독자 1천만 명을 모았다. 유튜브 평가인증 매체인 소셜블레이드에 따르면 국내 상위 250개 유튜버 채널 중 엔터테인먼트·방송(137개)을 제외하면 '하우투howto'(26개) 분야가 가장 많다.

모바일앱 분석업체 와이즈앱이 2018년 발표한 '연령대별 모바일앱 사용 시간'에 따르면 10~40대까지 모든 연령대에서 가장 사용 시간이 긴 앱이 유튜브였다. 10대(76억 분)와 20대(53억 분), 30대(42억 분), 40대(38억 분)에서 가장 오래 쓰는 앱이었고, 50대 이상 장년층에서도 51억 분을 기록해 1위 카카오톡과 거의 차이가 없었다. 스마트폰을 쓰는 우리나라 모든 국민이 매일 하루 평균 23분간 유튜브를 이용한 셈이다.

쌍방향 소통도 유튜브의 장점이다. 기존 방송사의 콘텐츠는 일방적으로 소비자에게 보내는 방식이었지만, 유튜브는 공급자와 소비자가 쌍방향으로 소통할 수 있다. 유튜버들은 라이브 방송을 통해 시청자와 소통하고 그들의 요구를 콘텐츠에 반영하는 노력을 하고 있다.

유튜버는 광고시장의 블루칩으로 떠오르고 있다. 수십 수백만에 이르는 구독자를 보유한 유튜버들은 인플루언서로 활약한다. 최근 미국의 마케팅 업체 미디어킥스는 2016년 2조 6900억 원이었던 글로벌 인플루언서 마케팅 시장 규모가 2020년까지 최대 약 4배인 10조 7640억 원에 달할 것으로 추산했다. 유튜버를 활용한 광고는 목표 집단을 명확히 설정할 수 있다는 장점이 있다.

유튜브 광고 시스템인 애드센스는 콘텐츠 공급 국가, 콘텐츠 유형, 이용자 수, 주요 구독자의 국적 등에 근거해 조회 수 1천 회당 가격을 결정한다. 우리나라 유튜버들은 일부 상위 유튜버를 제외하고 대부분 조회 수 1천 회당 1달러 미만을 받는 것으로 알려졌다.

유튜브는 동영상 시장, 음악 스트리밍, 하우투howto, 키워드 검색시장에 이르기까지 인터넷 산업을 바꾸고 있다. 와이즈앱은 2018년 유튜브와 카카오톡, 네이버, 페이스북 등 한국인이 많이 사용하는 모바일앱 4종의 2년간 소비 시간 동향을 발표했다. 한국인이 한 달 평균 유튜브를 사용한 시간은 257억 분, 카카오톡은 179억 분이었다. 네이버는 126억 분으로 유튜브의 절반에 그쳤고, 페이스북은 42억 분이었다. 유튜브 이용 시간은 연령대가 낮을수록 더 늘어난다. 와이즈앱의 조사 자료에 따르면 20대는 유튜브에 8천만 시간, 카카오톡에 7600만 시간, 네이버에 3400만 시간을 썼다. 1020세대에게 유튜브는 단순 동영상 서비스가 아니라 포털 그 자체다.

광고주들도 유튜브로 집중되고 있다. 메조미디어 '업종분석리포트 2018'에 따르면 지난해 동영상 광고 매출은 유튜브가 1656억 원(점유율 38.4%)으로 1위를 차지했다. 이어 페이스북 1329억 원(30.8%), 네이버 484억 원(11.2%), 다음 358억 원(8.3%) 순이었다.

∶ 미디어 산업의 전망과 정책 과제 ∶

최근 몇 년간 지상파 광고 매출 하락 현상은 점점 더 뚜렷해지고 있다. 2012년 이후로는 일관된 하락세가 이어지고 있다. 2015년에 광고 총량제 규제 완화가 단행됐고, 2017년 지상파 3사가 중간광고를 도입했음에도 광고 실적 추락은 계속되고 있다. 2011년 4개의 종합편성채널이 출범하면서 지상파 독점 시장이 무너지기 시작했다. 2018년에는 JTBC의 광고 매출이 2185억 원을 기록해 MBC 광고 매출(2926억 원)을 턱밑까지 추격했다. CJENM 계열 채널의 광고 매출도 2018년 3367억 원에 달했다.

미디어 시장을 재편하는 혁명은 그동안 넷플릭스, 유튜브 주도로 이어져왔고, 2019년에는 더욱 빠른 증가로 한국 미디어 시장을 바꿔나갈 전망이다. 방송 미디어 업계에 최대의 격변이 다가오고 있다.

이제 미디어 산업에서는 자본력보다 창의력이 중요한 시대다. 아날로그에서 디지털로 바뀌면서 거대 신문사 방송국의 영향력이 줄어들고 1인 미디어의 영향력이 커지게 되었다.

아날로그에서 디지털로의 변화로 인터넷 매체의 부상과 넷플릭스 같은 OTT 서비스의 인기가 증가하고 있다. 인터넷 뉴미디어 업체가 기존 방송사들을 위협하며 미디어 시장을 재편하는 '인터넷발' 미디어 혁명은 그동안 넷플릭스와 유튜브의 주도로 이어져왔다.

유튜브도 우리 플랫폼 업계에 위협이다. 넷플릭스가 드라마·예능·영화 같은 기존 정규 콘텐츠 영역을 대체하고 있다면 유튜브는 개인방송이라는 새로운 영역을 만들어 기존 미디어 시장의 판도를 바꾸고 있다. 이제 출연자들이 방송사의 섭외만 기다리던 시대가 끝나고, 방송사의 절대 권력도 줄어들고 있다. 한류 콘텐츠는 유튜브를 통해 세계로 진출하면서 싸이와 방탄소년단 같은 성공을 이루어냈다. 웹테이너의 부상은 큰 트렌드가 되었다. 유튜브 등 인터넷을 통해 재능을 펼치는 새로운 엔터테이너의 등장이 시대의 급변하는 트렌드를 말해 준다.

또한 앞으로 실감 콘텐츠들이 본격화될 전망이다. 증강현실AR, 가상현실VR 등 입체감과 고화질의 실감 영상 콘텐츠를 통해 미디어 엔터테인먼트의 새로운 장이 열리고 있다. 이를 통해 캐릭터 콜라보레이션이 일어나고 콘텐츠도 여러 플랫폼으로 쪼개서 소비하게 될 전망이다.

"콘텐츠가 왕이라면 콘텍스트는 신이다If content is king, context is god"라는 말이 있다. 디지털 시대에 소비자들을 만족시키려면 좋은 콘텐츠만으로는 부족하다는 의미다. 소비자들의 요구에 부응하려면 콘텍스트를 팔아야 한다.

정부는 오는 2022년까지 일자리 3만 3천 개, 수출 26억 달러어치를 신규 창출하기 위해, '콘텐츠 산업 경쟁력 강화 핵심전략'을 추진하기로 했다. 2019년 초 국정현안점검조정 회의에서 콘텐츠 산업 경쟁력 강화 핵심전략을 승인했다.

여기에는 우리나라 콘텐츠 산업 전반의 체질과 경쟁력을 강화하기 위한 3대 핵심 과제와 8개 추진 과제가 담겨 있다. 2020년 상반기까지 방송영상, 게임, 만화·웹툰, 음악 등 주요 분야별 세부 전략을 단계적으로 수립할 계획이다.

이를 통해 현재 116조 규모인 콘텐츠 산업 매출을 2022년 141조 원으로 확대하고, 4년 동안 콘텐츠 분야에서 3만 3천 개 일자리와 26억 달러 수출 신규 창출을 목표로 잡았다. 정부는 콘텐츠 제작 역량 강화를 위한 방안으로 업계에서 가장 시급한 해결 과제로 꼽는 '3중고'인 자금, 제작 인프라, 인력 부족을 해결하는 데 나서기로 했다. 또한 정부는 미래형 콘텐츠 육성 차원에서 우리 문화유산과 관광자원을 가상현실·증강현실 등 첨단기술과 연계한 실감 콘텐츠로 제작함으로써 문화자원화를 실현하기로 했다.

국내 콘텐츠 기업이 해외 진출을 할 때는 현지 시장 상황, 기업 정보, 정부 규제 등 실전 정보를 제공하고, 해외문화원, 한국콘텐츠진흥원 해외비즈니스센터, 코트라KOTRA, 한국관광공사 해외지사 등과 협력, 원스톱 지원체제를 가동하기로 했다.

정부 정책 수립은 환영할 만한 일이지만, 문화 콘텐츠 산업의 특성상 정부 주도 정책이 시장 기능에 역행해서는 안 된다. 콘텐츠 산업 육성은 센터 건립 등 하드웨어 공사로 이루어지는 일은 아니라는 점에서 소프트웨어와 플랫폼 컨텍스트를 마련하는 정책으로 보다 실효성 있게 진행되어야 할 것이다.

강미은 숙명여자대학교 미디어학부 교수

Korean

Economics

4장

건강한 일상을 보장하자

환경

01

환경과 경제,
지속가능한 발전을 위한 논의

∵ **지속가능한 성장의 3가지 축** ∵

"현재 세대가 자신들이 필요한 것을 충족함에 있어 다음 세대가 자신들의 필요를 충족하는 능력을 해치지 않는 것이다." 1987년 브룬트란트 보고서로 잘 알려진 유엔 보고서 「우리의 미래 Our Common Future」에서 지속가능한 발전 Sustainable Development의 개념을 정의한 것이다. 현재 세대가 자신들의 능력으로 당면한 문제를 해결하면서 사회경제적 발전을 이루는 것을 지속가능한 발전이라고 한다.

한 사회가 지속가능성 sustainability을 확보하기 위해서는 경제, 사회, 환경이 중심축이 되어 서로 상호작용하며 발전해 나가야 한다. 경제적 발전을 통해 빈곤을 퇴치하고, 사회의 공평성과 보편성, 공정성을 확

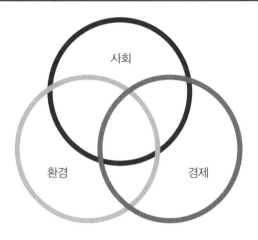

보해 교육이나 기회의 차별을 없애며, 인간의 활동을 위해 천연자원이나 생태 및 환경을 무제한 사용하거나 파괴하는 것이 아니라 '자연자본Natural Capital'으로 간주하고 투자해야 지속가능한 발전을 보장할 수 있다.

2012년 6월 브라질 리우데자네이루에서 반기문 유엔 전 사무총장은 전 세계의 국가정상 및 국제기구의 장들과 함께 2015년부터 2030년까지 각국이 지속가능한 발전을 위해 달성해야 할 17개의 구체적 목표를 발표했다. 이것이 바로 지속가능한 발전 목표Sustainable Development Goals,SDGs로서 2012년 9월 유엔총회에서 정식으로 채택되었다. 2030년까지 전 세계에서 절대 빈곤을 없애고, 깨끗하고 편리한 에너지를

모두에게 공급하는 등 구체적인 17개 목표와 그것을 달성하기 위한 이행 경과, 그리고 100개가 넘는 지표들을 통해 성과를 평가할 수 있는 체계를 만들었다. 유엔개발프로그램UNDP과 전 세계 대학, 연구소, 시민단체 등은 각국의 SDGs 이행 여부를 분석 및 평가하고 있다.

SDGs에는 지속가능한 발전을 위한 3개 축과 관련된 세부적인 목표도 설정되어 있다. 예를 들어 환경 축과 관련된 SDGs는 여섯 번째 목표인 물과 위생, 일곱 번째 지속가능한 에너지, 열한 번째 지속가능한 도시와 커뮤니티, 열세 번째 기후변화와 대응, 열네 번째 해양생태계 보존, 열다섯 번째 육상생태계 보존 등이다. 그러나 각국의 상황과 여건에 따라 목표 달성의 우선순위가 다르다. 또한 사회, 경제, 환경의 상호 연관성도 각국의 현재 상황과 미래에 대한 장기 발전 전략에 따라 다르게 나타난다.

⋮ 한국의 환경문제 ⋮

최근 지구상에는 폭염과 혹한 등의 이상기후뿐 아니라 태풍과 가뭄 등 기상이변이 빈번히 나타나고 있다. 기후변화가 국제적인 환경문제로 부각되어 국제사회가 해결 방안을 찾고자 노력한 지도 30여 년이 되어가고 있지만 상황은 점점 더 악화되고 있다. 한국도 매년 폭염, 홍수, 가뭄, 등 이상기후가 점점 심각해지고 있다. 국제사회의 일원으로서 한국도 온실가스 배출을 줄이는 노력을 계속함과 동시에 기후변화가 각 부문에 미치는 영향과 피해를 줄이면서 변화된 기후에 적응해 나가야 한다.

대기 중 온실가스의 농도가 급격히 증가함으로써 기후변화는 더 빨리 진행되고 있다. 사회 전반적으로 온실가스 배출을 줄이는 정책을 세워야 하는데, 인간 활동의 결과로 생기는 문제를 환경부가 다루기에는 여러 가지 제약과 어려움이 많다. 따라서 근본적인 원인을 찾아 각 부문별로 정책을 세워야 한다. 즉, 화석연료의 사용은 에너지 부처, 농업 생산 활동으로 배출되는 메탄가스 문제는 농수산부에서 다루는 것이 효과적이다.

　최근 미세먼지와 초미세먼지의 농도가 급격히 증가하는 것도 인간의 경제활동으로 인한 것이다. 미세먼지는 인간의 건강과 보건에 직접적인 영향을 미치므로 가능한 빨리 해결해야 하는 환경문제이다. 특히 중국에서 유입되는 미세먼지가 심각하기 때문에 국가 간 협력과 논의를 하려면 외교부와 업무 협조도 필요하다. 에너지 사용과 관련해서는 산업자원부, 수송 부문에서 배출되는 미세먼지는 국토부와 협의해야 한다. 미세먼지는 환경문제이지만 부처 간의 조정이 우선되어야 할 문제인 것이다.

　그동안 깨끗한 물을 확보하기 위해 수자원 관리는 국토부가 맡고, 공장 등에서 배출되는 오폐수를 비롯해 주요 하천의 수질 관리는 환경부가 담당하는 이중 구조였다. 현 정부에서는 물 관리를 환경부로 일원화하는 과감한 조치를 취했다. 효율적인 물 관리는 우리나라 자연생태계를 보호하고 보존하는 것과도 밀접한 관련이 있다. 기상이변에 따른 홍수와 가뭄이 심해지고 횟수도 늘어나면서 강수량도 변화하기 때문이다.

　도시에서 배출되는 쓰레기 처리 문제는 우리나라 환경문제의 주요 이슈 중 하나이다. 음식물 쓰레기 분리수거, 쓰레기 매립장 확보, 쓰레기 소각 시설에서 발생하는 오염물질, 플라스틱과 비닐봉지 등 썩지 않는 쓰레기의 처리, 독성이 있는 특수 폐기물이나 건축 폐기물 처리도 주요 환경문제다.

특히 폐기물 관리는 환경부, 지방자치단체, 관련 공공기관, 환경시민단체 등 이해관계가 복잡하게 얽혀 있다. 다행히 우리 정부는 쓰레기종량제를 실시해 가정을 비롯한 최종 쓰레기 배출 문제에 합리적으로 대응하고 있다. 그러나 폐기물의 자원화, 재사용 문제는 여전히 주요 현안으로 남아 있다. 이 밖에 주변 국가들과의 협력이 필요한 월경성transboundary 환경오염도 해결해야 할 문제다. 그리고 다양한 생물종 확보를 위한 희귀종 동식물 보호, 자연생태계 보존 등을 통해 우리나라의 자연자원과 자연자본natural capital을 지키고 늘려나가는 것도 환경 문제에 속한다.

⋮ 지속가능한 발전을 위한 3D 에너지 정책 ⋮

한국은 1990년대 말과 2000년대 초반에 걸쳐 수도권 지역에 특별법까지 제정하고 자원을 투입해 대기오염 문제를 어느 정도 해결했다. 그러나 정부가 장기적인 추진 방향을 설정하지 못하면서 또다시 미세먼지와 같은 심각한 대기오염 문제를 겪게 되었다. 미세먼지의 발생 원인이 국내에 있느냐 국외에 있느냐를 따지기 전에 정부가 지속가능성의 측면에서 접근하지 못했기 때문에 대부분의 환경 정책이 미봉책에 그치고 말았다. 여기에서는 지속가능한 발전을 중심으로 정책 방향과 구체적인 대응 방안을 제시하고자 한다.

환경 부문의 대응 방안을 모색하기 전에 지속가능성을 확보하기 위한 기본 방향을 설정하는 것이 무엇보다 중요하다. 기본 방향을 설정하려면 먼저 근본적인 원인부터 알아야 한다. 앞서 언급했듯이 거의 모든 환경문제는 인간 활동의 결과이며, 우리나라의 경우 상당 부분 에너지와 물의 사용과 관련이 많다. 따라서 점점 속도를 높이고 있는 4차 산업혁명 시대를 맞아 에너지 부분에서 탈탄소, 분산형, 디지털화를 위한 3D 방향을 제시하고자 한다.

첫 번째는 탈탄소decarbonized이다. 현재까지 우리나라의 주요 에너지원은 석탄, 석유, 가스를 중심으로 하는 화석연료이다. 화석연료는 필연적으로 이산화탄소와 대기오염 물질을 배출하기 때문에 다른 에너지원을 찾는 것이 바람직하다.

두 번째는 분산형decentralizsed이다. 그동안 에너지 시설은 사회의 중요한 간접자본으로 한곳에 집중하는 것이 경제적이고 관리하는 데도 유리하다는 인식이 있었다. 의사 결정도 중앙집중적인 하향식으로 이루어져왔다. 그러나 통신기술의 발전에 따라 많은 부문에서 분산형 시스템과 상향식 의사 결정으로 빠르게 옮겨가고 있다. 환경문제를 야기하는 에너지와 물 자원 부문에서도 분산형 시스템을 기본 방향으로 설정하고 대응하는 것이 바람직하다.

세 번째는 디지털degitialized화이다. 양방향으로 디지털 데이터를 빠르게 전송할 수 있는 기술은 모든 분야에서 생산자와 소비자의 소통을 증대한다. 다양한 디지털 측정 기술을 도입하면 자원의 효율적 배분에 대해 실시간으로 모니터링할 수 있다. 생산과 소비의 효율성을 높이고 투입되는 에너지와 물의 양을 줄일 수 있다면 다양한 오염원을 원천적으로 줄일 수 있다.

⦙ 환경문제 해결을 위한 새로운 거버넌스 구축 ⦙

한 사회의 지속가능한 발전을 위해서는 환경 부문에서 효과적이고 적절한 대응이 필요하다. 그동안 한국 정부는 전담 부서인 환경부가 사회와 국민에게 적절한 수준의 환경의 질을 보장하는 정책을 수립하고 집행해 왔다. 중앙정부와 지방정부 또는 관련 공공기관이 구체적인 환경문제를 해결하는 방향으로 정책을 추진해 온 것이다. 그러나 현실은 어떠한가? 기후변화부터 나날이 더욱 심각해지는 미세먼지와 수질오염 등 다양한 환경문제를 해결하고 있다고 평가하기 힘들다.

환경문제는 다른 부처와 이해 당사자의 충돌로 인해 환경부만으로는 발생 원인과 구체적인 해결 방안을 모색하기 힘들다. 따라서 새로운 방식으로 문제에 접근해야 한다. 정부를 포함해 사회를 구성하는 주요 의사 결정 주체들이 모두 참여하는 통합적인 접근과 새로운 거버넌스가 필요하다.

한국경제의 시장 기능이 확대되고 민간기업은 정부보다 많은 정보와 구체적인 기술을 보유하고 있다. 기업은 환경산업을 발전시킬 수 있을 뿐만 아니라 사회적 책임을 다하는 차원에서 환경문제 해결에 중요한 역할을 할 수 있다. 사회구성원들에게 필요한 정보를 제공하고 소통 기능을 수행하는 전통적인 언론 매체와 SNS를 통한 정보 전달도 중요하다. 환경문제에 대한 시민의식과 감시자의 역할을 수행하는 환경시민단체도 매우 중요하다. 환경문제 해결을 위한 학문적이고 과학적인 기반을 제공할 수 있는 학계 및 연구기관의 노력도 필요하다. 환경 관련 다양한 국제기구를 통해 지구상의 환경문제에 적극 참여하는 것도 한국의 국제적 위상을 높이는 일이다. 따라서 모두가 참여하는 새로운 환경 거버넌스를 구축해 효과적인 방안을 모색하고 통합적이고 융합적인 시스템을 구축하는 것이 시급하다.

더 나아가 장기적인 관점에서 한국의 환경문제를 해결함과 동시에 지속가능한 발전을 위한 새로운 기회를 만들어낼 수 있어야 한다. 환경문제를 해결하는 과정에서 새로운 기술을 개발하고 새로운 환경 관련 시장이 생기는 것이다. 잠재력이 큰 환경산업에 대해 국내와 해외 시장을 확보하는 것은 기업의 몫이다. 학계나 시민사회는 환경문제를 해결하는 과정에서 축적된 노하우와 정책을 공유하고 국제사회와 소통하는 데 더 유리하다.

정부가 할 일은 환경문제 해결을 위한 각계각층의 노력과 이해가 충돌하는 부문을 조정하고 당근 또는 채찍에 걸맞은 적절한 정책으로 조종하고 지휘하는 것이다. 그러기 위해서는 정책이 공정하게 집행되고 효과를 발휘하고 있는지 객관적인 평가를 해야 한다. 한국 정부는 해당 정책을 수립하는 데만 집중하고, 객관적인 평가를 통해 정책을 향상하고 보완하는 피드백 체계가 매우 약하다. 형식적으로 매년 시행하는 부처별 정책 평가에 그치는 것이 아니라 평가 의견을 반영해 정책을 수정하고 보완하는 시스템을 구축해야 한다. 정책 입안과 시행, 평가의 전 과정을 통해 부처 간 중복성과 이견, 이해관계자들의 상충된 의견 등이 객관적으로 조정되고 반영되는 거버넌스를 구축해야 한다.

⋮ 미래 기술 도입과 새로운 전력 계획 ⋮

20세기 한국은 에너지 부분의 경쟁력이 경제 발전과 수출에 중요한 요소였다. 에너지 정책의 핵심은 전력을 싸게 공급하고, 석유와 석탄을 안정적으로 확보하는 것이었다. 따라서 화석연료의 사용에 따라 불가피하게 배출되는 대기오염 물질에 관한 사회적 관심과 정부 정책이 상대적으로 적었다.

21세기 현재와 미래 에너지의 중심은 전력이다. 어떻게 전력을 생산하느냐 하는 문제와 화석연료로 인한 이산화탄소, 미세먼지, 대기오염 물질을 어떻게 줄이느냐 하는 문제에 직면해 있다. 기존의 공급자 중심의 전력 수급 계획에서 과감히 벗어나 안정적으로 전력을 공급하면서도 환경오염을 줄일 수 있는 정책을 수립해야 한다.

새로운 전력 계획은 앞서 제시한 3D 기본 방향에 따라야 한다. 첫 번째는 탈탄소형 전원 계획이다. 화석연료 사용을 최대한 줄이거나 이산화탄소를 포함한 대기오염 물질을 줄이는 기술이 필요하다. 기본적으로 석탄발전의 비중을 줄여서 온실가스를 감축하면 미세먼지 배출에 따른 사회적 비용을 줄일 수 있다. 석탄발전보다 이산화탄소와 미세먼지를 덜 배출하는 가스발전을 늘리는 것도 저탄소형 전원 계획으로 환경 개선 효과는 적지만 고려할 수 있는 대안이다.

온실가스 배출이 없는 태양광, 풍력 등의 신재생에너지원이 각광받고 있지만 여러 제약으로 인해 한국에서는 석탄발전을 완전히 대체할 수 없다. 그러나 신재생에너지는 국제적으로 보급이 빠르게 확대되고 있고, 국내 에너지 산업의 여건 변화, 신재생에너지 기술의 발전 동향을 고려할 때 정책적으로 비중을 높여야 한다. 더불어 국제적으로 태양광과 풍력발전 기술 및 설비의 가격이 현격히 낮아지는 추세를 반영한다면 지금보다 과감한 신재생에너지 추진 정책이 필요하다. 추가로 에너지 저장 시스템을 보완한다면 신재생에너지원을 안정적으로 공급할 수 있을 것이다.

또 다른 에너지원인 원자력은 온실가스나 대기오염 물질을 배출하지는 않으나 사고 발생 시 미래 환경과 인간에게 미치는 영향이 너무 크기 때문에 위험 관리를 사회적 비용으로 고려해야 한다. 일본은 후쿠시마 원전 사고로 인해 원자력에 대한 반감이 커지자 신재생에너지를 통한 전원 계획을 적극적으로 세우고 있다. 우리나라도 원자력발전에 대한 지역주민의 수용성이 점점 떨어지고 있다. 고리 1호기의 해체

결정에 따라 해체 비용까지 반영해 원자력발전의 비용을 다시 산정해야 한다. 그러나 단기적으로는 원자력발전을 급속하게 줄이기는 쉽지 않다. 원자력발전은 이해 당사자들이 새로운 사회적 합의를 만들어가야 한다. 그동안 정부가 경제성과 기술 확보 등의 이유로 일방적으로 추진하던 방식에서 벗어나 새로운 접근 방법이 필요하다.

두 번째는 분산형 전원 구성이다. 전력 공급을 대규모 발전소에 의존하는 이유 중 하나는 규모의 경제를 통해 직접적인 생산비용을 낮춤으로써 싸게 전력을 공급하기 위해서다. 그러나 이러한 방식은 송전선 설치 등 여러 문제를 야기한다. 중앙집중식 전력 공급이 과연 지속가능하고, 효과적이며, 국민들의 이해를 얻을 수 있는지 종합적으로 검토하고 평가할 시점이 되었다. 대규모 전력회사만이 전력을 공급할 수 있다는 관념에서 빨리 벗어나야 한다. 많은 나라들이 기술의 발전과 여러 제도적 보완으로 신재생에너지를 포함해 분산형 전원을 구성하고 있다. 물론 우리나라도 중앙정부나 지방정부 차원에서 이것을 장려하고 있다. 그러나 문제는 속도다. 한국의 분산형 전력 보급과 활용은 상대적으로 다른 나라보다 느리다.

한국은 기상이나 지형적인 여건상 태양광이나 풍력 등 신재생에너지원을 활용한 분산형 전원을 적극적으로 도입하기 쉽지 않다. 정부가 분산형 전원을 확대하기 위해 금융이나 세제 지원을 하는 것도 중요하지만 기반을 조성하는 것이 더욱 중요하다. 이 문제는 단기적으로 해결할 수 없으며, 탈탄소 및 스마트 그리드^{Smart Grid} 시스템 등 다른 요소들과 결합해 새로운 에너지 산업을 육성하고 발전시키는 장기적인 방향으로 진행하는 것이 바람직하다.

마지막으로 스마트 그리드 시스템으로 잘 알려진 디지털 전원 구성이다. 소위 4차 산업혁명이라 일컬어지는 디지털 시스템을 전력 분야에 적용하는 것이다. 실시간으로 전력 정보가 전달됨에 따라 공급자가 소비자도 될 수 있고, 소비자가 공급자도 될 수 있는 스마트 그리드 시스템을 활용하는 것이다. 전기차는 기존의 수송 기능에 더해 전력을 저장하고 공급하는 '소형 발전소' 역할도 하게 된다. 아파트나 건물 옥상에 설치한 소규모 태양광 설비를 설치하면 더운 여름철 냉방으로 인한 전기료 부담을 대폭 줄일 수 있다. 실시간으로 많은 공급자와 수요자가 전력을 거래할 수도 있다. 이러한 전원 구성은 ICT 기술의 발전과 통신 인프라 설비를 전제로 한다. 막대한 양의 디지털 데이터를 통한 정보 교환으로 가능한 시스템이다. 이를 통해 새로운 에너지 산업의 기회도 창출할 수 있다.

전력의 안정적 생산과 공급은 국가경제의 발전과 국민들의 생활에 필수적인 조건이다. 전력 부문에서 장기적인 계획을 수립하는 과정이 더 이상 20세기의 기준과 방법으로 진행되지 않아야 한다. 3D 방향으로 획기적이고 과감한 21세기형 전원 계획을 수립해야 한다. 이 과정에서 이해가 상충하는 문제들은 사회적 합의와 투명한 과정 및 절차를 통해 해결하는 시스템을 만들어야 한다.

⋮ 에너지 가격 시스템을 개선하자 ⋮

　정부의 에너지 정책도 과도한 전력 소비 증가를 해결하기 위해 에너지 상대 가격 구조를 개편하는 것을 목표로 삼고 있다. 그러나 현행 에너지 가격 체계는 환경오염, 기후변화 등의 사회적 비용을 충분히 반영하지 못하고 있다. 석탄과 가스 등의 에너지가 전력으로 전환되는 과정에서 비용이 추가됨에도 불구하고 겨울철 난방용 에너지를 전력으로 대체하는 현상이 심화되고 있는 실정이다. 전력과 비전력 간의 에너지원별 상대 가격 조정이 절대적으로 필요한 상황이다.

　정부의 에너지 가격 체계 개편의 기본 방향이 아직도 공급원 중심에서 벗어나지 못하고 있다. 에너지 산업과 여타 산업의 경쟁력을 중심으로 문제를 접근해야 한다. 에너지원 간 적정 상대 가격에는 에너지원의 환경 비용 등이 반영되어야 한다는 것이다. 미세먼지 등 부가적인 국내의 환경문제를 고려해 발전용 유연탄의 과세 수준을 합리적으로 조정해 LNG와의 형평성 문제를 해결해야 한다. 난방용으로 사용되는 전력의 소비를 억제하기 위해서는 사회적 비용을 반영해 인상하는 것이 합리적이다.

　에너지 시장에서 가격이 적절한 기능을 수행하고, 수요 측면에서 우리의 생활 방식이나 생산 방식이 저탄소형 에너지 절약형으로 바뀌는 방향으로 정책을 수립해야 한다. 정확한 정보와 적절한 정책을 통해 소비자가 합리적인 선택을 할 수 있어야 한다. 그러나 지금까지 정부는 전기요금 인상 문제를 정치적으로 접근하는 경향을 보였다. 유권자의 표를 의식해서 에너지 요금 체계 개편을 계속 미루고 있는 것이다. 에너지 가격 상승에 따라 저소득층의 부담이 늘어나는 것은 별도로 분리해서 가격 인상에 따른 추가적 재원으로 해결하는 것이 바람직하다. 에너지 가격의 합리적인 조정과 체계 개선을 미룬다면 에너지 및 환경 문제를 해결하기 위한 사회적 비용은 더욱 커진다.

산업용 에너지와 전력 가격을 낮게 책정하거나 이러한 비용이 일반 소비자에게 전가되어서도 안 된다. 이러한 정책으로 지불하는 대표적인 사회적 비용이 바로 미세먼지다. 저탄소형 산업구조로 전환하기 위해서는 산업계뿐만 아니라 이해 당사자 모두 참여하는 사회–경제 시스템 전반의 변화가 필요하다. 경제활동을 위해 꼭 필요한 수송 부문에서 에너지 효율 향상, 전기차와 자율주행자동차 등 새로운 교통수단과 기술의 도입도 중요하다. 하지만 합리적인 가격 체계를 만들어 생산자와 소비자가 선택할 수 있도록 하는 것이 더욱 중요하다.

지난 몇 년간 우리는 폭염으로 힘든 여름을 보냈다. 앞으로 폭염이 더 심하고 길어질 가능성이 높다면 어떻게 대응할 것인가? 에어컨을 보유한 가구 수가 증가하는 것을 감안했을 때 한여름 냉방 수요의 비중이 점차 확대되고 그 기간도 늘어난다고 상정하는 것이 당연하다. 따라서 전원 계획에 기후변화를 좀 더 적극적으로 반영해야 한다. 무더위의 냉방 수요는 전력 수요의 피크로드Peak Load(최대 수요 전력)에 해당하기 때문에 주택용 누진적 요금 체계로 피크로드를 줄이려고 했다.

그러나 과도한 누진제는 국민들의 저항을 불러일으켰을 뿐 아니라 제도의 불합리성이 드러나 대폭 수정하게 되었다.

이러한 임시방편적 정책으로는 근본적인 문제를 해결할 수 없다. 산업용과 주택용 등 부문별 전력요금의 차이를 줄이고 에너지원별 발전단가를 합리적으로 조정하고, 전력 공급과 수요 측면에서 향후 장기적으로 예상되는 변화 요인까지 모두 파악해 문제에 접근하는 것이 타당하다.

정태용 연세대학교 국제학대학원 교수

02

미세먼지와 한국의 경제

⋮ 생명을 위협하는 미세먼지 ⋮

대기오염 사건 중 가장 잘 알려진 것이 4천 명 이상이 호흡기 질환 등으로 사망한 런던 스모그 사건(1952년)이다. 그 당시에는 대낮에도 앞이 잘 보이지 않을 정도로 시계가 좋지 않았다고 한다. 미세먼지라는 개념조차 없던 때여서 농도 수준을 정확히 알 수는 없다. 다만 현재 베이징의 초미세먼지 농도가 거의 500에 육박할 때도 있는 것으로 보아 그보다 훨씬 더 나빴을 것이라고 추정할 수 있다. 우리나라의 초미세먼지 '매우 나쁨'의 기준이 75라는 것을 감안하면 어느 정도였는지 충분히 상상할 수 있을 것이다.

런던 스모그 사건과 LA 스모그 사건(1943년)을 경험하면서 대기오염을 통제하기 시작한 선진국은 대기오염 수준이 매우 낮은데도 미세먼지가 건강에 미치는 영향에 대한 연구가 계속되고 있다. 선진국에서는 1980년도 이후에 대규모 대기오염 역학 연구 결과가 보고되었으며, 2000년 이후에는 아시아 지역에서도 많은 연구가 진행되어 다양한 결과가 보고되었다.

미세먼지는 초과사망자 증가, 호흡기계 및 심혈관계 질환의 발병, 악화 및 사망과 연관이 있다는 것이 증명되었다. 여기서 말하는 초과사망자란 미세먼지 농도가 증가해서 추가적으로 발생하는 사망자라는 의미이며, 미세먼지 농도가 높지 않았다면 발생하지 않았을 사망자 수를 통계적인 방법으로 추정한 것이다. 또한 미세먼지는 조산, 미숙아 출생 등 산모와 태아의 건강에도 영향을 미치고, 이외에도 알레르기, 피부 질환, 안과 질환을 일으키는 것으로 나타났다. 최근에는 자살, 우울증 등 정신건강에도 영향을 미치며, 치매 악화, 노인성 질환 및 신경 질환의 발생 및 악화와 연관이 있다고 알려졌다.

대부분 환경유해물질의 용량-반응 관계에는 역치가 있다는 것이 전통적인 이론이다. 즉, 낮은 농도에서는 독성이 없지만 특정 농도(역치)를 넘어서면 독성이 갑자기 증가한다는 것이다. 하지만 1990년대 이후의 연구에서는 미세먼지의 경우 역치가 없고 독성이 거의 선형적으로 나타났다. 이는 미세먼지 관리에 매우 중요한 시사점을 제공한다. 역치 모형에서는 오염물질의 수준이 역치 이하이면 농도를 낮추는 것이 건강 위해성 측면에서는 별 의미가 없다. 하지만 선형모형에서는 오염물질의 농도가 낮을수록 좋고 농도가 0인 상태를 추구하는 것이 이상적이다.

실제로 미세먼지의 수준이 매우 좋은 미국은 미세먼지가 건강에 어떤 영향을 미치는지 계속 연구하고 있으며, 환경청은 미세먼지 수준을 더 낮추기 위해 노력하고 있다. 하지만 선형모형에 근거한다면 미세먼지 수준이 매우 높은 중국이나 인도에서 매우 많은 사망자가 발생해야 하는데 실제로는 사망자가 훨씬 적다. 중국과 인도의 자료를 이용해 용량-반응 관계를 추정해 보면 고농도 영역에서는 위험이 일정한데, 이것은 개인 및 사회가 위험회피 행동을 하기 때문이다. 예를 들어 미세먼지가 고농도인 경우에는 마스크 착용 및 공기청정기 작동 등으로 노출을 줄인다는 것이다. 미세먼지 노출을 줄이려는 행동과 사회적인 노력 등이 미세먼지의 유해성을 크게 떨어뜨린다는 것을 알 수 있다.

⋮ 미세먼지란 무엇인가? ⋮

미세먼지$^{Particulate\ Matter}$는 보통 PM_{10}을 번역한 용어로 많이 사용되며, 공기 중에 떠다니는 입자 중 지름이 10마이크로미터(10^{-6}) 이하의 물질을 말한다. 농도 단위는 세제곱미터당 마이크로그램($\mu g/m^3$)을 사용한다. 초미세먼지란 보통 $PM_{2.5}$를 지칭하며 이는 지름이 2.5마이크로미터 이하의 입자를 의미한다. 보통 머리카락의 지름이 50~70마이크로미터라고 하면, 미세먼지는 머리카락 굵기의 5~7분의 1, 초미세먼지는 미세먼지의 4분의 1에 지나지 않는다.

이상에서 보는 바와 같이 초미세먼지는 미세먼지의 일부분으로, 초미세먼지 농도는 절대 미세먼지 농도보다 높을 수 없다. 공기 중의 입자 크기와 무게가 비례한다면 초미세먼지 농도는 미세먼지 농도의 4분의 1이다. 그러나 보통은 작은 크기의 입자 수가 훨씬 더 많아서 대기 중의 초미세먼지 농도는 미세먼지 농도의 50% 이상이며, 때로는 70~80%에 이르는 경우도 빈번하다.

우리 몸의 호흡기는 외부의 유해물질을 일차적으로 걸러주는 역할을 한다. 미세먼지는 상부 호흡기에서 걸러지기 때문에 몸속 깊이 들어가기 어려운 반면 크기가 작은 초미세먼지는 폐 깊숙이 직접 침투해 폐세포에 직접적인 영향을 줄 뿐만 아니라 혈액을 타고 다른 장기에도 영향을 미치는 것으로 알려져 있다. 동물실험에서도 초미세먼지가 뇌에 침착되어 있는 것을 확인할 수 있다. 대부분의 건강위해성 역학 연구에서도 초미세먼지의 영향이 미세먼지보다 훨씬 더 크다는 사실이 밝혀졌다.

미세먼지는 중량법 또는 베타선 흡수법으로 측정할 수 있다. 중량법이란 펌프를 이용해 공기의 흐름을 만든 후 필터에 걸러진 입자들의 무게를 측정하는 방법이다. 우리나라를 포함한 대부분의 국가에서 표준적으로 사용되는 방법이다. 베타선 흡수법은 공기 중의 입자가 크기에 따라 산란되는 정도가 다르다는 광학적 원리를 이용한 것으로 미세먼지 농도를 간접적으로 추정하는 방법이다. 비용이 적게 들고 측정이 간편해서 간이측정기에 많이 사용된다. 하지만 정확성은 중량법에 비해 크게 떨어지는 것으로 알려져 있다. 현재 모바일로 얻을 수 있는 자료는 대부분 인공위성 자료 등 광학적 측정 결과에 기초한 것으로 정확성에 대한 논란의 여지가 많다.

⁚ 국경이 없는 미세먼지 문제 ⁚

황사는 봄철 중국 쪽에서 불어오는 흙먼지를 지칭하는 것으로 고대 문헌에도 가끔 등장하는 익숙한 자연현상이다. 하지만 중국의 급속한 산업화와 더불어 황사와 함께 각종 유해물질이 함께 유입된다는 지적이 있었다. 자연적인 황사 물질은 입자가 크지만 산업 공정에서 발생하는 인공 물질은 입자가 훨씬 더 작다. 따라서 미세먼지의 발생 원인과 이동 경로에 따라 건강에 미치는 영향이 매우 다를 것이다.

최근에는 황사와 무관하게 중국에서 넘어오는 고농도 미세먼지를 지적하는 연구자들이 있다. 우리나라는 지리적으로 중국의 영향이 클 수밖에 없다. 첫째는 지구의 자전으로 인해 발생하는 편서풍이다. 지구가 자전하는 한 중국의 영향에서 벗어날 수 없다. 둘째는 계절적 영향이다. 에너지 사용이 늘어나는 겨울철에는 기본적으로 대륙성 고기

압이 발달해 중국이나 시베리아 기류의 영향을 받는다. 이러한 점으로 볼 때 정치 경제보다 환경 부문에서 국제협력이 우리의 생존에 필수적임을 알 수 있다.

미세먼지의 중요한 특징 중 하나가 직접적으로 배출되는 것 외에도 이미 발생된 가스상 유해물질들이 온도, 햇빛 등에 따라 2차 오염물질로 변한다는 것이다. 우리나라에서 발생한 오염물질이 중국에서 이동한 물질과 화학작용을 일으켜 미세먼지를 유발한다면 이것은 중국발인가 아닌가? 이 질문에 대답하기가 모호하다. 현재 우리나라에서 관측되는 미세먼지 중 중국이 기여하는 부분이 얼마나 되는지를 정확히 추정하기는 매우 어렵고, 확정적으로 말할 수도 없다. 이러한 질문에 집착하기보다는 실제로 우리나라의 미세먼지 수준을 낮추는 데 효과적인 방법이 무엇인지, 그리고 고농도 미세먼지가 발생했을 때 어떻게 하면 피해를 최소화할 것인지를 고민하는 것이 중요하다. 최근에는 북한이 기여하는 부분에 대한 연구도 진행되고 있다. 저질의 석탄 및 목재를 에너지원으로 사용하는 경우에는 미세먼지가 심각하다는 사실이 알려져 있다. 북한의 미세먼지 정책은 북한 주민뿐만 아니라 우리나라 국민의 건강에도 영향을 미치는 만큼 남북 협력으로 추진되어야 한다.

국경을 넘나드는 환경오염 물질을 월경성 오염물질trans-boundary air pollutants이라고 한다. 우리나라에서는 이러한 문제가 대두된 것이 얼마 되지 않았으나 오랜 경험을 가지고 있는 유럽은 많은 조약들로 이를 조정하고 있다. 유럽 내부에서 발생하는 인위적인 대기오염 외에도 사하라 사막에서 발생하는 흙먼지가 건강에 미치는 영향에 대한 연구도 남부 유럽을 중심으로 보고되고 있다. 아시아에서는 싱가포르에서 인근 인도네시아 및 말레이시아의 화전에 의한 연무 피해가 보고되었다. 싱가포르 정부는 이를 해결하기 위해 다양한 노력을 하고 있고 상당한 효과를 거둔 것으로 평가된다. 또한 홍콩과 주강 삼각주 지역(광저우, 홍콩, 선전, 마카오를 연결하는 삼각지대) 간의 협력도 눈여겨볼 만하다. 이들은 상호협력으로 측정 정보를 공유하고 각종 대책을 서로 조율함으로써 지역 전체의 대기오염을 떨어뜨리고 시민들의 건강을 증진할 수 있는 정책을 최우선 목표로 설정해 효과적으로 꾸준히 추진하고 있다.

⋮ 미세먼지 증가와 역행하는 에너지 사용 ⋮

　미세먼지의 발생은 인간의 활동과 밀접하게 관련되어 있다. 우리나라 전체로는 사업장에서의 배출, 대도시에서는 자동차나 비산먼지 등이 큰 비중을 차지하고 있는 것으로 알려져 있다. 최근 정부에서는 미세먼지의 심각성을 깨닫고 여러 가지 대책을 내놓고 있다. 크게는 미세먼지의 배출을 줄이는 근본적인 대책과 더불어 국민들의 피해를 최소화하기 위한 대응책이 있다. 이 모든 대책들은 미세먼지에 대한 과학적 이해를 근거로 세워야 하는데 자료 부족이 근본적인 한계로 작용한다.

서울의 경우 2002년부터 초미세먼지 측정을 시작했으나 측정 지점이 한두 곳에 지나지 않았고, 2015년에 이르러서야 전국 측정망으로 공표되기 시작했다. 미국을 비롯한 선진국은 물론 중국보다 뒤처진 것으로 그동안 기초 투자에 얼마나 인색했는지를 보여주는 사례이다. 환경 기초 자료 구축에 대한 투자의 지연으로 오늘날 큰 어려움을 겪고 있는 것이다.

미세먼지 및 기후변화는 기본적으로 에너지 사용 등 인간의 활동과 밀접한 관련이 있다는 것은 너무나도 명확한 사실이다. 이러한 문제를 근본적으로 해결하기 위해서는 현대사회를 살아가는 인간의 삶에 대해 깊이 고찰할 필요가 있다. 에너지 사용을 줄이는 데는 찬성하지만 삶의 방식을 바꾸는 데는 너무나 인색한 현대인들을 보면서 인류의 암울한 미래를 예측하는 학자들도 있다. 특히 우리나라는 이러한 문제에 뒤떨어진 측면이 많다.

우리나라의 1인당 에너지 사용은 대부분의 OECD 국가보다 훨씬 많은데도 저렴한 전기료가 문제라는 지적도 있다. 우리나라의 전기사용료는 발전 단가에도 미치지 못한다고 하는데, 이것은 경제적인 원리에도 맞지 않는 기이한 현상이다. 또한 미세먼지 배출에 큰 영향을 미치는 경유의 가격이 휘발유보다 싼 것은 국제적으로도 특이한 경우이다. 환경적인 면에서 문제라는 지적은 오래전부터 제기되어 왔으나 변화할 기미는 보이지 않는다.

이러한 문제를 풀기 위해서는 우선순위에 대한 논의가 필요하다. 건강 부문을 예로 들면 영아 사망률, 평균수명, 암 생존율 등 많은 지표에서 우리나라는 이미 세계적인 수준에 올라와 있다. 하지만 건강 수명, 삶의 질, 행복도, 자살률 등은 OECD 하위권에 머물고 있다. 행복하지 않은 삶을 오래 살고 있다고 해석할 수 있다. 이러한 지표가 무엇을 의미하는지 다시 한 번 생각해 볼 시점이다. 경제 성장보다는 삶의 질을 우선순위로 두어야 한다. 이러한 것들이 합의된다면 경제적인 부담이 약간 있더라도 국민의 행복을 증진하는 환경 정책들이 추진될 수 있을 것이다.

⋮ 국민의 건강을 우선하는 미세먼지 정책 ⋮

기후변화에 대응하는 국제기구인 IPCC International Panel on Climate Change 는 2007년 보고서에서 기후변화 취약성을 결정하는 3가지 요소로 노출, 감수성, 적응 능력을 제시했다. 노출은 위험의 원인이 되는 자연 또는 인공적인 요소로 높은 기온이 여기에 해당한다. 감수성은 대상 인구 집단의 특성(연령, 질환 상태 등)을 가리키는 것으로 노출과 더불어 잠재적 영향을 미친다. 적응 능력은 사회 및 개인적인 노력이 잠재적 위험의 영향을 크게 줄일 수 있다는 것이다. 같은 규모의 자연재해라도 선진국과 후진국의 사망자 수가 크게 다르다는 것을 생각하면 이해하기 쉬울 것이다.

이러한 개념을 미세먼지 문제에 적용하면 배출을 줄이는 것 외에 노출 집단의 감수성과 개인 및 사회의 대책을 생각할 수 있다. 국민건강 보호 측면에서는 특히 민감집단 보호 대책이 중요하다. 건강 형평성health inequality, 환경 정의environmental justice 분야의 연구들은 모든 사람들이 공평하게 건강을 누리고 어느 한 집단이 집중적으로 환경 피해를 입지 않아야 한다고 말한다. 대부분의 선진국에서는 이러한 개념들이 국가 정책을 수립할 때 적극적으로 고려되고 있으나 우리나라에서는 그렇지 못한 것이 현실이며 사회적 논의가 필요한 부문이다.

환경부와 질병관리본부는 오래전부터 유아 및 노인, 아토피 환자, 학교 등 대규모 집단 생활자에 대한 민감집단 보호 대책을 실시해 오고 있으므로 이러한 프로그램들을 강화할 필요가 있다. 최근 미세먼지를 재난으로 규정하고 각종 대책들이 시행되고 있지만 사회적 관심이 집중되면서 효과가 검증되지 않은(대부분 전문가가 회의적으로 생각하는) 제안들도 있다. 대표적인 것이 인공비, 옥외 공기정화기 설치다. 우리나라의 정치구조상 근본적인 문제보다는 단기적인 미봉책 중심으로 대책이 논의되는 것 또한 아쉬운 점이다.

미세먼지가 사회적 공포의 대상이 되면서 과도한 반응을 보이는 것도 경계해야 한다. 우선 마스크 착용에 대해 생각해 보아야 한다. 중국을 비롯한 일부 국가에서 마스크의 효과가 있다고 보고되기는 했지만, 국가 대책으로 추진하는 것에는 이론이 많다. 마스크는 미세먼지를 거를 수도 있지만 동시에 산소의 흐름도 방해해 호흡기 환자는 주의해야 한다는 지적도 있다. 마스크는 여러 번 사용할 수 없는 일회용 제품이므로 쓰레기 문제를 유발하기도 한다. 또한 경제적 부담이 있기 때문에 소외계층이 생겨날 수도 있다. 미세먼지 때문에 외출을 하지 않으면 신체 활동이 저하되어 건강에 나쁜 영향을 미친다는 연구 결과도 있다. 실제로 노인 환자들의 외출이 현저히 줄어드는 것을 우려하는 시각도 있다.

공기청정기도 조심해야 할 부분이 많다. 특히 교실과 같은 좁은 공간에 많은 인원이 생활하는 경우 공기청정기의 위생 상태가 중요할 뿐 아니라 유지, 보수에도 각별한 주의가 필요하다. 그리고 공기청정기는 미세먼지를 걸러주기는 하지만 인간의 활동 등으로 발생하는 가스상 오염물질에 대해서는 아무런 효과가 없다. 좁은 공간에 많은 아이들이 있다면 산소는 계속 소비되고 이산화탄소는 계속 쌓이므로 환기가 중요하다. 미세먼지가 고농도인 경우에 환기하지 않고 공기청정기에만 의존하는 것에 주의해야 한다.

공기청정기의 또 하나의 문제점은 전력이 소비된다는 것이다. 공기청정기 한 대는 문제가 없지만 전국에서 사용한다면 어마어마한 전력이 소비되고, 이것은 다시 미세먼지 발생으로 이어진다. 아직 효과가 검증되지는 않았지만 식물을 이용하는 것이 환경 친화적인 대책으로 잠재성이 크다고 생각된다. 미세먼지 저감뿐 아니라 학생들의 정서에도 좋은 영향을 미치는 부수적인 효과도 있을 것이다.

최근 식물의 종류에 따라 미세먼지 흡착 효과가 다르다는 연구 결과도 있다. 도시 구조 측면에서도 녹지의 미세먼지 흡수 효과를 좀 더 연구할 필요가 있다. 도시의 녹지는 대기오염뿐만 아니라 열섬현상과도 밀접한 관련이 있고, 녹지가 주는 심리적 안정이 건강에 간접적인 영향을 미친다는 보고도 증가하고 있다.

선진국의 사례에서 볼 수 있듯이 국가적인 노력을 통해 장기적으로 대기오염을 크게 개선할 수 있다. 중국의 대기오염도 장기적으로는 경제 발전과 함께 개선될 것이다. 하지만 지금 당장 미세먼지 부작용을 최소화할 수 있는 여러 가지 대책을 강구해야 한다.

대기오염이 해결된다고 모든 환경문제가 사라지는 것은 아니다. 또다른 문제가 인류의 생존을 위협할 수도 있다. 현재는 물론 미래 세대가 좋은 환경에서 살아갈 수 있도록 국제적, 국가적, 개인적인 노력이 절실한 때다. 대한민국이 지구의 대기환경을 개선하는 데 앞서나갈 수 있도록 노력을 기울여야 한다.

김호 서울대학교 보건대학원 원장

1장 위기를 기회로 바꾸는 도전이 필요하다

1.

Mannyika James, Woetzel Jonathan, Dobbs Richard, Remes Jaana, Labaye Eric, and, Jordan Andrew, 2015, *Global Growth : Can Productivity Save the Day in an Aging World?*, McKinsey Global Institute.

Petersson, Bengt, Rodrigo Mariscal, and Kotaro Ishi, 2017, *Women Are Key for Future Growth : Evidence from Canada*, IMF Working Paper WP/17/166

박기백, 「소비 성향 변화의 분해」, 『경제학연구』, 65(1) pp.79–102, 2017.

Jones, R. and J. Lee, "Raising Korea's Productivity through Innovation and Structural Reform", OECD Economics Department Working Papers, No. 1324, OECD Publishing, 2016.

김희삼, '한국의 세대간 경제적 이동성 분석', KDI 정책연구 시리즈 2009-03, 2009.

한진희·최경수·임경묵·신석하, 『한국경제의 중장기 경제전망 : 잠재성장률 전망을 중심으로』, KDI 용역보고서, 2006.

전영준·김진영·김성태, "고령층 고용 촉진을 위한 소득세제 개편방향", 「고용직업능력연구」, 17(3), pp.37–64, 2014.

2.

iKiet 산업경제이슈, 「4차 산업시대 산업 간 연계강화 필요(제조업·서비스업 생산연계 네트워크 분석)」(2017. 2. 6. 제6호), 3p 참조.

iKiet 산업경제이슈, 「글로벌 가치사슬의 재편과 한국사업의 대응」(2017. 7. 10. 제27호), 8p.

Minwha Lee et al. How to Respond to the Fourth Industrial Revolution, or the Second Information Technology Information, Dynamic New Combination between Technology, Market and Society through Open Innovation, Journal of Open Innovation : Technology, Market and Complexity, 2018. 4. 21., 19p.

산업연구원, 「4차 산업혁명의 글로벌 동향과 한국산업의 대응전략」, 2017, 313p.

산업연구원, 「4차 산업혁명의 글로벌 동향과 한국산업의 대응전략」, 2017, 314p.

정보통신기술진흥센터(채송화), 「사례로 살펴보는 제조업 서비스화 현황」, ICT Spot Issue, 2018, 15p.

정보화진흥연구원, 「4차 산업의 의미와 정부의 역할(OECD 국가 비교 중심)」, 2017, 33p.

정은미 외, 「제4차 산업이 주력업종에 미치는 영향과 과제」, 2017, 122p.

클라우스 슈밥, 『제4차 산업혁명』, 2016, 33-53p.

3.

박우람 · 박윤수, 「비정규직 사용 규제가 기업의 고용에 미친 영향」, KDI 정책포럼 제271호, 2018. 11. 19.

Boeri, T., Institutional reforms and dualism in European labor markets, Handbook of labor Economics, Vol. 4b, Chapter 13, 2011.

박윤수, 「고용장려금 제도의 문제점과 개선 방향」, KDI FOCUS 제74호, 2016. 9. 26.

안병권 · 김기호 · 육승환, 「인구고령화가 경제성장에 미치는 영향」, 『경제분석』 제23권 제4호, 한국은행 경제연구원, 2017. 12.

'한국인 은퇴 전 금융자산 8,920만 원…은퇴 후 생활비 어찌하리오.', 『매일경제』, 2019. 1. 4.

이철희, 「저출산 · 고령화 대응 정책의 방향 : 인구 정책적 관점」, 『보건복지포럼』, 2018. 7.

4.

김소영, 「양적 완화, 엔저 현상, 금융 불안과 한국의 정책적 대응」, 2014.

김소영, 「금융 글로벌화와 한국의 대응」, 2017.

김소영, 「새로운 외환위기를 대비하라」, 『2019 한국경제 대전망』, 21세기북스, 2018.

김소영, 「금융 글로벌화와 대응과제」, 2019.

김소영 · 양두용, 「국제통화체제 개편논의와 신흥시장국의 선택」, 『미래 한국의 선택 글로벌 상생』, 동아일보사, 2012.

Kim, Soyoung, 2015, "International Monetary System and Available International

Policy Options for Emerging Countries," Seoul Journal of Economics.

Kim, S. and D.Y. Yang, 2011, "Financial and Monetary Cooperation in Asia : Challenges after the Global Financial Crisis," International Economic Journal 25(4), 573-587.

2장 안정과 번영을 위한 글로벌 복합 거버넌스를 만들자

1.

Cohen, Boyd and Pablo Munoz, *The Emergence of the Urban Entrepreneur*, Praeger, 2016.

모종린, 『골목길 자본론』, 다산북스, 2017.

모종린·박민아·강예나, 『로컬 크리에이터』, 강원창조경제혁신센터/로우프레스, 2019.

어반플레이, 『로컬 전성시대』, 어반플레이(URBANPLAY), 2019.

윤주선·김주언·서수정, 『부트 업 건축도시 스타트업』, 건축도시공간연구소, 2017.

윤주선 외, 『운영자 전성시대』, 건축도시공간연구소, 2019.

2.

강성진, 「3,000달러 소득을 달성하기 위한 북한 경제성장 가능성과 전제조건」, 『한반도 상생 프로젝트 : 비핵개방 3000 구상』, 나남, 2009, pp.77-98.

강성진·정태용, 『경제체제 전환과 북한 : 지속가능 발전의 관점에서』, 고려대학교 출판문화원, 2017.

강성진·정태용·손상학, 「북한의 경제체제 전환과 경제성장 시나리오에 따른 필요 투자 재원 연구」, 통일연구, 제22권 제2호, 2018, pp. 5-48.

최천운·정태용·김동훈, 「북한 개성공단 재개 시 필요한 정책개선에 대한 연구」, 통일연구 제22권 제2호, 2018, pp. 87-126.

3.

IDMC, *Global Report on Internal Displacement*, 2018.

환경부, 「위기·재난·안전관리 업무에 관한 규정」, 2011.

한국보건사회연구원, 「사회통합 실태 진단 및 대응방안 연구(IV)」, 2017.

Pew Research Center, *Global Attitudes Survey*, Spring 2018.

3장 지식과 문화 기반의 새로운 시대를 대비하자

1.

Amsden, Alice, *Asia's Next Giant*. Oxford : Oxford University Press, 1989.

Aoki, Masahiko, "The Japanese Firms as a System of Attributes : A Survey and Research Agenda," in Aoki, Masahiko and Dore, Ronald (eds.) *The Japanese Firm : The Sources of Competitive Strength*. Oxford : Oxford University Press, 1994.

Elster, Jon. *Political Psychology*, Cambridge : Cambridge University Press, 1993.

Ezrahi, Yaron, *The Decent of Icarus : Science and the Transformation of Contemporary Democracy*. Cambridge : Harvard University Press, 1990.

Kim, Sangjoon, "Globalization and Individuals : Political Economy of South Korea's Educational Expansion", *Journal of Contemporary Asia* 40(2), 2010.

Kim, Sangjoon, "Interpreting South Korean Competitiveness : From Domestic Rivalry to Global Competitiveness", *Korea Observer* 42(4), 2011.

Olson, Mancur, *The Rise and Decline of Nations : Economic Growth, Stagflation, and Social Rigidities*, Yale University Press, 1982.

Silberman, Bernard, *Cages of Reason : The Rise of the Rational State in France, Japan, the United States, and Great Britain*, The University of Chicago Press, 1993.

4.

박은실, 「문화예술로 변하는 사회 : 예술나무 운동의 전개」, 아르코 미래전략 대토론회, 한국문화예술위원회, 2013.

박은실 외, 『창의경제와 문화예술의 역할』, 2014.

박은실, 『문화예술과 도시』, 정한책방, 2018.

전현택, 「세계문화콘텐츠시장 불확실성 증가와 우리의 대응방안」, 한국문화관광연구원, 2017.

한국문화콘텐츠진흥원, 「콘텐츠산업 2018년 결산 및 2019년 전망」, 2018.

PwC, Global Entertainment and Media Outlook, 2018-2022.

UNCTAD, Creative Economy Outlook And Country Profiles, 2018.

4장 건강한 일상을 보장하자

1.

정태용, '누진제 포함, 전력요금 체계 고치자!', 「에너지경제신문」, 2016.

United Nations, 'Our Common Future', 1987.

집필진 약력

정갑영

연세대학교 명예특임교수이자 (사)FROM 100 대표이고, 영국의 저명 출판사 루틀리지(Routledge)에서 발행하는 학술지 「글로벌 이코노믹 리뷰(Global Economic Review)」의 에디터를 맡고 있다. 미국 코넬 대학교 경제학 박사를 취득하고 연세대학교 교수로 부임한 이래 교무처장, 정보대학원장, 부총장을 거쳐 17대 총장(2012. 2~2016. 1)을 역임했다. 국민경제자문회의 위원, 삼성경제연구소 석좌연구위원, 감사원 혁신위원장 등을 역임했으며, 매경 이코노미스트상, 다산 경제학상, 청조근정훈장을 받았다.

강미은

숙명여자대학교 미디어학부 교수이다. 연세대학교 영문과를 졸업하고 오하이오 주립대학교 저널리즘 석사를 취득했다. 미국 미시간 대학교 커뮤니케이션 박사를 취득했고, 동 대학교 사회조사연구소(Institute for Social Research)에서 연구원을 지낸 후 미국 클리블랜드 주립대학교 커뮤니케이션 학과에서 교수로 재직했다.

강성진

고려대학교 경제학과 교수이자 KU-KIST(에너지환경정책기술대학원) 겸임교수이다. 고려대학교 경제학과를 졸업하고, 미국 스탠퍼드 대학교 경제학 박사를 취득했다. 한국경제학회 부회장, 한국경제연구학회 회장 등을 역임했으며, 지속발전연구소 소장으로서 국내외 변화를 기반으로 한국경제의 지속가능 발전을 위한 토대를 마련하고자 노력하고 있다.

김동훈

연세대학교 국제학대학원 교수이자 동 대학교 국제학연구소 소장이다. 한국은행에서 근무했으며, 미국 코넬 대학교에서 경제학 박사를 취득한 후 코네티컷 주립대학교 등에서 강의했다. 전문 분야는 산업구조 분석과 경쟁 정책, 에너지 정책 등이며, 저서로는 『산업조직론』이 있다.

김상준

연세대학교 정치외교학과 교수이다. 연세대학교 정치외교학과를 졸업하고 일본 게이오 대학 법학부 정치학 석사, 미국 시카고 대학 정치학 박사를 취득했고, 매사추세츠 공과대학(MIT) 방문교수, 일본 게이오 대학 법학부 방문교수를 지냈다. 연세대학교 대외협력처장, 현대일본학회 회장을 역임했다.

김소영

서울대학교 경제학부 교수이다. 미국 예일 대학교 경제학 박사를 취득한 후 스페인 중앙은행, 일리노이주립대학, 고려대학교에서 근무했다. BIS, ADB, ADBI, IMF, BIS, HKIMR, 한국은행, 프린스턴 대학교, 서던캘리포니아 대학교, 홍콩과학기술대학, 대한상공회의소, 국제금융발전심의회 등의 자문위원, 방문교수 등을 지냈다. 국제금융, 화폐금융, 거시경제학 분야의 연구로 아놀드 벡맨(Arnould Beckman) 학술상, 김태성학술상, 청람학술상, 한국경제학술상, NEAR 학술상, 매경이코노미스트상 등을 수상했다.

김영한

성균관대학교 경제학과 교수이다. 미국 인디애나 대학교 경제학 박사를 취득한 후 삼성경제연구소, 한국외국어대학교 등에서 연구와 교육을 했다. 폴 크루그먼 교수와 함께 아시아 경제통합에 대해 공저한 바 있으며, 최근에는 WTO의 포용적 무역체제 프로젝트에 참여하고 있다. 무역·통상 정책과 함께 국제금융 정책, 특히 금융감독 정책의 국제정책 조정체계 연구에도 참여하고 있다.

김호

서울대학교 보건대학원 교수(원장)이자 동 대학교 아시아에너지환경지속가능발전연구소(AIEES)의 환경연구센터장이다. 서울대학교 계산통계학과를 졸업하고 미국 노스캐롤라이나 대학교 보건통계학 박사를 취득했다. 통계학적 방법론을 응용하여 대기오염 및 기후변화가 건강에 미치는 영향을 연구하고 있다. 이와 관련된 300여 편의 논문을 국제학술지에 발표했고, 현재 대한민국의학한림원 정회원, 한국기후변화학회 부회장을 맡고 있다.

모종린

연세대학교 국제학대학원 교수이다. 미국 코넬 대학교 경제학과를 졸업하고 스탠퍼드 대학교 경영대학원 박사를 취득했으며, 미국 텍사스 오스틴 대학교 조교수를 역임했다. 주요 연구 분야는 경제발전론과 세계화이며, 대표 저서로는 『한국의 정치경제 발전(Korea's Political and Economic Development)』(하버드 대학교 출판부, 2013) 『작은 도시 큰 기업』, 『라이프스타일 도시』, 『골목길 자본론』 등이 있다.

박기영

순천대학교 생명산업과학대학 생물학과 교수이자 대학원장이다. 연세대학교 생물학과 이학박사를 취득한 후 미국 퍼듀 대학교 연구원으로 근무했다. 식물분자생리학 분야를 연구하고 있으며 「식물학회지(Journal of Plant Biology)」의 편집위원장을 맡고 있다. 제16대 대통령직 인수위원, 참여정부에서 대통령 정보과학기술보좌관 및 국가과학기술위원회 수석간사를 역임했다. 저서로는 『제4차 산업혁명과 과학기술경쟁력』 등이 있다.

박은실

추계예술대학교 문화예술경영대학원 교수이다. 서울대학교 미술대학을 졸업하고 미국 시카고 예술대학교 예술학 석사, 서울대학교 도시공학(창조환경) 박사를 취득했다. 한국문화예술위원회 위원, 유네스코 한국위원회 위원, 한국문화관광연구원 이사, 대통령직속 지역발전위원회 위원, 국무총리직속 도시재생특별위원회 위원을 역임하면서 '지역문화진흥기본계획 수립', '창조지역정책' 등 다수의 정부 정책을 수립했다. 저서로는 『창조인력의 지역 선호 요인에 관한 연구』, 『창의경제와 문화예술의 역할』, 『문화예술과 도시』 등이 있다.

박철성
한양대학교 경제금융학부 교수이며, 『노동경제논집』의 편집위원장을 맡고 있다. 연세대학교 경제학 학사와 석사, 미국 펜실베이니아 대학교 경제학 박사를 취득했다. 싱가포르 국립대학교 경제학과 교수를 역임했다.

이성호
중앙대학교 교육학과 교수이다. 서울대 교육학과 학사와 석사, 미국 스탠퍼드 대학교 교육철학 박사를 취득했으며, 한국행동과학연구소 연구원을 역임했다.

이인실
서강대학교 경제대학원 교수이자 한국경제학회 제49대 회장이다. 미국 미네소타 대학교에서 경제학 박사를 취득한 후 하나경제연구소 금융조사팀장, 한국경제연구 조세재정연구센터장, 국회예산정책처 초대경제분석실장, 제12대 통계청장을 지냈다. 한국경제신문과 동아일보에 정기적으로 칼럼을 게재하고 있으며, 저서로는 『2030 한국경제론』(2017) 등이 있다.

정태용
연세대학교 국제학대학원 교수이자 동 대학교 글로벌사회공헌원 소속 지속가능발전연구센터장으로 활동하고 있다. 미국 러트거스 대학교 경제학 박사를 취득했고, 세계은행, 아시아개발은행에서 에너지 및 기후전문가로 근무했다. 한국에너지경제연구원, 일본지구환경전략연구기관에서 활동했으며, 현재 기후변화에 관한 정부간협의체(IPCC)의 제6차 종합보고서 작성에 주 저자(Lead Author)로 참여하고 있다. 지속가능 발전, 기후변화, 에너지, 북한개발 분야의 연구를 하고 있다.

최현정
아산정책연구원 연구위원 및 글로벌거버넌스센터장이며, 연세대학교 국제학부 지속개발협력학과 겸임교수이다. 연세대학교 정치학 학사 및 석사, 미국 퍼듀 대학교 정치경제학 박사를 취득했다. 청와대 국정기획수석실 및 녹색성장기획관실 선임행정관을 역임했고, 일본 동경대학 사회과학연구소 연구원, 공군사관학교 교수교원으로 근무했다. 주요 연구 분야는 국가미래전략, 기후변화와 지속가능 성장, 비전통 위협과 인간안보, 국제개발협력 등이다.

KI신서 8191
저성장, 불안의 시대를 헤쳐 나갈 한반도 미래 전략
한국경제, 혼돈의 성찰

1판 1쇄 인쇄 2019년 5월 31일
1판 1쇄 발행 2019년 6월 11일

지은이 정갑영 외 공저
펴낸이 김영곤 박선영 **펴낸곳** (주)북이십일 21세기북스

콘텐츠개발 1본부 콘텐츠개발 1팀 김지수 장인서
출판영업팀 한충희 김수현 최명열 윤승환
마케팅1팀 왕인정 나은경 김보희 한경화 정유진 박화인
홍보팀장 이혜연 제작팀 이영민 권경민

출판등록 2000년 5월 6일 제406-2003-061호
주소 (우 10881) 경기도 파주시 회동길 201(문발동)
대표전화 031-955-2100 **팩스** 031-955-2151 **이메일** book21@book21.co.kr

(주)북이십일 경계를 허무는 콘텐츠 리더

21세기북스 채널에서 도서 정보와 다양한 영상자료, 이벤트를 만나세요!
페이스북 facebook.com/jiinpill21 포스트 post.naver.com/21c_editors
인스타그램 instagram.com/jiinpill21 홈페이지 www.book21.com
유튜브 www.youtube.com/book21pub

서울대 가지 않아도 들을 수 있는 명강의! 〈서가명강〉
네이버 오디오클립, 팟빵, 팟캐스트에서 '서가명강'을 검색해보세요!

ⓒ 정갑영 외 공저, 2019

ISBN 978-89-509-8148-8 (03320)